Vassilis Alexakis

Exorciser l'exil

Collection Monographique Rodopi
en
Littérature Française Contemporaine
sous la direction de Michaël Bishop

LIII

Amsterdam - New York, NY 2011

Vassilis Alexakis

Exorciser l'exil

Marianne Bessy

Illustration couverture: Vassilis Alexakis, 2010, photographie Marianne Bessy.

Le papier sur lequel le présent ouvrage est imprimé remplit les prescriptions
de "ISO 9706:1994, Information et documentation - Papier pour documents -
Prescriptions pour la permanence".

The paper on which this book is printed meets the requirements of "ISO
9706:1994, Information and documentation - Paper for documents -
Requirements for permanence".

ISBN: 978-90-420-3311-5
E-Book ISBN: 978-90-420-3312-2
© Editions Rodopi B.V., Amsterdam - New York, NY 2011
Printed in The Netherlands

La Collection Monographique Rodopi en Littérature Française Contemporaine vise à offrir une série d'études critiques, concises et cependant à la fois élégantes et fondamentales, consacrée aux écrivain/e/s français/es d'aujourd'hui dont l'œuvre témoigne d'une richesse imaginaire et d'une vérité profonde. La plupart des études, choisissant d'embrasser la pleine gamme d'une œuvre donnée, s'orienteront vers des auteur/e/s dont l'écriture semble exiger tout de suite le geste analytique et synthétique que, je l'espère du moins, la Collection accomplira.

Du *Sandwich* et de *La Tête du chat* jusqu'à *L'Invention du baiser* et *Les Mots étrangers*, *Ap. J.C.* et *Le Premier Mot*, l'œuvre de Vassilis Alexakis ne cesse de réinventer ses subtilités, ses interrogations, sa quête d'intégration et d'harmonisation au cœur même des dérives et instabilités qui peuvent caractériser l'humain. Œuvre entre fiction et autobiographie, entre deux grandes cultures et deux langues, celle d'Alexakis plonge dans l'exploration de la question des crises identitaires, de la migrance où l'ontologie de la dépossession, de la non-appartenance se trouve aux prises avec celle des équilibres et des exorcismes que l'imaginaire persiste à réclamer et à construire dans un entre-deux où, invariablement, l'expérience de la langue constitue une clé essentielle. L'étude de Marianne Bessy, qui sera suivie d'un entretien avec Vassilis Alexakis, analyse avec une délicate insistance et une passion motivée la problématique de l'exil et la faisabilité d'un refondement de la question que pose l'expérience de celui-ci – dans un monde, d'ailleurs, où les déplacements, voulus ou imposés, se multiplient constamment et déstabilisent nos vieilles conceptions et pratiques du social. Étude novatrice à bien des égards, elle invite à entrer dans un univers déjà reconnu en France comme étant fondamental et puissamment, et authentiquement, articulé.

Michaël Bishop
Nouvelle-Écosse, Canada
et Coffs Harbour, Australie

À la mémoire de Marcel Bessy et au souvenir de son magnifique enthousiasme pour tout ce qui concernait ses petits-enfants, enthousiasme qui me porte et m'inspire.

Remerciements

Pour leur soutien sans faille et pour tout ce qu'ils m'ont appris, merci à mes parents, Léna et Gilles. Pour nos rires et pour toutes nos aventures, merci à mes frères, François, Frédéric, Gabriel et Vincent. Pour les générations passées et futures des Bessy et des Roux et pour la force que cet héritage familial m'apporte, mes pensées tendres et émues vont aussi vers Annie et Marcel Bessy, Jeanne et Maurice Roux, ainsi que vers les toutes dernières, Meï Bessy et Lison Roux.

Je tiens aussi à remercier ici tous ceux qui m'ont soutenue, de près ou de loin, des deux côtés de l'Atlantique, tout au long de ce projet et de son parcours intellectuel de la Louisiane à la Caroline du Sud, en passant par Paris, Rennes et Athènes. L'immense soutien de ma famille, de mes amis et de mes collègues m'a permis de mener ce projet à terme. Merci donc à Vassilis Alexakis, à tous les Roux-Bessy-Cadiou-Ernoult-Nieto de ma famille (particulièrement Sophie et Léna pour leurs relectures), à Roland Abouga, Bill Allen, David Bernardy, Michael Bishop, Nellie Boucher, Diane Boyd, Raphaëlle de Cacqueray, Bernard Cerquiglini, Logan Connors, Allanéo Dagorn, Brian DeVore, Sylvie Dubois, Angela Easterling, Denise Egéa-Kuehne, Gilles Einstein, Sophie Gautheron, Geoff Gunn, Melanie Hackney, Amy Heaton, Michelle Horhota, Catherine Khordoc, Neli Koleva, Kyra Kotzia, Damian Landy, Cécile Lepaigneul, Anthony Leroy, Erica Abrams Locklear, Cherie Maiden, Dan Mangiavellano, Andre Martinez, Sinéad Meehan, David Morgan, Angela Murphy, Pius Ngandu Nkashama, Thomas Papadimitriou, Harlan Patton, Nicolas Payart, Pat Pecoy, Jerry Persaud, Nalinie Persaud, Valeria Pery, Alice Pigott, Linzey Powers, Ilka Rasch, Linda Ray, Jeter Rhodes, Adelaide Russo, Carole Salmon, Terri Schroth, Monika Shehi, Rachel Spear, Tanja Stampfl, Christa Stevens, Greg Stone, Heather Tedder, Joni Tevis, Gregoris Theodoulou, Ritu Tyagi, Steven Wallace, Jack Yeager ainsi qu'aux collègues, étudiants et amis de l'Université d'État de Louisiane et de l'Université de Furman. Quelle chance d'être et d'avoir été portée par votre enthousiasme !

Ma reconnaissance va aussi à Émilie Pointereau des éditions Stock qui a confirmé la langue de rédaction initiale de chaque ouvrage étudié. Enfin, je remercie vivement le comité *Research and Professional Growth* de l'Université de Furman dont la bourse de recherche m'a permis de me rendre à Athènes en janvier 2010 pour interviewer Vassilis Alexakis et m'a aussi offert le concours de Sophie Gautheron pour son précieux travail de transcription.

Greenville, Caroline du Sud, le 26 août 2010.

Certaines sections du deuxième chapitre du présent ouvrage sont parues sous le titre « Vassilis Alexakis : bilinguisme littéraire et auto-traduction. Parcours linguistique et itinéraire identitaire » dans *Essays in French Literature and Culture* (novembre 2008) et sont reproduites ici avec l'autorisation de l'éditrice du dit journal. Certaines sections du troisième chapitre sont parues sous le titre « Paris et l'exil comme lieux de mort dans *Avant* : une étape charnière dans l'évolution du traitement de l'espace chez Vassilis Alexakis » dans *Francophilia* (2010) et sont reproduites ici avec l'autorisation de l'éditeur du dit journal.

Table des matières

Note sur les références

Pour alléger les références, les abréviations suivantes seront utilisées :

S   *Le Sandwich*, roman. 1974.

GCB   *Les Girls du City-Boum-Boum*, roman. 1975.

TC   *La Tête du chat*, roman. 1978.

T   *Talgo*, roman. 1983. (sauf indication contraire, les références renvoient à l'édition de 1997 revue par l'auteur).

CI   *Contrôle d'identité*, roman. 1985. (sauf indication contraire, les références renvoient à l'édition de 2000 revue par l'auteur).

PA   *Paris-Athènes*, récit. 1989. (sauf indication contraire, les références renvoient à l'édition de 1997 revue par l'auteur).

A   *Avant*, roman. 1992.

LM   *La Langue maternelle*, roman. 1995.

P   *Papa*, nouvelles. 1997.

CM   *Le Cœur de Marguerite*, roman. 1999.

ME   *Les Mots étrangers*, roman. 2002.

JTO   *Je t'oublierai tous les jours*, roman. 2005.

AJC   *Ap. J.-C.*, roman. 2007.

E   Entretien avec Vassilis Alexakis, janvier 2010.

Introduction

Jusqu'à aujourd'hui, la majorité des ouvrages se penchant sur les écrivains dits « francophones » présente des auteurs issus de la colonisation chez qui l'écriture en langue française n'a pas forcément fait l'objet d'un choix mais plutôt celui d'une imposition liée à la politique linguistique des anciens empires français et belge. Dans le présent ouvrage, c'est un autre type d'écriture en français qui nous intéresse, celle d'écrivains non français, non originaires d'anciennes colonies françaises ou belges, pour qui le choix de la langue s'est fait plus ou moins délibérément et n'a pas été imposé de l'extérieur. Cette distinction au sein du champ littéraire francophone est soulignée par Bernard Mouralis dans son article intitulé « La Condition de l'écrivain francophone » paru dans *Le Magazine littéraire* de mars 2006. En effet, celui-ci déclare :

> La francophonie littéraire regroupe les écrivains de territoires francophones proprement dits : africains, antillais et américains, moyen-orientaux et asiatiques. À ceux-ci s'ajoutent les écrivains qui ont adopté le français comme moyen d'expression : Kundera, Semprun, Cioran, Makine, Lubin, Tzara, etc. (38)

Aujourd'hui, le contingent des auteurs s'exprimant en français sans l'héritage linguistique d'une contrainte historique coloniale directe ne fait que s'agrandir.

Il est donc assez surprenant que les ouvrages critiques sur les littératures contemporaines en langue française, dites « francophones » – mais nous verrons plus tard pourquoi cette appellation peut être problématique – ne fassent que rarement mention de tels auteurs pour se concentrer presque exclusivement sur les écrivains issus d'anciennes colonies. Prenons pour exemple l'ouvrage de Michel Beniamino intitulé *La Francophonie littéraire. Essai pour une théorie* où l'auteur, bien qu'ayant le but admirable de vouloir produire une théorie littéraire des littératures francophones pour enrayer ce qu'il appelle une « crise des méthodes dans l'approche des littératures francophones », sape ses efforts analytiques et théoriques en excluant,

après quelques hésitations il est vrai, les auteurs qui nous intéressent
ici (9). Beniamino qualifie l'existence de ces « écrivains de langue
française mais d'origine étrangère » de « problématique » car elle
complique la « clôture de son corpus ». Il décide finalement de limiter
son étude aux « productions littéraires en français d'écrivains issus de
sociétés où le français appartient au répertoire linguistique effectivement disponible » (144-45). La phrase sur laquelle se termine son
ouvrage nous interpelle et décrit bien l'espèce de panique classifica-
trice que l'existence de ces auteurs peut créer chez celui dont la
démarche littéraire tend vers le prescriptif : « pour qu'il y ait francophonie littéraire, il faut qu'il y ait une réponse de l'écrivain à la
situation d'un groupe social possédant le français dans son répertoire
linguistique » (312). Estimant que cette approche est discutable, nous
tenterons par réaction d'éviter tout mouvement analytique prescriptif
impliquant la ghettoïsation de la production littéraire de certains écrivains de langue française.

La réflexion d'Ioanna Chatzidimitriou sur la question du statut
littéraire de ces auteurs suggère qu'ils sont parfois perçus de la manière décrite plus haut parce qu'ils s'inscrivent plus dans la tradition de
l'intellectuel errant que dans celle du sujet issu d'un pays anciennement colonisé et que, même si certains aspects identitaires propres à la
condition postcoloniale (le bilinguisme ou même parfois le multilin-
guisme, la migrance, les crises d'identité, etc.) les caractérisent, ils
sont « positionnés tels des intrus linguistiques, des autres historiques
[…] des saprophages opportuns qui se délectent de systèmes de signes
obsolètes ou simplement vivent à l'écart de l'espace normatif de la
langue d'adoption »[1] (« Self-Translation » 24).

Les articles et analyses consacrés aux auteurs qui nous intéressent ici ont souvent tendance à se concentrer presque exclusivement sur le choix de la langue d'écriture comme si cette particularité
linguistique, bien qu'elle soit d'une importance capitale, constituait
une sorte de filtre à travers lequel les écrits de ces auteurs devaient
être obligatoirement analysés. Il faut se tourner vers les actes de colloques pour parfois trouver, au hasard des communications sélection-
nées pour la publication, des contributions sur un des auteurs dont il

---

[1] « Positioned as linguistic intruders and historical others, […] ideal scavengers of
sign systems that are obsolete or altogether absent from the normative linguistic body
of the adoptive tongue ». Sauf indication contraire de ma part, les traductions des citations de l'anglais vers le français sont de moi.

est ici question. Il semble donc que les œuvres de ces écrivains toujours aujourd'hui perçus comme « à part » n'attirent pas encore l'attention critique qui leur est due de la part des chercheurs s'intéressant aux littératures d'expression française et qu'il faille donc corriger cette carence en se penchant sur des auteurs en particulier et sur l'ensemble de leurs écrits afin de pouvoir proposer une analyse complète de leur travail créatif d'écrivain englobant la question du choix de langue d'écriture, leur statut d'écrivain « à part », mais allant aussi plus loin dans l'exploration de leur écriture.

Il va sans dire que *Vassilis Alexakis : Exorciser l'exil* donne forme à un intérêt personnel pour ces auteurs non français qui ont, à un moment de leur carrière, choisi de s'exprimer dans une langue autre que leur langue dite maternelle, en même temps qu'à un intérêt pour des pratiques littéraires créatives telles que le bilinguisme d'écriture ou l'autotraduction. Le choix d'effectuer une analyse de l'œuvre de l'écrivain grec d'expression française Vassilis Alexakis s'est imposé pour de nombreuses raisons. C'est en effet en partie parce que l'écriture de ce dernier est marquée par l'emprunt linguistique, le bilinguisme littéraire et l'autotraduction que ses écrits se sont imposés à moi, mais aussi parce que l'étude de cet auteur permet de laisser libre cours à une attirance personnelle pour la Grèce, le grec moderne, les situations d'exil, la description de crises identitaires en littérature et l'inscription de la migrance au sein même de la pratique scripturale.

Pour expliquer la genèse de cette étude, il faut remonter au festival « Étonnants voyageurs » de 1998, dont le thème était « D'une rive à l'autre, Méditerranées », où mon grand frère, conscient de mon intérêt pour la Grèce moderne et les pratiques autotraductives, m'avait acheté deux ouvrages d'Alexakis : *Papa* et *Paris-Athènes*. Ce fut là le début d'une aventure intellectuelle mariant le simple plaisir de la lecture que crée une prose alexakienne sachant si bien marier humour et sérieux à des considérations identitaires et linguistiques complexes. Christophe Kantcheff décrit parfaitement le plaisir à la fois joyeux et ému que le lecteur d'Alexakis éprouve au fil des pages :

> L'énorme talent d'Alexakis est de toujours rester léger, avec son phrasé reconnaissable, souple et resserré, quels que soient les sentiments qu'il exprime. Il alterne la mélancolie et l'ironie, la gravité et la drôlerie : l'émotion affleure juste avant un sourire. (« La Langue maternelle » 31)

Alexakis est un écrivain contemporain majeur qui s'est exilé en France dans les années soixante et dont l'une des particularités est d'avoir choisi une langue étrangère, le français, comme langue d'expression littéraire à ses débuts, de s'être tourné vers le grec quelques années plus tard, puis d'avoir enfin décidé d'utiliser les deux langues en alternance et de s'autotraduire. L'histoire tumultueuse associée au développement de la Grèce à travers les siècles explique que beaucoup d'écrivains d'origine grecque ont connu l'exil. La démarche alexakienne s'inscrit en effet au sein d'une longue tradition littéraire diasporique grecque. On peut citer par exemple le poète Constantin Cavafy, le symboliste Jean Moréas, Nikos Kazantzakis, George Seféris ou Dimitris Saloumas, auteurs qui ont tous vécu hors des frontières de leur pays et dépeint leur expérience diasporique dans leurs écrits (Stuart 284). Aujourd'hui, plusieurs écrivains d'origine grecque, en plus d'Alexakis, s'expriment dans une langue qui n'est pas leur langue maternelle. On pense par exemple à Panos Karnezis qui écrit en anglais, à Stratis Haviaras, romancier et poète, qui écrit en grec et en anglais ou encore au romancier et dramaturge francophone Pan Bouyoucas qui a émigré au Québec dans les années soixante.

La Grèce a toujours entretenu un lien particulier avec la langue française. Tout au long du XIXe siècle, la culture et la langue françaises ont eu une influence sur la vie intellectuelle grecque. Ceci s'explique en partie comme une réaction à la longue occupation ottomane (1453-1821) et au désir de renouveau culturel néo-hellénique l'ayant suivie. Cette influence s'est étendue au XXe siècle : le français, même s'il a cédé sa place de numéro un des langues étrangères enseignées à l'anglais, y demeure très étudié. Il existe même une presse francophone athénienne (Valantin 171) et un Institut français fondé en 1938 à Athènes (Huchon 264). La Grèce est d'ailleurs devenue membre associé de l'Organisation Internationale de la Francophonie en 2004, puis membre permanent en 2006. On peut s'étonner qu'un pays où le français n'est pas langue première ait intégré cette organisation. Outre les motivations politiques évidentes de cette adhésion, celle-ci témoigne bien d'un lien historique et culturel étroit entre la Grèce et la langue française. Olympia Antoniadou estime en effet que « la francophonie grecque est fortement orientée, sinon ancrée, dans la culture française, cette dernière étant pour le développement de la littérature néo-hellénique une sorte de mentor » (« Les méandres » 128). De plus, au niveau historique, le rayonnement de la langue française à travers les siècles et dans le monde entier n'est sans doute pas étranger à la place privilégiée que cette langue occupe chez les Grecs.

Sans vouloir reproduire ici les discours ayant eu cours à une époque sur le « prestige » ou la prétendue « universalité » de la langue française, il importe de noter l'existence indéniable de ce rayonnement linguistique à travers les âges. Au XVIIe siècle, le français est la langue administrative de nombreux pays européens. On le parle dans les cours européennes et il influence même parfois la langue de ces pays. Il devient, au XVIIIe siècle, la langue de la diplomatie internationale et des élites intellectuelles et se substitue au latin comme langue scientifique. Depuis longtemps déjà il s'exporte dans les Antilles et en Amérique du Nord, puis plus tard en Afrique et en Asie, parallèlement à la mission colonisatrice française. Aujourd'hui, on entend parfois dire que l'avenir du français est incertain, que l'on regrette sa grandeur passée et qu'il est menacé par l'anglais. Pourtant, même si « le nombre de francophones réels n'est que de l'ordre de 110 millions », il n'y aurait, selon la linguiste Mireille Huchon, « jamais eu autant de personnes parlant français dans le monde qu'actuellement, même au temps du vaste empire colonial » (281-82). L'ère moderne, l'intensification migratoire qui la caractérise et l'augmentation des situations plurilingues l'accompagnant expliquent sans doute cette vitalité relative et nous laisse optimiste quant aux « milliards de milliards de mots échangés qui constituent l'histoire de la langue française, une histoire qui s'enrichit actuellement de toute la diversité des français du monde » (Huchon 286).

Selon Efstratia Oktapoda-Lu et Vassiliki Lalagianni, Alexakis serait « le cas le plus représentatif de la francophonie grecque [contemporaine] et de la problématique de l'exil » (112). Dans ses romans et ses nouvelles, on remarque une réflexion poussée sur le choix de la langue, l'autotraduction, le bilinguisme littéraire, mais aussi sur l'exil et l'identité. Souvent, Alexakis brouille la distinction entre fiction et écriture de soi en mettant en scène dans ses romans un écrivain grec s'interrogeant sur son art et sur sa qualité de migrant identitaire et géographique, ce qui lui permet, par un jeu de miroirs interposés, de se mettre indirectement au centre de son œuvre et d'étudier son propre statut d'écrivain grec exilé.

Entre 1974, date qui marque ses débuts sur la scène littéraire française, et 2007, Alexakis a publié onze romans, deux recueils de nouvelles et un récit autobiographique. Sa créativité s'étend aussi à bien d'autres domaines puisqu'il a publié plusieurs recueils de dessins, un essai sur la Grèce moderne, des livres pour enfants, des recueils d'aphorismes, réalisé des films et créé des pièces radiophoniques. Presque tous ces autres ouvrages (dessins, aphorismes, films, etc.) ne sont malheureusement plus édités et donc bien souvent aujourd'hui introuvables. Ainsi, cette œuvre créative parallèle sera mentionnée ici uniquement de manière anecdotique alors qu'on se concentrera sur son œuvre littéraire à proprement parler. Pour terminer ce survol de la carrière de l'auteur, il faut aussi noter que, pendant de nombreuses années, il a travaillé comme journaliste, en particulier pour *Le Monde*, et qu'il a longtemps participé à l'émission de France Culture « Des Papous dans la tête ».

La reconnaissance littéraire d'Alexakis s'est concrétisée en 1995 quand il a reçu le prix Médicis pour son roman *La Langue maternelle*. En 2007, Alexakis a atteint un autre niveau de consécration littéraire puisqu'on lui a attribué le Grand prix du roman de l'Académie française pour *Ap. J.-C.*. Il a aussi reçu le prix Albert Camus en 1992 pour *Avant*, le prix de la nouvelle de l'Académie française pour *Papa* en 1997, et le prix Édouard Glissant en 2003. De plus, deux de ses romans ont été portés à l'écran en Grèce : *Talgo* par Yorgos Tseberopoulos sous le titre *Xafnikos erotas* et *La Tête du chat* par Dimitris Stavrakas. Enfin, Alexakis et son œuvre ont fait l'objet d'un documentaire intitulé *Vassilis Alexakis, d'une langue à l'autre* réalisé en 2001 (Moszynski).

Aucune monographie n'a pour l'instant été consacrée à l'œuvre de l'auteur. Cela peut paraître surprenant, surtout si l'on considère l'attention portée à un écrivain comme Andreï Makine, lauréat *ex æquo* du Médicis en 1995 avec Alexakis, qui a lui aussi choisi le français comme langue d'écriture et publié une dizaine de romans. En effet, Makine a fait l'objet d'une analyse critique, publiée en 2005 (Nazarova). À part les articles parus dans la presse au moment de la sortie des ouvrages d'Alexakis, on peut affirmer qu'il existe un manque d'attention envers son œuvre, manque auquel cet ouvrage se propose de remédier. Si l'on tente de recenser les études sur les écrits d'Alexakis, sous forme d'articles académiques parus dans des périodiques de recherche littéraire ou de chapitres au sein d'ouvrages critiques, la récolte est plutôt maigre. Dix études seulement se penchent sur ses écrits entre 1989 et 2005. Toutefois, il semble que naisse en ce moment un intérêt critique réel et que son œuvre fasse l'objet de plus en plus d'analyses et de tentatives d'interprétations. Il a fait l'objet d'une notice dans *Multilingual Writers since 1945 : An A-to-Z Guide* (Merry 34-37) et environ douze études lui étant consacrées sont parues entre 2006 et 2010.

L'objectif du présent ouvrage est de produire une analyse critique de l'ensemble des écrits littéraires d'Alexakis parus entre 1974 et 2007, analyse qui abordera son œuvre par voie de la problématique de l'exil et du déplacement, identitaire, linguistique ou spatial. Il importe de souligner que cette analyse portera uniquement sur les versions en français des œuvres d'Alexakis. La démarche analytique de cette étude ne vise pas à comparer les versions grecques aux versions françaises mais plutôt à déterminer de quelle manière la prose alexakienne se développe et comment son projet littéraire a pris forme au fil des ans en français. L'étude portera donc sur les onze romans de l'auteur, son récit autobiographique *Paris-Athènes* et son recueil de nouvelles *Papa*.

La principale hypothèse de recherche qui guide cette lecture de l'œuvre est que le travail d'écriture d'Alexakis est une tentative perpétuelle d'acceptation de son statut d'exilé. Depuis la parution de son premier roman, chaque ouvrage comprend des éléments qui témoignent d'un désir d'exorciser à la fois son propre départ de Grèce, mais qui, aussi, et de manière plus générale, explorent des états d'entre-deux culturels et géographiques. Alexakis est en effet un auteur entre deux pays et entre deux langues, qui a cherché, grâce à l'écriture, à établir un équilibre entre ses différents pôles identitaires. Il existe bien sûr une différence entre l'exil « volontaire » (expatriés) et l'exil « forcé » (réfugiés). Pourtant, cette distinction ne semble pas être d'une grande importance pour ce projet. Même si Alexakis a d'abord été poussé à s'exiler à cause de la dictature des colonels, c'est par choix qu'il est resté en France après la chute de la junte. L'auteur peut donc être perçu comme un réfugié devenu expatrié. En fait, par exil, on entend, tout comme le suggère Susan Rubin Suleiman, l'idée d'un « déplacement » : « l'exil au sens large désigne toute forme de déracinement ou de déplacement, qu'il soit physique, géographique ou spirituel »[2] (2). C'est cette définition générique du terme « exil »,

---

[2] « exile in its broad sense designates every kind of estrangement or displacement, from the physical and geographical to the spiritual »

impliquant un déplacement et une coupure par rapport au lieu d'origine, qui guidera donc ce travail.

L'idée de base qui est mise en avant dans les pages de cet ouvrage est que le déplacement physique d'Alexakis a induit un déplacement aux niveaux identitaire, linguistique et spatial dans son œuvre. Les titres de certains articles parus sur l'auteur et sur ses écrits insistent sur le déplacement, la non-appartenance et l'entre-deux, confirmant ainsi l'importance de cet aspect de l'œuvre : « Vassilis Alexakis ou le jeu du refus et de l'assimilation de deux cultures » (Fréris), « Le Dialogue interculturel de Vassilis Alexakis dans *Paris-Athènes* » (Fréris), « Vassilis Alexakis ou la quête d'identité » (Oktapoda-Lu), « L'Identité apatride de Vassilis Alexakis » (Orphanidou-Fréris), « Le Vertige d'un romancier entre deux langues : le cas d'Alexakis » (Jouanny). De plus, plusieurs des critiques ayant écrit sur Alexakis soulignent eux aussi que son œuvre donne forme à un désir de créer une sorte d'équilibre entre ses deux facettes identitaires, grecque et française. Oktapoda-Lu note par exemple que « sa double vie devient alors motif de création, sujet de ses romans » (« Vassilis Alexakis » 286). Il restera donc à déterminer si Alexakis a atteint cet équilibre désiré ou s'il consent finalement à s'installer dans cet état instable qui caractérise sa prose, sa propre personne et nourrit sa créativité. On pressent en effet que cette instabilité inhérente constitue peut-être une source d'inspiration majeure chez l'auteur.

Les questions auxquelles *Vassilis Alexakis : Exorciser l'exil* tentera de répondre sont nombreuses. L'œuvre d'Alexakis est-elle ou a-t-elle été inspirée par une volonté d'exorciser l'exil ? Comment l'auteur s'y prend-il pour assumer les divers déplacements (identitaires, linguistiques et spatiaux) qui caractérisent sa personne et sa prose ? L'équilibre tant recherché est-il accessible ? Quelles sont les raisons derrière le choix de débuter sa carrière littéraire en français ? Pourquoi a-t-il finalement décidé d'écrire en grec et en français tout en s'autotraduisant ? La démarche autotraductive influence-t-elle le processus créatif ? Pourquoi ses personnages sont-ils toujours présentés dans un état d'instabilité spatial extrême ? Quelle évolution remarque-t-on quant au traitement de la thématique de l'exil tout au long de la carrière de l'auteur ? Pour résumer, il s'agit, en analysant les figures récurrentes de dépossessions culturelles, de pertes linguistiques, de non-appartenances, de crises identitaires et de mouvements

spatiaux de mettre à jour une esthétique du déplacement et de l'instabilité dans les écrits d'Alexakis.

Trois axes d'étude seront explorés de manière à répondre à
ces questions et vérifier l'hypothèse de recherche. Tout d'abord, on
s'intéressera au caractère autofictionnel des écrits d'Alexakis. On veut
en effet démontrer qu'en mélangeant fiction et réalité, en se mettant en
scène lui-même de manière détournée ou masquée, Alexakis multiplie
les mises en scène de son propre déplacement géographique et identitaire, comme autant de représentations cathartiques qui lui permet-
traient d'assumer son exil. Dans un deuxième temps, on montrera que
le déplacement physique de l'auteur a eu pour conséquence un déplacement linguistique qui s'incarne dans la prose. En effet, l'exil est
aussi vécu et exploré par Alexakis au niveau linguistique puisque le
choix du français a engendré un déplacement, un glissement, d'une
langue à l'autre. On examinera les phénomènes d'emprunt de langue,
de bilinguisme littéraire et d'autotraduction chez Alexakis ainsi que
les thèmes linguistiques exploités dans la prose de manière à élucider
les raisons de la présence de ce déplacement linguistique caractéristique de l'écriture. Enfin, on démontrera que l'esthétique du déplacement propre à l'œuvre d'Alexakis est exprimée de manière très concrète dans le traitement de l'espace. On montrera en effet qu'il existe
un déplacement spatial inhérent à la prose alexakienne. Par exemple,
ses personnages, que l'on pourrait qualifier d'ultramobiles et de spatialement hypersensibles, sont perpétuellement en partance. Le nomadisme les caractérise. L'analyse de l'aspect géographique des écrits de
l'auteur permettra de montrer qu'Alexakis a tenté d'exorciser son propre déplacement géographique à travers ses personnages mais suggé-
rera aussi un changement récent au niveau des sujets et des pôles géographiques privilégiés de l'auteur. Cette évolution, qui suggère un
renouveau thématique au sein de l'œuvre, demandera aussi à être analysée.

Quelques éclaircissements au sujet du statut de l'auteur
s'imposent. L'œuvre d'Alexakis s'inscrit, comme nous l'avons signalé
plus haut, dans la lignée d'écrivains qui ont adopté une langue étrangère comme langue d'expression littéraire. Mais, en plus de cette particularité, ce qui rend la démarche d'Alexakis originale, c'est sa pratique systématique du bilinguisme littéraire et de l'autotraduction. Il est
donc ce que Robert Jouanny appelle « un écrivain hétéroglosse » (*Singularités* 89) et ce que Steven G. Kellman qualifie d'écrivain « trans-

lingue »[3] (*Translingual* ix). Cette caractéristique ambidextre au niveau de la langue ne semble pas problématique en soi. Pourtant, elle engendre une confusion au niveau de la classification formelle de l'auteur. Alexakis souligne d'ailleurs cette ambiguïté dans son récit autobiographique *Paris-Athènes* :

> Mon éditeur lui-même m'a avoué sa perplexité : doit-il me ranger dans sa collection de littérature française ou étrangère ? Il a lui aussi le sentiment que mon bilinguisme, est, comme on dit, mal perçu, passe mal. (18-19)

On peut légitimement se demander comment classer Alexakis. Est-il un écrivain grec, français, francophone, d'expression française ? Ce problème de classification interpelle aussi l'auteur puisqu'il déclare dans *Je t'oublierai tous les jours*, à propos de son premier roman : « Il n'appartient pas à la littérature grecque. Peut-être n'appartient-il pas non plus à la littérature française » (96). Les écrits d'Alexakis sont donc placés sous le signe de l'ambivalence au niveau de l'appartenance.

Bien que l'on puisse estimer que le terme « francophone » désigne simplement le fait d'écrire en français, certains mettent en garde contre l'usage abusif de ce mot. C'est par exemple le cas de Lise Gauvin qui affirme que :

> la notion même de francophonie ou d'écrivain francophone devient suspecte dès qu'on cherche à masquer sous une étiquette commode – le fait d'écrire en français – les conditions et conditionnements qui interagissent sur l'une ou l'autre des situations spécifiques. (*L'Écrivain* 6)

D'autres, comme Beniamino, rétorquent qu'« une des dimensions pertinentes de l'analyse des littératures francophones est bien l'emploi d'une même langue » (20). Le terme d'écrivain francophone peut donc être idéologiquement problématique. Toutefois, il faut noter que son emploi s'est tellement généralisé que ceux qui le critiquent continuent souvent de l'employer, faute de mieux. En tournant notre attention vers des écrivains comme Alexakis, on met donc en évidence une ambiguïté à la fois terminologique et idéologique tout en questionnant la validité des étiquettes et des catégories littéraires.

---

[3] Kellman définit ainsi le « translingualisme » : « le phénomène qui fait qu'un auteur ait plus d'une langue d'écriture » (« the phenomenon of authors who write in more than one language »).

L'emploi de la langue grecque complique encore plus cette tentative de classification. Kellman note en effet que « les écrivains translingues forcent de plus en plus les lecteurs à repenser les catégories et les loyautés littéraires »[4] (*Switching Languages* x). Les auteurs tels qu'Alexakis remettent en effet en question la classification des auteurs par la nationalité. Georges Fréris indique, à propos d'Alexakis : « notre auteur ne semble pas appartenir à une littérature nationale » (« Le Dialogue » 393)[5]. L'auteur lui-même exprime, assez ironiquement, cette idée de non-appartenance à un canon national dans *Paris-Athènes* : « Je pensais que, si les Français me considéraient comme auteur grec, mes compatriotes seraient davantage fondés à me classer parmi les étrangers » (20). Notons au passage qu'Alexakis ne figure ni dans l'*Encyclopedia of Modern Greek Literature* (Merry) ni dans *An Introduction to Modern Greek Literature* (Beaton), qu'il est indifféremment placé dans les sections de littérature française et de littérature étrangère dans les librairies et qu'il n'apparaît pas non plus dans *Le Dictionnaire des écrivains de langue française* (de Beaumarchais). Ceci semble bien confirmer le flou qui entoure Alexakis quant à la classification de ses écrits.

S'inscrit-il dans un type de littérature mineure tel que décrit par Gilles Deleuze et Félix Guattari ? Ces derniers affirment qu'« une littérature mineure n'est pas celle d'une langue mineure, plutôt celle qu'une minorité fait dans une langue majeure » et qu'elle se caractérise par une « déterritorialisation » de l'auteur (*Kafka* 29 et 33). Ce concept de littérature mineure semble applicable à l'auteur, mais ne conviendrait-il pas seulement à décrire les écrits rédigés en français ? Autant de pistes de classification et de questions pour démontrer l'instabilité formelle à laquelle Alexakis appartient et illustrer ce que Véronique Porra décrit comme « l'ambiguïté, voir l'écartèlement d'une partie du corpus de la littérature d'expression française contemporaine » (« Les 'convertis' » 297). Généralement, la place qui est faite à un écrivain qui adopte le français vise soit à l'englober au sein de la littérature française, en effaçant sa singularité linguistique, soit, au contraire, à le renvoyer constamment à son statut d'étranger. La volonté de classification amène à une impasse. Gauvin dénonce cette

---

[4] « translinguals have increasingly been forcing readers throughout the world to reconsider literary categories and loyalties »
[5] Pour éviter toute confusion entre Georges Fréris et Maria Orphanidou Fréris, on les désignera respectivement « G. Fréris » et « M. Orphanidou Fréris ».

polarisation et s'interroge sur la difficulté à « se situer entre ces deux extrêmes que sont l'intégration pure et simple au corpus français et la revalorisation exclusive de l'exotisme » (*L'Écrivain* 9). Alexakis montre lui-même une certaine frustration par rapport à la question de son statut et suggère l'inutilité des étiquettes littéraires :

> Tant pis si certains Français ne comprennent pas qu'on puisse écrire dans une langue étrangère par goût, délibérément. Tant pis s'ils considèrent que les ouvrages écrits par des étrangers en français ne méritent l'attention que s'ils garantissent le dépaysement. Tant pis si je dois m'entendre poser, jusqu'à la fin de mes jours, la question : Ah bon ? Vous écrivez en français ? (PA 250)

Si l'on considère sa position tranchée sur la question, il est assez étonnant que l'auteur ne fasse pas partie des quarante-quatre écrivains signataires du manifeste « Pour une 'littérature monde' en français » qui a fait grand bruit en mars 2007 et créé une polémique sur la scène littéraire.

Le but du manifeste était de lutter contre l'utilisation du terme « francophone» pour désigner les productions d'auteurs d'origine non française car cette appellation constituerait, selon les signataires, un « ghetto littéraire » (Valantin 137)[6]. Le fait qu'Alexakis n'ait pas signé ce manifeste indique soit son désaccord avec les idées qu'il véhicule soit un désintérêt ou au moins une certaine frustration face à la politisation de ce type de débat littéraire. Pourtant, il est important de souligner que l'auteur a tout de même lui aussi exprimé récemment son rejet du terme « francophonie » dans un entretien :

> Pendant longtemps il y a eu une tendance à sous-estimer la littérature écrite en français par des étrangers. Le mot même de *francophonie* est très ambigu ; il est chargé de connotations condescendantes ou exotiques. Je ne

---

[6] Voici la liste complète des signataires : Muriel Barbery, Tahar Ben Jelloun, Alain Borer, Roland Brival, Maryse Condé, Didier Daeninckx, Ananda Devi, Alain Dugrand, Édouard Glissant, Jacques Godbout, Nancy Huston, Koffi Kwahulé, Dany Laferrière, Gilles Lapouge, Jean-Marie Laclavetine, Michel Layaz, Michel Le Bris, JMG. Le Clézio, Yvon Le Men, Amin Maalouf, Alain Mabanckou, Anna Moï, Wajdi Mouawad, Nimrod, Esther Orner, Erik Orsenna, Benoît Peeters, Patrick Rambaud, Gisèle Pineau, Jean-Claude Pirotte, Grégoire Polet, Patrick Raynal, Jean-Luc V. Raharimanana, Jean Rouaud, Boualem Sansal, Dai Sijie, Brina Svit, Lyonel Trouillot, Wilfried N'Sondé, Anne Vallaeys, Jean Vautrin, André Velter, Gary Victor, Claude Vigée, Abdourahman A. Waberi.

suis pas francophone mais hellénophone. Je n'ai que la nationalité grecque
et je suis écrivain de langue française et de langue grecque. (Pradal)

On voit clairement ici qu'Alexakis souhaite que ses écrits soient
perçus pour ce qu'ils sont et non pas dans la perspective d'un débat
littéraire et idéologique face auquel il semble vouloir garder ses distances. Au niveau formel, il se réclame en effet d'une double identité,
« écrivain de langue française » mais aussi écrivain « de langue grecque », et appelle donc ici implicitement à l'acceptation d'une vision
transversale et non prescriptive des identités littéraires.

Cette tentative de classification avait pour but principal de
montrer le flou qui existe quant à l'identité littéraire formelle d'Alexakis et la stérilité de ce type de débat quand il exclut la multiplicité culturelle qui caractérise les écritures contemporaines en français.
Comme le souligne Dominique Viart, la « langue française est une
langue partagée. Plusieurs littératures, très différentes entre elles,
l'écrivent » (*La Littérature* 9). On peut en effet légitimement faire
porter à Alexakis un certain nombre d'étiquettes : écrivain grec,
Alexakis l'est par la nationalité et par la langue d'écriture ; écrivain
français, Alexakis l'est par la résidence et aussi par la langue
d'écriture ; écrivain francophone, Alexakis l'est une fois encore par la
langue d'écriture mais aussi par sa thématique[7]. Il est vrai que son
écriture s'inscrit en plein dans les caractéristiques généralement asso-
ciées aux littératures francophones, une « littérature à la croisée des
langues, qui propose une réflexion sur la langue en même temps qu'un

---

[7] Cette multiplicité identitaire et l'indécidabilité catégorique qui en découle rappellent
bien évidemment Samuel Beckett : « La question semble plutôt simple : Samuel
Beckett est-il anglais, irlandais, ou français ? La structure même de cette question,
nous forçant à choisir l'un *ou* l'autre, devrait cependant nous mettre la puce à l'oreille
quant à son caractère indécidable ; pourtant, c'est la question à laquelle doivent faire
face les services de catalogage des bibliothèques, par exemple, à chaque fois qu'un
nouvel ouvrage de ou sur Beckett est publié. Les multiples réponses possibles à cette
question montrent concrètement que Beckett incite à une remise en question des
concepts de langage et de canon littéraire sur lesquels nos institutions universitaires
sont fondées et auxquels elles s'accrochent » – « The question looks simple enough :
Is Samuel Beckett English, or Irish, or French ? The very structure of this question,
however, forcing us to choose one *or* another, should give us a clue to its undecidabi-
lity ; yet it is the question that any library catalogue department, for example, must
face each time a new book by or about Beckett is published. The various answers to
that question provide a concrete representation of the challenge Beckett provides to
the concepts of language and literary canon that our academic institutions are based
on – and cling to » – (Chamberlain 17).

sentiment d'étrangeté dans la langue » (Valantin 137). Même si s'acharner à vouloir formellement classer les écrits de l'auteur ne présente pas d'intérêt en soi, la qualité de sa prose ne dépendant évidemment pas de cette démarche prescriptive, l'explication de ce débat a le mérite d'illustrer la qualité hybride, au niveau formel, des écrits de l'auteur. Le classement des œuvres d'Alexakis ne peut donc se faire sur le mode de l'unique mais, au contraire, doit s'inscrire dans la multiplicité et la transversalité.

Ainsi, même au niveau de son statut, l'œuvre alexakienne est marquée par l'instabilité et la non-appartenance. La production littéraire de l'auteur est sans cesse déplacée d'une catégorie à une autre selon le type de discours la décrivant. La problématique du déplacement qui nous guidera tout au long de *Vassilis Alexakis : Exorciser l'exil* est donc aussi présente à un niveau formel, lorsque l'on considère l'œuvre dans son ensemble. La seule classification qui paraît pouvoir être utilisée pour décrire les écrits d'Alexakis se caractérise d'ailleurs par le mouvement. La démarche de l'auteur rappelle celle de ce qu'on appelle les « littératures migrantes ». On voit bien, grâce à la définition que donne Gilles Dupuis de ces littératures, comment cette classification est la seule qui peut finalement paraître convenir. Les thèmes que Dupuis met en avant dans cette définition sont en effet tous exploités par Alexakis :

> L'exil (intérieur et extérieur), le déracinement (voire le double déracinement), la perte de l'identité et de la mémoire individuelle et collective, une pratique culturelle et linguistique de métissage et de l'hybridation ainsi qu'une poétique de l'autofiction constituent les traits formels plus souvent exploités par les écritures migrantes. (119)

Cette définition a deux avantages : elle place l'accent sur le déplacement et, comme elle ne fait pas mention de la langue d'écriture, elle évite tout débat idéologique ou politique sur la question de la langue ou de la nationalité.

Éloignons-nous maintenant un peu de la question linguistique. Au delà de l'originalité littéraire liée au bilinguisme et à l'autotraduction, on peut se demander : « Pourquoi Alexakis ? ». Une autre facette de l'œuvre alexakienne se trouve à la base du mouvement analytique de *Vassilis Alexakis : Exorciser l'exil*. En effet, on estime que l'œuvre est importante car elle est représentative de l'écriture contemporaine en langue française et de ses développements caractéristiques actuels. Tout d'abord, les écrits d'Alexakis reflètent le recentrement sur l'intimité et le « je » auquel on assiste en ce moment. Beaucoup de critiques ont récemment souligné cette tendance littéraire. Par exemple, Madeleine Ouellette-Michalska décrit la « résurgence du *je* dans la fiction contemporaine » (14) et « l'intrusion spectaculaire du moi dans la littérature actuelle » (31). De même, Viart s'interroge sur ce « phénomène qui saisit plus largement le milieu littéraire : une tentation autobiographique de plus en plus avérée » (« Mémoire du récit » 9). Il semblerait donc que la qualité autofictionnelle de l'écriture alexakienne s'inscrive dans un mouvement littéraire contemporain qui privilégie le subjectif et le personnel.

Le deuxième élément qui nous intéresse et qui, selon nous, fait d'Alexakis un auteur exemplaire, est le fait que ses écrits témoignent de la variété des imaginaires qui prend forme aujourd'hui en langue française. Sherry Simon insiste sur cette intensification de la description d'expériences autres à travers le médium qu'est la langue française et souligne la ressemblance avec ce qui se fait en littérature anglophone. Elle note : « Les langues de grande diffusion (l'anglais et le français) sont porteuses d'imaginaires de plus en plus nombreux » (« L'hybridité » 315). Pour ce qui est du français et de la variété des imaginaires qu'il véhicule aujourd'hui, on peut donner en exemple de nombreux écrivains contemporains, écrivains qui ont souvent connu un déplacement géographique et culturel personnel et qui inscrivent la migrance au sein même de leur écriture. C'est par exemple en français que s'expriment Aki Shimazaki, auteure d'origine japonaise vivant au Québec, ou bien Eduardo Manet, auteur d'origine cubaine, et Dai Sijie, auteur d'origine chinoise, qui vivent à Paris. Des imaginaires japonais, cubains, chinois, mais aussi bien d'autres, prennent forme aujourd'hui en français. Parfois, ces textes ne présentent pas de thématique liée à la France ou clairement francophone et la langue se fait donc exclusivement le véhicule d'un imaginaire complètement autre. Ceci est par exemple parfois le cas chez Shimazaki ou Sijie. Ailleurs, ces textes mettent bien en présence des parcours migratoires ou culturels qui lient des éléments thématiques francophones à un imaginaire autre. Dans les deux cas, la langue française est clairement porteuse d'une hybridation culturelle caractéristique de l'ère moderne.

Le fait que la majorité des grands prix littéraires ait été attribuée ces dernières années à des auteurs nés hors de France, mais qui utilisent le français comme langue d'écriture, témoigne d'ailleurs de la diversité culturelle qui s'exprime actuellement à travers cette langue. L'année 2006 est à ce titre tout à fait exemplaire puisqu'elle a vu l'attribution du prix Goncourt et du Grand prix du roman de l'Académie française à l'Américain Jonathan Littell, celle du prix Renaudot au Congolais Alain Mabanckou, celle du prix Femina à la Canadienne Nancy Huston et celle du prix Goncourt des lycéens à l'auteure camerounaise Léonora Miano[8]. L'année 2007 confirme cette tendance avec l'attribution du Grand prix du roman de l'Académie française à Alexakis. De même, en 2008, le Goncourt a été décerné à l'auteur afghan Atiq Rahimi alors que le Renaudot est allé au Guinéen Tierno Monénembo. Enfin, en 2009, le Médicis a été attribué à l'auteur haïtien Dany Laferrière.

Le parcours personnel de ces écrivains confirme une corrélation entre migrance et emprunt linguistique dans les littératures francophones aujourd'hui. En effet, tous les écrivains mentionnés dans cette liste de lauréats ne vivent plus exclusivement dans leur pays. Certains de ceux qui vivent en France ont désiré obtenir la nationalité française, d'autres pas. Huston, Miano et Rahimi vivent à Paris. Littell vit à Barcelone. Monénembo et Mabanckou sont installés aux États-Unis, respectivement dans le Vermont et en Californie, où ils sont tous deux professeurs. Laferrière partage son temps entre Montréal et Miami, Alexakis entre Paris et Athènes. Le déplacement géographique est chez tous une composante identitaire et une thématique littéraire majeures[9].

On assiste donc bien aujourd'hui à une reconnaissance de ces écritures en français dont l'existence reflète de manière palpable à quel point la langue française n'est pas, et n'a d'ailleurs jamais été, réductible à une seule identité nationale ou culturelle. Cette reconnaissance sur la scène littéraire du foisonnement d'auteurs venus d'horizons très différents, de pays anciennement colonisés ou pas, s'exprimant créativement en français et donnant accès aux lecteurs à des espaces imaginaires extrêmement variés où s'inscrivent la migrance et

---

[8] Sur cette question, voir les trois articles d'Alan Riding publiés dans le *New York Times* qui décrivent en détail ces développements sur la scène littéraire en français : « Neocolonialists Seize French Language : An Invading Legion of Foreign Writers is Snapping up the Medals. » (1997), « Is French Literature Burning ? » (2006) et « In Paris, Language Opens a New Front in a Culture War » (2007).

[9] Laferrière décrit ainsi le morcellement géographique qui le caractérise : « J'ai l'habitude de dire que je suis un homme en trois morceaux : mon cœur est à Port-au-Prince, mon esprit à Montréal, et mon corps à Miami » (49).

la multi-appartenance, même si elle est tardive, constitue une évolution positive et enthousiasmante en matière littéraire.

Ainsi, c'est au sein de cette dynamique littéraire actuelle que se place la réflexion sur l'œuvre alexakienne proposée dans le présent ouvrage. Nous voulons déterminer comment l'auteur matérialise dans sa prose les deux caractéristiques de l'écriture contemporaine que nous venons de décrire, le recentrement sur le « je » et la mise en scène d'un imaginaire autre, tout en donnant corps à l'esthétique du déplacement propre à son écriture. Nous nous pencherons tout d'abord sur l'aspect intime de l'œuvre en tentant de montrer comment l'auteur exploite sa propre migrance dans sa prose. Ensuite, nous nous concentrerons sur les pratiques linguistiques alexakiennes, à la fois au niveau de sa démarche créative mais aussi au niveau des thématiques liées aux langues qu'il explore dans ses écrits. Après avoir décrit et analysé ces déplacements autofictionnels et linguistiques, notre attention se tournera vers l'instabilité spatiale et géographique propre aux œuvres de l'auteur. Enfin, le dernier volet de cette analyse laissera la parole à Alexakis lui-même puisque nous retranscrivons dans le quatrième et dernier chapitre de cet ouvrage critique un entretien réalisé avec l'auteur en janvier 2010 à Athènes. Alexakis y donne son point de vue sur certaines questions soulevées dans le présent ouvrage, décrit son élan créateur et son rapport personnel à l'écriture, livre son amour des mots et des langues, mais surtout, en parlant du travail en cours, confirme la richesse de son écriture, l'originalité de sa pratique littéraire et nous laisse rêveurs en attendant la parution de son prochain roman.

Chapitre un

L'Auteur et ses doubles : écriture de soi entre fiction et autobiographie

Pour dégager les procédés originaux de l'écriture du moi chez Alexakis, il faut commencer par une analyse poussée des interférences entre fiction et réalité présentes dans son œuvre. Les glissements répétés de la fiction vers la réalité biographique de l'auteur constituent un trait caractéristique de l'écriture d'Alexakis. Ceci a pour effet de placer l'œuvre entière sous le signe du déplacement autofictionnel mais aussi de laisser la figure de l'auteur se matérialiser en filigrane dans ses écrits fictionnels. Alexakis fait donc partie des ces « écrivains contemporains ayant enchâssé leur identité dans un montage textuel, mêlant les signes de l'écriture imaginaire et ceux de l'engagement de soi », mais à une telle fréquence et de manière si originale que l'auteur se place à l'écart des conventions classiques de l'écriture autobiographique (Colonna 12). Nous illustrerons, analyserons et interpréterons ce phénomène de glissement du biographique vers le fictionnel grâce à de nombreux exemples tirés des ouvrages d'Alexakis de manière à élucider le comment et le pourquoi de cette tendance littéraire. M. Orphanidou Fréris estime que c'est l'« aspect autodidacte [qui] explique jusqu'à un certain degré le caractère autobiographique de son écriture », mais l'on préfère plutôt avancer ici l'idée que cette tendance matérialise un projet sophistiqué liant l'imaginaire à une recherche identitaire personnelle (« L'Identité » 178).

Après avoir exposé différentes définitions du genre autobiographique ayant eu cours pour déterminer si la pratique de l'auteur pourrait s'y apparenter, et en se penchant sur deux œuvres clés, on montrera les rapports flous qu'Alexakis entretient avec l'autobiographie. Il importera de montrer de quelle manière la réalité et la fiction se croisent dans ses écrits en mettant en évidence les multiples échos autofictionnels qui y sont présents. Ceci nous mènera ensuite à une tentative de définition de cette œuvre romanesque en miroir.

Enfin, il faudra s'interroger sur les raisons de la présence du vécu d'Alexakis dans sa fiction. Toutes ces observations permettront de proposer des conclusions sur les effets atteints par l'auteur grâce aux procédés originaux de son écriture du moi.

1. Flou autobiographique

L'œuvre d'Alexakis se compose d'écrits que l'on pourrait qualifier de profondément personnels tant ses narrateurs se livrent, souvent sur le ton de la confession, dans les moindres détails de leur histoire fût-elle familiale, psychologique, amoureuse ou profession-nelle. Le lecteur sent poindre des tentatives d'auto-compréhension par les narrateurs qui semblent vouloir évacuer des sentiments tels que la culpabilité, la non-appartenance, la perte de repères ou bien encore désamorcer une crise identitaire. Chez Alexakis, le « je » domine. Neuf de ses onze romans, et huit des neuf nouvelles du recueil *Papa*, comportent une narration à la première personne, ce qui fait de la nar-ration « homodiégétique », celle où le narrateur est présent comme personnage dans l'histoire qu'il raconte, voire même « auto-diégétique », celle où le narrateur est le héros du récit, le mode narratif privilégié d'Alexakis (Genette 252-53). Ainsi, bien que l'auteur s'en défende, le « je » s'impose et organise des textes souvent construits sur des moments de réminiscence du narrateur laissant la mémoire guider le récit[1]. On s'interrogera plus loin sur les raisons de cette réti-cence de l'auteur à reconnaître l'importance du « je » dans ses écrits. Quoi qu'il en soit, l'œuvre romanesque d'Alexakis s'apparente à l'écriture autobiographique, en ce qu'elle met en scène des narrateurs qui disent « je » et qui se dévoilent sur un ton fortement introspectif.

Pourtant, la définition générique de ses écrits est loin de cou-ler de source car ceux-ci se basent à la fois sur des éléments biogra-phiques réels mais aussi sur des éléments tout à fait fictifs. Pour com-mencer la description et l'analyse de l'écriture du moi chez Alexakis, il est tout d'abord nécessaire de présenter une définition du genre autobiographique et de montrer, en se basant sur le récit auto-biographique *Paris-Athènes* et le roman *Je t'oublierai tous les jours*,

---

[1] En effet, bien que le « je » domine dans son œuvre, Alexakis indique : « Écrire à la première personne m'ennuie un peu » (PA 27).

de quelle manière Alexakis paraît motivé par une volonté de fictionna-lisation de la réalité et/ou de « réalisation » de la fiction[2].

Inspiré par le travail de Georges Gusdorf et par son essai « Conditions et limites de l'autobiographie » paru en 1956, Philippe Lejeune fut l'un des premiers théoriciens en France à tenter une défi-nition systématique du genre autobiographique[3]. C'est en effet dans son ouvrage *Le Pacte autobiographique*, paru en 1975, que l'on trouve la définition du genre qui a longtemps fait autorité. Pour Lejeune, l'autobiographie est un « *[r]écit rétrospectif en prose qu'une personne réelle fait de sa propre existence, lorsqu'elle met l'accent sur sa vie individuelle, en particulier sur l'histoire de sa person-nalité* »[4] (14). L'autobiographie repose donc sur un processus de remémoration et de narration par un sujet de sa vie personnelle. À cette première caractéristique, Lejeune ajoute que pour « qu'il y ait autobiographie […] il faut qu'il y ait identité de l'*auteur*, du *narrateur* et du *personnage* »[5] (15). C'est la nécessité de cette superposition de la personne physique qui entreprend le récit, de la voix de la narration et du héros de l'histoire, qui constitue donc ce que Lejeune a appelé « le pacte autobiographique » ; pacte qui, à ses yeux, garantit l'auto-biographicité d'un écrit.

La narration de *Paris-Athènes*, publié en 1989, paraît à pre-mière vue reposer sur le pacte décrit par Lejeune. Alexakis se remé-more et décrit au lecteur son enfance, son exil et les débuts de sa car-rière littéraire. L'auteur se présente en situation d'écriture en faisant souvent référence au fait qu'il est en train d'écrire et en mentionnant même le temps de l'écriture. On sait ainsi que la rédaction de cet ouvrage a commencé en novembre 1986 (9) et s'est terminée en novembre 1988 (252). Il y a donc bien identité de l'auteur, du nar-rateur et du personnage principal et l'on ne peut ainsi pas douter du statut autobiographique de cet écrit.

Pourtant, le sous-titre attribué à *Paris-Athènes*, « récit » et non pas « autobiographie », sème le doute et appelle à se poser des ques-tions supplémentaires sur le statut de cette œuvre. Lejeune qualifie le

---

[2] « Réalisation » est pris ici dans le sens de « rendre réel ».

[3] La fin des années soixante-dix et le début des années quatre-vingts sont marqués par un regain d'intérêt général pour le genre autobiographique. Voir par exemple : Olney et Mehlman.

[4] En italique dans le texte.

[5] En italique dans le texte.

sous-titre « récit » d'« ambigu », en effet, celui-ci paraît ignorer, ou du moins mettre en parenthèses, le statut autobiographique de l'écrit en question (*Moi aussi* 42). Récemment, Alexakis a décrit *Paris-Athènes* comme un « récit autobiographique », semblant ainsi se refuser à lui attribuer l'étiquette d'autobiographie (JTO 181). Si l'on examine plus en détail ce « récit », on se rend compte qu'Alexakis avoue se sentir limité par la rigidité du pacte autobiographique qui semblerait devoir régenter son écriture :

> Je n'ai plus la liberté d'inventer mon histoire. L'exercice de cette liberté me donnait un réel plaisir. Un texte autobiographique, c'est peut-être un genre de roman écrit sans plaisir. Qui sait ? Cela finira peut-être par ressembler à un roman, avec des personnages qu'on perd de vue et qu'on retrouve à la fin. Si les vents me sont favorables, cela devrait ressembler à un roman. (28)

Il y a donc chez Alexakis une réelle attirance pour la fiction, attirance à laquelle l'auteur ne semble pas pouvoir résister, comme le « Qui sait ? » de cette citation le suggère. Ici, même s'il entreprend de raconter sa vie, l'auteur revendique le droit de le faire sur un mode qui se rapproche plus du mode romanesque. En plus du sous-titre, un autre élément du paratexte témoigne de cet appel de la fiction. Sur la quatrième de couverture, *Paris-Athènes* est décrit comme une « autobiographie aux allures de roman ». Même s'il faut être prudent quand on prend en considération les éléments du paratexte qui peuvent être imposés par une stratégie marketing éditoriale, on voit ici qu'il y a bien une confusion, un amalgame indéniable des genres, un appel de la fiction, et ce au sein même de son ouvrage le plus ouvertement autobiographique.

Si en 1989 Alexakis publie une autobiographie, ou plutôt un « récit autobiographique », aux allures de roman afin de satisfaire son attirance pour la fiction, seize ans plus tard, avec *Je t'oublierai tous les jours*, il atteint l'effet inverse et publie un roman aux allures d'autobiographie. Mais, comme le souligne Marie-Françoise Leclère, qu'« on n'attende pas là une autobiographie en règle » (« La Magie »). En effet, *Je t'oublierai tous les jours* porte le sous-titre « roman » ; pourtant, ici aussi, le pacte décrit par Lejeune est respecté. Alexakis, auteur-narrateur-héros, livre de nouveau les détails de sa vie personnelle sur un mode introspectif. Il cite ses livres, décrit les circonstances de leur publication, parle des membres de sa famille, relate son quotidien et fait donc le point sur sa vie personnelle, seize ans après la parution de *Paris-Athènes*.

Comment expliquer le sous-titre « roman » attribué à cette œuvre extrêmement intime ? Bien que cet ouvrage réponde aux exigences du pacte autobiographique de Lejeune, il existe un élément fictif de taille qui tourne l'écrit vers le roman. *Je t'oublierai tous les jours* se présente sous la forme d'une longue lettre écrite par Alexakis à sa mère, morte depuis douze ans, qui prend elle-même la parole dans le dernier chapitre. Ainsi, bien que les souvenirs relatés par Alexakis soient autobiographiques et bien qu'il existe un pacte référentiel clair, cet élément fictif fait glisser l'ouvrage vers le romanesque. On a bien ici un roman aux allures d'autobiographie. Le sous-titre « roman » peut donc être soit interprété comme une volonté de rendre compte de l'élément fictif du texte qu'est la prosopopée mise en place par l'auteur, soit comme une volonté de minimiser le caractère ouvertement autobiographique de l'ouvrage. Quoi qu'il en soit, et comme le souligne Philippe Gasparini, la « fonction indicative du sous-titre est aujourd'hui largement subvertie. On voit de nombreux textes autobiographiques sous-titrés 'roman' alors qu'ils proposent au lecteur, dès l'incipit, un pacte référentiel » (69-70). Alexakis se sentirait-il limité par une définition classique du genre autobiographique ?

Il semble que oui, puisqu'il revendique le droit de livrer son histoire personnelle sur le mode romanesque. Bien que « toute autobiographie est reconstruction *a posteriori*, donc fiction de soi », Alexakis éprouve le besoin de se réinventer lui-même au-delà des conventions classiques de l'autobiographie et du roman (Gasparini 115). Le mode autobiographique chez Alexakis s'apparente plus à une pratique d'écriture personnelle qu'à un genre régi par des règles. L'auteur s'autorise en effet à mélanger le vécu et le fictif, le réel et l'imaginaire, sur le niveau littéraire, ce qui déstabilise et met en question crédulité et vérité littéraires, si tant est que de tels concepts existent.

Nous partons ici du principe qu'une fois qu'un auteur se met en scène, aussi bien dans des œuvres étiquetées « autobiographie » que « roman », il met en place une fictionnalisation de lui-même sur le mode littéraire. Il peut mentir et inventer en se créant un nouveau moi de l'ordre du fictionnel. Par cette pratique, Alexakis annule l'utilité de la notion de pacte autobiographique dans l'analyse des écrits intimes. Dans son ouvrage sur Linda Lê, Michèle Bacholle-Bošković souligne qu'aussi « séduisante qu'elle eût été, la notion de 'pacte' (romanesque

ou autobiographique) fut vite ébranlée et dépassée » (11). Ce commentaire rend compte de la réalité actuelle de l'écriture du moi qui
s'autorise à mélanger fiction et réalité malgré les définitions rigides ou
prescriptives de l'autobiographie qui peuvent avoir (eu) cours.

Le caractère unique et expérimental de chaque instance d'écriture du moi, comme nous le constatons ici grâce à Alexakis, ne permet
en fait pas de se reposer sur une définition générique unique comme
celle tentée par Lejeune. De nombreux critiques ont souligné cette
dimension de l'écriture du moi, que ce soit James Olney qui affirme
qu'il est « impossible de créer des définitions prescriptives de l'autobiographie ou de l'entraver d'aucunes limitations génériques »[6] (237)
ou Paul de Man qui souligne lui que « l'autobiographie se prête mal
aux définitions génériques ; chaque instance semble être une exception à la règle ; les œuvres elles-mêmes appartiennent à des genres
voisins voire même parfois incompatibles »[7] (920). L'autobiographie
serait ainsi plus une pratique d'écriture à chaque fois unique et originale, qui se manifeste différemment d'un auteur à un autre, que
comme un genre en tant que tel.

Dans l'œuvre d'Alexakis, seuls les deux ouvrages analysés
plus haut, présentent une superposition de l'auteur, du narrateur et du
héros, mais ce n'est pas pour autant que ses autres ouvrages ne laissent pas l'auteur se manifester. Même dans ses écrits ouvertement
fictionnels, qui présentent par exemple un narrateur non homonyme,
l'auteur est souvent présent en filigrane. La subversion des conventions de l'écriture du moi opérée par Alexakis dans *Paris-Athènes* et
Je t'oublierai tous les jours, se manifeste aussi, grâce à un déplacement du réel vers le fictif, dans les romans où Alexakis n'est pas le
personnage principal. Avant de se pencher sur l'analyse des échos
autofictionnels propres à l'écriture alexakienne, il importe ici de
donner quelques éléments de la biographie d'Alexakis qui nous permettront ensuite de mettre en évidence les parallèles mis en place par
l'auteur.

Alexakis est né à Athènes en 1943. Il est élevé par sa mère,
Marika, Grecque d'Istanbul ayant dû fuir la Turquie en 1922, et par

---

[6] « the impossibility of making any prescriptive definition for autobiography or pla-
cing any generic limitations on it at all »
[7] « autobiography lends itself poorly to generic définition ; each specific instance
seems to be an exception to the norm ; the works themselves always seem to shade off
into neighboring or even incompatible genres »

son père Yannis, originaire lui de l'île de Santorin. Alexakis grandit à Athènes dans le quartier de Kallithéa jusqu'à ses quatorze ans, puis dans le quartier de Néa Philadelphia et passe ses étés sur l'île de Santorin. Son enfance est marquée par une relation très proche avec sa mère alors que son père, absorbé par son activité de comédien et son travail d'assureur, est très absent. Alexakis note dans *Je t'oublierai tous les jours* que ses parents ne communiquent pas et que leur mariage n'est pas heureux : « Ton mari s'exprimait encore moins. Il ne parlait ni avec nous ni avec toi, comme s'il avait été en froid avec sa famille » (61). Alexakis passe donc des heures entières avec sa mère à discuter et à inventer des histoires en regardant les taches sur les murs de sa chambre, l'incitant ainsi « à décrypter les formes, à lire une histoire là où, apparemment, rien n'était écrit » (PA 65). C'est peut-être ainsi, grâce cette activité créatrice, qu'est né, dès son plus jeune âge, son rêve de devenir écrivain. Il se passionne pour le dessin mais aussi pour le football et est un fier supporter de l'équipe AEK[8]. Sa famille, du côté de son père, appartient à la minorité catholique grecque et Alexakis fait donc ses études au lycée Léonin d'Athènes, chez les frères Maristes.

En 1961, il obtient une bourse qui lui permet de poursuivre ses études à l'École Supérieure de Journalisme de Lille. Alexakis vit mal cette séparation, aussi bien celle de sa famille que de son pays, et entretient une correspondance très régulière avec sa mère. Bien des années plus tard, elle lui rendra, dans deux sacs en plastique, toutes les lettres qu'il lui avait écrites à cette époque. Il se servira d'ailleurs de ces lettres comme trame narrative pour *Je t'oublierai tous les jours* puisque l'écriture sera en effet motivée par la relecture de ces lettres de jeunesse. Les années passées à Lille lui laisseront un mauvais souvenir car il n'est pas satisfait de l'enseignement qu'il reçoit, se sent rejeté et a des problèmes d'argent. Il souffre du fait que ses écrits ne sont « pas appréciés à l'école » (JTO 70), vit renfermé sur lui-même et travaille énormément. En 1964, Alexakis retourne en Grèce pour effectuer son service militaire. Le coup d'état de 1967, l'instauration de la dictature militaire en Grèce et son amour pour une Française le poussent à quitter son pays une deuxième fois.

À son retour en France en 1968, il s'installe à Paris et tente de percer dans le monde du journalisme. En 1969, il se marie avec

---

[8] Union Athlétique de Constantinople, club basé à Athènes

Chantal, qui est professeur de français, et avec qui il aura deux fils. Alexakis se fait un nom dans le monde de la presse française, il travaille d'abord pour *La Croix*, puis pour *Le Monde*, publie des dessins humoristiques, et fait son entrée dans la littérature française avec *Le Sandwich* en 1974. Malgré la chute de la junte cette même année, Alexakis ne retourne pas en Grèce. Il est très absorbé par son travail de journaliste et par ses romans qu'il écrit en français. Alexakis mène en fait plusieurs projets de front puisque, au cours de sa carrière, il aura aussi réalisé quatre films, des pièces radiophoniques, participé à une émission sur France-Culture entre 1985 et 2000, publié des recueils d'aphorismes, des albums pour enfants et même un guide culturel sur la Grèce.

Au début des années quatre-vingts, Alexakis se rend compte qu'il s'est éloigné de son pays et éprouve un fort sentiment de culpabilité face à la Grèce et à sa langue maternelle. Il se rapproche de son pays en publiant un roman en grec, *Talgo*, en achetant un appartement à Athènes et en se faisant construire une maison à Tinos, une île des Cyclades où ses parents possèdent également une maison. Alexakis se sépare de sa femme et entreprend de vivre entre ses trois résidences. Il tente également de maintenir cet équilibre entre son pays d'origine et son pays d'adoption dans ses romans en les traduisant lui-même d'une langue à l'autre. Récemment, Alexakis s'est pris de passion pour une langue africaine, le sango, qu'il a appris seul à Paris avant d'entreprendre plusieurs voyages en Centrafrique.

Voici donc, en diagonale, les événements clés de la biographie de l'auteur. Il est nécessaire de bien connaître ces grandes lignes biographiques pour pouvoir mettre en évidence, illustrer et interpréter ces échos autofictionnels caractéristiques de l'écriture alexakienne.

2. Déplacer le vécu : correspondances autofictionnelles

La plupart des critiques ayant écrit sur Alexakis ont souligné la dimension autobiographique de ses écrits. M. Orphanidou Fréris affirme par exemple que l'œuvre d'Alexakis est « de caractère autobiographique » (« L'Identité » 174) alors que Jouanny souligne qu'on a affaire à « une œuvre qui est, explicitement ou non, de caractère autobiographique » (« Le Vertige » 98). De même, Oktapoda-Lu souligne que dans « tous ses romans affleurent des éléments auto-

biographiques » (« Vassilis Alexakis » 291). Le fait qu'Alexakis ait
participé, en 1986, à une rencontre internationale d'écrivains à Québec
pour discuter du thème de « la tentation autobiographique » et qu'il ait
raconté cette même expérience en détail dans *Paris-Athènes* (29) confirme aussi l'importance de la composante autobiographique dans ses
romans. G. Fréris note que, dans toute l'œuvre, le ton de l'écriture est
fortement personnel et que l'introspection domine, mais il souligne
aussi que le mode d'écriture se fait de plus en plus autobiographique
au fil des publications (« Le jeu » 89). Il ne fait en effet pas de doute
que de parution en parution, les éléments autobiographiques se font de
plus en plus nombreux et culminent dans *Je t'oublierai tous les jours*.

Jacques Meunier, dans un article sur Alexakis publié en 2000,
note avec humour qu'il « est difficile de résister à quelqu'un qui con-
fond à ce point la vie et la fiction ». Meunier met ainsi en évidence à
la fois cette particularité des textes d'Alexakis, mais aussi l'attente
que le lecteur assidu construit au fil de ses lectures. En effet, ce dernier remarque que des événements font surface de manière récurrente
et que l'auteur se trouve présent en filigrane dans chacune de ses
œuvres. Une sorte d'attente se crée et le lecteur, roman après roman,
se retrouve à attendre et à anticiper ces « éclairs » de présence de
l'auteur dans sa fiction comme s'il avait rendez-vous avec le double
fictionnel d'Alexakis.

En analysant les articles parus dans la presse et les études
écrites sur Alexakis, on remarque que les mots « sosie », « clone »,
« double », « fantôme » et « masque » sont très présents. Jouanny
parle ainsi d'un « héros-sosie » (« Le Vertige » 62), Jean-Luc Douin
évoque l'« image en biseau d'un collage de son moi perplexe et de son
double fantôme » (« Jeux d'amour »), Olivier Delacroix souligne que
Les Mots étrangers « met en scène un homme qui lui ressemble »,
Antoniadou estime que son personnage « Nicolaïdès [est un] alter ego
transparent de Vassilis Alexakis » (« Mondialisation » 225), alors que
Claude Casteran indique que le narrateur « lui ressemble comme un
frère ». Ces commentaires mettent en évidence une superposition de la
personnalité de l'auteur sur celle de ses narrateurs. Certains vont
même jusqu'à pousser la mise en valeur de cette superposition en
accolant, entre parenthèses, au nom du narrateur celui d'Alexakis
suivi d'un point d'interrogation : « Pavlos (Alexakis ?) divague »

(« L'Énigme »)[9] ou bien « Nicolaïdès (Alexakis ?) avoue que le premier mot français qu'il l'ait séduit était *promiscuité* » (Leclère « Au pays des mots »). Les critiques indiquent ainsi la perplexité que leur inspirent ces ressemblances et montrent qu'ils ne sont pas dupes, qu'ils ont démasqué Alexakis.

La fréquence de cette superposition de l'auteur sur ses personnages pousse certains à se demander si l'on n'a pas affaire à une sorte de compulsion littéraire. Nicolas d'Estienne d'Orves s'interroge : « l'écrivain franco-grec s'enfermerait-il dans une névrose ? » alors que Jean-Baptiste Harang affirme : « Alexakis ne sait pas se cacher » (« La Langue maternelle »). Le lecteur joue à cache-cache avec l'auteur et ce dernier semble dire « c'est moi mais ce n'est pas moi », brouillant ainsi la frontière entre réalité et fiction. Selon Oktapoda-Lu, « on assiste à une alternance continuelle, un métissage du vrai et du faux, de la réalité et de la fiction » alors que l'on découvre, au fil des lectures, les multiples doubles de l'auteur (« Vassilis Alexakis » 293). Mais quelle est la nature des ressemblances entre Alexakis et ses doubles ? Comment s'opère ce « métissage » dont parle Oktapoda-Lu ? Quels éléments de la vie de l'auteur sont insérés dans ses écrits fictionnels ?

L'une des correspondances les plus frappantes entre Alexakis et ses personnages est le nombre important de narrateurs qui se trouvent en situation d'écriture. Qu'ils soient en train d'écrire un roman, une lettre, un journal intime ou simplement de prendre des notes, la majorité des narrateurs qu'il crée est présentée en train d'écrire. En effet, dans huit des onze romans publiés par Alexakis, le narrateur est ce qu'on pourrait appeler un « narrateur-écrivant » qui se fait le miroir de l'auteur et du processus d'écriture, ce qui suggère une réflexion poussée sur la signification de l'acte d'écriture de la part de l'auteur.

Dans *Le Sandwich*, le narrateur, qui ne porte sans doute pas le prénom Vassilis par simple coïncidence, se décrit comme « un jeune auteur » qui écrit son premier roman (26). Ici, le parallèle est donc frappant puisque le roman en question est bien le premier roman d'un jeune auteur qui s'appelle Vassilis. L'autoréférentialité mise en place se dévoile donc clairement et, malgré l'abondance d'éléments fictifs

---

[9] Certains articles parus dans la presse sur Alexakis sont anonymes. Lorsqu'une citation provenant d'un article anonyme sera utilisée, on indiquera entre parenthèses le début du titre de manière à pouvoir retrouver facilement l'article en question au sein de la bibliographie.

loufoques présents dans ce roman, on ne peut s'empêcher de prendre le Vassilis fictif pour l'auteur et d'être intrigué par cette autoréférence claire[10].

Même s'il n'existe pas dans *Les Girls du City-Boum-Boum* d'homonymie entre l'auteur et le narrateur, nommé Paul Dumoulin, on assiste à un phénomène similaire. Le narrateur est aussi en train d'écrire un roman, il fait même mention du temps de l'écriture : « J'ai mis trois jours à écrire ce qui précède » (15). Toutefois, phénomène encore plus troublant, Dumoulin mentionne que son dernier roman s'appelle *Le Sandwich* : « Si mon précédent roman, *Le Sandwich*, chez le même éditeur, ne se terminait pas par un meurtre, je tuerais Hélène » (173). Ainsi, une sorte de généalogie avec le narrateur du premier roman d'Alexakis, et sans doute ici aussi avec l'auteur, se matérialise, poussant encore plus en avant l'autoréférentialité existant dans le premier roman. De plus, en faisant dire à son narrateur « je dirai à qui voudra bien m'entendre que le personnage principal de ce roman n'est pas moi. C'est d'ailleurs vrai ! », Alexakis joue avec la ressemblance qu'il a créée entre son narrateur et lui-même (31). Il est difficile d'identifier qui parle, Alexakis ou Dumoulin, ce qui accentue la confusion des identités mise en place par Alexakis dans ce roman et confère une dimension ludique au texte. Dès ces premières œuvres, le réel se dilue dans le fictif sur le mode du jeu.

La narration de *Talgo* se base aussi sur une situation d'écriture. Bien qu'il n'y ait pas ici de confusion ou de superposition directe possible entre Alexakis et sa narratrice, Éléni, le fait que cette dernière soit en train d'écrire une lettre confirme la prédilection de l'auteur pour les narrateurs-écrivant qui, comme ils effectuent la même activité qu'Alexakis, se matérialisent dans un effet de miroir. *Talgo* se présente sous la forme d'une longue lettre écrite par Éléni, une Athénienne, à Grigoris, un Grec exilé à Paris. Éléni, comme la plupart des narrateurs-écrivant d'Alexakis note à plusieurs reprises le temps de l'écriture, « Il y a trois jours que j'ai commencé à écrire », ce qui a pour effet de mettre l'accent sur l'activité et le processus d'écriture (14).

---

[10] La narration est constamment interrompue par des événements loufoques. On a par exemple une conversation entre deux oiseaux appelés Oiseau A et Oiseau B (51). La narration est aussi ponctuée de brusques changements de lieux. Par exemple, alors que l'on suit les péripéties du narrateur qui a été jeté dans un puits par un moine, on passe à la description d'un marchand de tapis assoiffé (49).

Cette tendance à noter le temps de l'écriture caractéristique des narrateurs alexakiens se retrouve avec Basile Hennart, le narrateur du roman *Avant*, qui relate le quotidien d'un groupe de personnes mortes vivant dans un souterrain sous un cimetière de Paris. Hennart indique en effet que, « [s]eize jours se sont écoulés depuis [qu'il a] commencé à écrire » (71). Malgré le contenu fantastique du roman, il est difficile de ne pas voir dans Hennart, qui exerçait l'activité de romancier de son vivant et continue de le faire dans le souterrain, un double de l'auteur.

Pavlos Nicolaïdis, le narrateur de *La Langue maternelle*, est lui aussi mis en situation d'écriture. Ce dessinateur grec vivant à Paris rentre à Athènes pour faire le deuil de sa mère et se prend de passion pour l'énigme de l'epsilon de Delphes[11]. Il se met à prendre des notes, à dresser la liste des mots commençant par epsilon qui lui plaisent et à s'interroger sur l'activité d'écriture : « Il m'a semblé que j'avais envie d'écrire » (43) ou « Quel genre de fin pourrait avoir un texte qui n'est qu'un journal intime » (166). Ici aussi on a donc un narrateur-écrivant qu'on imagine fort bien, comme l'auteur, le stylo à la main devant la page blanche. La réflexivité des identités auteur-narrateur est même soulignée intratextuellement grâce à ce commentaire de Nicolaïdis : « Je fabrique des phrases... Je me regarde dans un nouveau miroir » (49).

Le narrateur du *Cœur de Marguerite* n'est pas nommé et son anonymat favorise par conséquent l'identification de l'auteur et du narrateur. Ce dernier est un réalisateur de documentaires qui tente de mettre de l'ordre dans son histoire d'amour avec son amie Marguerite tout en s'attelant à la rédaction de son premier roman : « Je veux croire que je trouverai un jour le début et que je pourrais commencer le roman dont je rêve depuis tant d'années » (7). Tout au long du roman, le narrateur fait part de ses pensées sur l'acte d'écrire et de ses difficultés à avancer dans son texte. Ceci crée de nouveau une confusion entre le narrateur et l'auteur, le « vrai » créateur, puisque le roman d'Alexakis et celui du narrateur semblent en fait ne former qu'un seul et même texte.

Nicolaïdès, le narrateur des *Mots étrangers*, est sans doute le sosie le plus conforme à Alexakis puisqu'il est lui aussi un écrivain

---

[11] Le héros tente de résoudre une énigme réelle : celle de la signification de la lettre epsilon qui ornait l'entrée du temple d'Apollon à Delphes.

grec exilé à Paris qui écrit à la fois en grec et en français et se traduit lui-même d'une langue à l'autre. En fait, seuls les titres de ses romans le différencient d'Alexakis puisque tous deux ont vécu les aventures relatées dans ce roman : l'apprentissage du sango et un voyage en Centrafrique[12]. *Les Mots étrangers* se présente comme un journal de bord tenu par Nicolaïdès lors de son apprentissage de la langue et lors de son séjour à Bangui. On a donc ici encore un narrateur placé en situation d'écriture.

Avec *Ap. J.-C.*, on a de nouveau affaire à un narrateur anonyme qui est présenté en train de composer un texte. Ce jeune étudiant athénien se lance dans une enquête sur les moines du mont Athos et en retranscrit chaque détail : « Je prends ces notes dans un gros cahier pareil à un livre. J'ai écrit sur la couverture, qui est d'un vert clair, les mots MONT ATHOS en majuscules noires » (25). On voit donc bien ici aussi le souci de mettre en scène l'acte d'écrire et de montrer le texte en train de se faire par l'intermédiaire du narrateur-écrivant.

En créant de tels narrateurs, Alexakis projette ses personnages dans l'univers de sa propre création littéraire. Par conséquent, l'effet de miroir ainsi créé pousse le lecteur à superposer les identités de l'auteur et des narrateurs. La majorité des narrateurs alexakiens sont en effet, tout comme lui, des sujets écrivant qui tentent de se découvrir à travers le langage et l'écriture. Gasparini, dans son étude intitulée *Est-il je ? Roman autobiographique et autofiction*, souligne :

> S'il est un trait biographique du personnage qui autorise, à lui seul, son identification avec l'auteur, c'est l'activité d'écrivain. Cette identification professionnelle présente l'avantage de ne nécessiter aucun recours au paratexte : écrivain, l'auteur l'est incontestablement, son livre l'atteste. S'il attribue cette manie à son héros, il signale *ipso facto*, par le moyen le plus simple et le plus efficace, un point commun entre eux ; il instaure un effet de miroir qui va structurer leur relation, donc déterminer l'appréciation générique du texte par le lecteur. (52)

L'activité d'écriture au sein de la fiction permet ainsi d'établir une correspondance directe entre l'auteur et ses narrateurs. Étant donnée la fréquence de ce phénomène chez Alexakis, le lecteur est sans cesse poussé à superposer les identités auteur-narrateur et à les voir comme

---

[12] Les bibliographies d'Alexakis et du narrateur diffèrent en effet : « Je n'ai eu aucune idée de roman ces derniers mois. Étais-je découragé par l'accueil mitigé, voir froid […] reçu par *Le Soldat de plomb*, paru il y a un an ? » (ME 12).

doubles l'une de l'autre. Harang exprime exactement cette idée dans sa critique des *Mots étrangers* :

> On dit Alexakis pour simplifier, pour simplifier et pour dire vrai puisque l'on sait que c'est ainsi, mais le livre est un roman, et le narrateur s'appelle Nicolaïdès, par politesse, il se présente modestement pour ne pas avoir à être cru comme un personnage de roman. (« Dernier sango »)

Chez Alexakis, la réalité rattrape la fiction sur une multitude de niveaux. En effet, non seulement l'existence de personnages en situation d'écriture crée un rapprochement avec l'auteur, mais l'apparence physique et les intérêts des personnages sont autant d'autres parallèles entre Alexakis et ces derniers. En lisant *Paris-Athènes, Je t'oublierai tous les jours*, les articles parus sur l'auteur et ses interviews, on apprend qu'Alexakis a été obnubilé par la perte de ses cheveux, qu'il portait la barbe, qu'il fume la pipe, et qu'il adore jouer au ping-pong. Au fil des lectures des œuvres fictionnelles de l'auteur, on remarque que les personnages masculins perdent souvent leurs cheveux, portent parfois la barbe et fument presque tous la pipe[13]. De plus, les personnages principaux ont généralement l'âge, ou sensiblement le même âge qu'Alexakis. C'est le cas par exemple de Paul Dufresnes dans *Contrôle d'identité* puisqu'il est né en 1943 comme l'auteur (9), de Paul Dumoulin qui indique avoir 27 ans (GCB 138) et de Basile Hennart qui a 48 ans (A 90), âges qu'Alexakis aurait eus au moment de la rédaction de ces œuvres. On comprend ainsi pourquoi les critiques soulignent la ressemblance physique d'Alexakis et de ses personnages : « C'est l'histoire de Pavlos, qui ressemble comme un frère à l'auteur » (« L'Énigme ») ou « Le narrateur qui ressemble furieusement à Alexakis » (« Le Charme »). En plus de cette ressemblance physique indiscutable, on remarque aussi que de nombreux personnages partagent les passions ou les intérêts d'Alexakis. Par

---

[13] De nombreux personnages perdent leurs cheveux, c'est le cas par exemple de Paul Dumoulin dans *Les Girls du City-Boum-Boum* (138) ; Grigoris dans *Talgo* (180) ; Paul Dufresnes et Capélius Love dans *Contrôle d'identité* (53) ; et du narrateur du *Cœur de Marguerite* (202). Paul Dufresnes perd non seulement ses cheveux, mais porte aussi la barbe (CI 53). Pavlos Nicolaïdis dans *La Langue maternelle* rase la barbe qu'il portait depuis de nombreuses années (54). Enfin, la liste des personnages fumant la pipe est longue : Paul Dufresnes (9), Basile (177) et Monsieur Athanassopoulos (212) dans *Contrôle d'identité* ; Basile Hennart dans *Avant* (142) ; Pavlos Nicolaïdis dans *La Langue maternelle* (35) ; le narrateur du *Cœur de Marguerite* (14) et M. Nicolaïdès des *Mots étrangers* (59).

exemple, beaucoup aiment jouer au ping-pong, tout comme Alexakis.
Paul Dumoulin rêve d'« être sur le pont d'un grand bateau, par un
beau matin d'été en train de jouer au ping-pong avec la fille du capi-
taine » (GCB 188). Pavlos Nicolaïdis voudrait installer une table de
ping-pong dans son appartement d'Athènes (LM 40), alors que le narrateur de « La fille de Jannina », nouvelle issue du recueil *Papa*, dis-
pose lui d'une table de ping-pong dans son appartement d'Athènes,
tout comme Alexakis (37).

L'auteur fait aussi parfois des apparitions dans son texte mais
plus en tant que figurant qu'en tant que personnage principal. On
remarque ce phénomène notamment dans son troisième roman, *La
Tête du chat*. L'un des personnages, Jean-Louis Dubourg, rencontre à
deux reprises un homme qui pourrait être un double de l'auteur. Par
exemple, Dubourg croise, à la Gare de Lyon, un jeune homme étranger en route pour Lille qui fait fortement penser à Alexakis[14]. Puis,
plus loin dans le roman, lors d'une fête chez un ami, Dubourg « joue
au ping-pong avec […] un grand barbu bien sympathique » (147).
Bien que l'adolescent étranger et le grand barbu ne soient pas des personnages principaux du roman, bien qu'ils ne fassent qu'une apparition furtive, on ne peut s'empêcher de voir ici encore une ressemblance et un signe de cette compulsion de présence de l'auteur. Alexakis serait un genre d'Hitchcock littéraire qui ressent, tout comme le
cinéaste, le besoin de faire une apparition, même si très brève, dans
chacune de ses œuvres.

Cette multiplication des apparitions auctoriales peut-elle être
décrite comme une fétichisation d'Alexakis par lui-même ? On pourrait en effet interpréter cette pratique comme une sorte de narcissisme
littéraire, tout comme G. Fréris qui souligne que la « relation entre
l'auteur et ses héros est narcissique » (« Le jeu » 150). Toutefois, il est
essentiel de souligner que cette étiquette ne se veut pas réductive ou
dénigrante par rapport à l'œuvre. Ce qui importe ici, c'est d'explorer
les raisons possibles de cette autoréférentialité et de cette réflexivité
plutôt que de la réduire exclusivement et sans procès à la seule possibilité d'un ego démesuré. Il s'agit en fait de tenter de comprendre
pourquoi Alexakis est là en filigrane, « omniprésent ou en ombre

---

[14] « C'était un adolescent, chargé d'une énorme valise blanche et de deux sacs de
voyage pleins à craquer. 'Pour aller à Lille, s'il vous plaît…' D'après son accent il
devait être espagnol ou portugais. Mais non, il n'aurait pas débarqué à la gare de
Lyon » (TC 94).

chinoise dans nombre de ses livres » (Leauthier). On a l'impression d'assister à une métamorphose de l'auteur qui, grâce à ses déguise-ments, devient multiple.

Alexakis aurait besoin de se traiter en personnage, de se met-tre à distance, d'opérer un déplacement de son moi personnel vers la fiction. Ainsi, il réussit à construire plusieurs représentations tex-tuelles de lui-même qui peuvent lui permettre de capturer sa propre identité. M. Orphanidou Fréris estime en effet qu'« écrire pour Alexa-kis, signifie se décrire, s'analyser, se justifier », confirmant ainsi le besoin de s'observer de l'extérieur pour mieux s'appréhender soi-même (« L'Identité » 178). L'auteur déclare dans *Paris-Athènes* s'être « souvent dévisagé, mais toujours à travers un masque », pourtant ses masques ne le dissimulent que très peu et il se laisse voir, sans doute parfois involontairement, de manière récurrente dans son œuvre (28). Notons que ses apparitions ne se limitent pas à la présence physique d'un personnage chauve, barbu, fumeur de pipe et passionné de ping-pong, puisque nous retrouvons, dans la prose d'Alexakis, des événe-ments de sa biographie attribués aux personnages fictionnels de ses romans.

Gasparini souligne :

> si on veut comprendre le processus de superposition auteur-narrateur dans le roman, il est nécessaire d'aller au-delà et d'étudier comment le romancier autobiographe suggère une analogie entre la construction de sa propre iden-tité et celle de son héros. (46)

C'est exactement ce qu'on se propose de faire ici en analysant les res-semblances entre le vécu d'Alexakis et sa fiction. Si l'on examine les personnages créés par l'auteur, on remarque tout de suite que leur vie familiale colle à la sienne. De parution en parution, le lecteur peut en effet suivre la chronologie des événements majeurs de la biographie d'Alexakis à travers celle de ses personnages.

Les intersections entre réalité et fiction se trouvent présentes dès le premier roman puisque le narrateur, Vassilis, se marie à la même date (1969) et au même endroit qu'Alexakis[15]. Dans le deuxième roman de l'auteur, la progression chronologique continue. Paul Dumoulin indique être marié depuis quatre ans alors que l'action

---

[15] « On se mariera dans le sud de la France, dans un petit village de trois cents habi-tants où le père de Françoise possède une jolie maison » (S 63).

se déroule en 1973, ce qui correspond aussi à la biographie de l'auteur (GCB 33). Dans *La Tête du chat*, le personnage principal, Paul Arnaud, est marié depuis huit ans et a deux enfants (136). On voit donc bien que même la chronologie est respectée et que de Vassilis à Arnaud, en passant par Dumoulin, les personnages affichent des reflets de la vie intime de l'auteur. De plus, Grigoris, dans *Talgo*, est marié à une Française professeur de français, a deux enfants et est en train de vivre une aventure avec une Athénienne, trois éléments que l'on retrouve aussi dans la biographie de l'auteur[16]. Nombre de personnages masculins ont, comme Alexakis, deux fils. En plus de Grigoris, on compte par exemple Beau dans *Contrôle d'identité*, Basile Hennart dans *Avant*, et le narrateur de la nouvelle « La Fille de Jannina ». Notons en plus que le personnage italien et le personnage serbe de *Contrôle d'identité* se sont tous les deux mariés avec des Françaises. De plus, ce dernier, tout comme Basile Hennart dans *Avant*, et tout comme Alexakis, a divorcé. L'auteur projette aussi sa propre enfance dans sa fiction. Son personnage Grigoris fait en effet ses études dans le même lycée que lui (T 136) et se passionne pour l'équipe de football AEK (T 44), passion partagée par son personnage M. Nicolaïdès (ME 123). Les correspondances entre la vie intime de l'auteur, que ce soit dans ses grands événements ou dans ses petits détails, et celle de ses personnages sont donc fort nombreuses.

En plus de se projeter lui-même sur ses personnages, Alexakis fait aussi une place primordiale aux membres de sa famille dans sa fiction. Ainsi, sa tante morte d'une leucémie fait deux apparitions : une dans *Contrôle d'identité* et une dans « Zoé », une nouvelle issue du recueil *Papa*[17]. De même, une autre tante, devenue aveugle, fait une apparition dans *Le Cœur de Marguerite*[18]. Les parents d'Alexakis font

---

[16] *Talgo* « doit certainement d'avantage à ma mémoire qu'à mon imagination. Le personnage principal masculin est un immigré grec vivant à Paris, gagné par la nostalgie. Il devient amoureux d'une femme grecque : j'eus aussi une liaison » (PA 242-43).

[17] Ces trois instances sont comparables : « Sa tante est morte d'une leucémie […] C'était la sœur de sa mère, elle s'appelait Zoé » (CI 9) ; « Zoé […] c'était le prénom de ma marraine, qui est morte très jeune d'une leucémie » (P 159) ; et « Des quatre sœurs, seule ma mère est encore en vie. Zoï, la cadette est morte la première, de leucémie » (PA 136). La compassion de l'auteur par rapport à la mort de sa tante s'étend donc bien jusqu'au domaine fictionnel.

[18] On peu en effet mettre en parallèle : « Persi – son nom complet est Perséphone – n'avait pas encore perdu la vue […] Elle élabore un long poème dans lequel elle raconte son enfance à Santorin. Elle le compose mentalement, puis elle le dicte » (CM

eux aussi des apparitions répétées. On remarque de nombreux parallèles entre les parents d'Alexakis et ceux de ses personnages. Les mères fictionnelles correspondent souvent à la description qu'Alexakis fait de la sienne. Celle de Grigoris dans *Talgo* est originaire de Constantinople et soutient son fils grâce à un courrier abondant quand il s'exile en France. Capélius Love dans *Contrôle d'identité* mentionne qu'il a existé entre sa mère et lui « une complicité particulière […] un lien particulier » (114) ce qui ne va pas sans rappeler la relation entre Alexakis et sa mère. Enfin, dans *La Langue maternelle*, le narrateur tente de faire le deuil de sa mère alors même qu'Alexakis venait de perdre la sienne. De même, les pères fictionnels ressemblent à celui d'Alexakis. Celui des *Girls du City-Boum-Boum* est un homme pieu qui délaisse sa femme. Celui de *La Langue maternelle* est silencieux et solitaire. Celui du *Cœur de Marguerite* est comédien. De plus, dans *Les Mots étrangers*, le narrateur, tout comme Alexakis à l'époque, vient de perdre son père. On peut mettre ce roman en parallèle avec *La Langue maternelle* puisque ces deux œuvres permettent à Alexakis de faire le deuil d'un parent grâce au medium de la fiction.

En soulevant les masques qu'Alexakis fait porter à ses personnages, on voit bien son intimité se révéler. L'auteur semble parfois vouloir indiquer au lecteur que c'est bien lui qui se livre et non pas son personnage. Il fait en effet dire au narrateur du *Cœur de Marguerite* : « C'est vrai que mon père est comédien, c'est vrai aussi que ma mère ne vit plus » (17). Ici, l'utilisation de l'adjectif « vrai », du fait que l'on pourrait l'appliquer aussi bien à l'auteur qu'au narrateur, attire encore une fois l'attention sur la mise en question de la véracité dans l'entreprise auto-descriptive en littérature.

La récurrence de certains prénoms dont on sait qu'ils sont les prénoms des membres de la famille d'Alexakis est aussi à souligner. Le prénom Chantal, celui de la femme d'Alexakis, est ainsi attribué à plusieurs personnages, notamment dans les œuvres les plus anciennes de l'auteur : le témoin de mariage de la femme du narrateur du *Sandwich*, une femme que Paul Dumoulin tente de séduire dans *Les Girls du City-Boum-Boum*, la femme du héros de *La Tête du chat*, et une ancienne petite amie de Stabilo Boss dans *Contrôle d'identité*. Ce prénom, qui n'avait pas été utilisé depuis 1985, fait aussi un retour dans

---

166-68) et « Tante Polyta ne voit plus […] Elle s'est mise en outre à écrire : elle dicte à sa fille, ou bien à un magnétophone, ses souvenirs d'enfance » (JTO 200-01).

Ap. J.-C. publié en 2007. Il est attribué à la petite amie que Vezirtzis, le professeur du narrateur, avait eue à Paris pendant qu'il faisait ses études à la Sorbonne.

Le prénom Marika, celui de la mère d'Alexakis, est aussi présent, surtout dans les œuvres les plus récentes de l'auteur. C'est par exemple le prénom de la mère du narrateur dans *La Langue maternelle*. On le retrouve aussi deux fois dans *Le Cœur de Marguerite*, attribué tout d'abord à une vieille femme qui erre sur l'île de Tinos avec sa sœur, mais aussi à la mère du narrateur. Le prénom Yannis, celui du père d'Alexakis, fait lui aussi de nombreuses apparitions. C'est par exemple le prénom d'un nouvel arrivant du souterrain dans *Avant*, et celui du père de M. Nicolaïdès dans *Les Mots étrangers*.

Plusieurs personnages portent le prénom de l'auteur, Vassilis, ou Basile, sa version francisée. On a déjà indiqué que le prénom du narrateur du *Sandwich* est Vassilis et que le narrateur d'*Avant* s'appelle Basile. Ajoutons, que Basile est aussi le prénom du jardinier de Jean-Louis Dubourg dans *La Tête du chat*, celui d'un ami de Stabilo Boss dans *Contrôle d'identité* et celui d'un archéologue dans *Ap. J.-C.*. En baptisant ses personnages Vassilis ou Basile, l'auteur manifeste une fois de plus sa présence. En effet, Gasparini souligne qu'en « codant le nom du héros, le roman autobiographique sollicite la sagacité du lecteur qu'il transforme en espion d'une vie mise en énigme » (37). Il est vrai que le lecteur averti fini par avoir l'impression de participer à un jeu de piste, de traquer l'auteur dans sa fiction à travers les multiples instances d'autoréférentialité qui parsèment les textes.

Un autre trait commun entre Alexakis et ses personnages mérite ici d'être mentionné : ceux-ci sont souvent des exilés, des étrangers qui se sont installés à Paris. C'est le cas de Grigoris, Grec professeur d'économie politique (T 37), de Paul Dufresnes, originaire de Yougoslavie (CI 17), de Stabilo Boss, originaire d'Italie (CI 190), de Yannis, Grec vivant en France depuis vingt-cinq ans (A 169) et de Pavlos Nicolaïdis, dessinateur grec vivant à Paris (LM 16). Il existe encore d'autres ressemblances, particulièrement au niveau des professions des personnages qui sont tour à tour journalistes, réalisateurs, dessinateurs ou écrivains, professions toutes exercées par Alexakis au cours de sa vie. Beaucoup de personnages travaillent ou ont travaillé dans le monde de la presse : Paul Dumoulin est journaliste (GCB 38), Paul Arnaud travaille au sein d'un service de presse (TC 73), Grigoris a publié quelques articles dans *Le Monde* (T 96), Beau a exercé cette profession (CI 200), le narrateur de « La Fille de Jannina » est lui aussi journaliste (P 44), enfin, celui d'*Ap. J.-C.* indique qu'il « aime-rai[t] devenir journaliste » (59). Certains sont réalisateurs comme le narrateur du *Cœur de Marguerite* qui tourne des documentaires (7) ou comme le narrateur de la nouvelle « Le Cheval à bascule » qui réalise des films pour le cinéma (P 95). D'autres sont dessinateurs comme Paul Dufresnes (CI 85) et Pavlos Nicolaïdis (LM 20). Enfin, cinq de ses personnages sont des écrivains professionnels : Jean-Louis Dubourg qui écrit des romans à l'eau de rose (TC 16), M. Athanasso-poulos, écrivain grec vivant à Paris (CI 210), Basile Hennart (A 9), Eckermann, écrivain originaire d'Allemagne de l'Est exilé aux Etats-Unis (CM 111) et M. Nicolaïdès, écrivain grec installé à Paris (ME 11).

Enfin, pour terminer ici ce catalogue des analogies existant entre la réalité biographique de l'auteur et ses personnages, il faut décrire deux éléments dont la présence surprend et illustre un niveau de présence de l'auteur encore plus important. Dans *Avant*, Basile Hennart raconte comment sa mère, affaiblie par la maladie et hospita-lisée, souhaite réapprendre le numéro de téléphone de son fils qu'elle avait oublié : « Elle a répété les chiffres après moi : quarante-cinq, soi-xante-dix-huit, quatre-vingt-deux, quatre-vingt-quinze » (235). Après vérification dans l'annuaire, ce numéro s'avère être celui du domicile parisien d'Alexakis[19]. L'auteur attribue donc son propre numéro de téléphone à un personnage fictionnel. Que motive ce choix ? Veut-il récompenser son lectorat le plus assidu ? Indique-t-il ainsi que Basile Hennart est bien son double ? La présence du numéro de téléphone de l'auteur a en tous cas pour effet d'accentuer et de confirmer le caractère à la fois compulsif et ludique de l'autoréférentialité chez Alexakis. On a comme l'impression que l'auteur s'amuse en semant des clins d'œil autobiographiques au fil des pages. Mais s'agit-il plus d'un « dérapage incontrôlé » que d'une décision réfléchie ?

Un deuxième élément romanesque pousse à ce type de ques-tionnement. Dans *La Langue maternelle*, Pavlos Nicolaïdis décrit celui de ses dessins que sa mère préférait : « Cela représente un cercle et un carré […] Le carré […] déclare au cercle : 'Je ne te comprends pas' » (240). Or, la description de ce dessin correspond exactement à

---

[19] En effet, la recherche du nom « Vassilis Alexakis » sur le site Internet de l'annuaire produit le résultat suivant : « Vassilis Alexakis, 23 rue Juge, 75015 Paris. 01.45.78.82.95 » (voir : <http://wgc.pagesjaunes.fr>).

un dessin présent dans le recueil de dessins humoristiques d'Alexakis intitulé *Déshabille-toi*[20]. En attribuant une de ses créations artistiques à son personnage, l'auteur confirme une relation, un lien, entre sa propre personne et celle de Pavlos Nicolaïdis. Toutefois, Alexakis ne semble pas prêt à accepter cette relation puisqu'il a déclaré qu'à « la différence de *Paris-Athènes*, *La langue maternelle* n'est pas un livre autobiographique » (Kroh 174). Bien que l'on ne vise pas à nier le caractère fictionnel de ce roman – Pavlos Nicolaïdis ne ressemble pas à Alexakis en tout point puisqu'il n'est par exemple pas écrivain – il existe bien des glissements, des déplacements, de son propre vécu vers ses personnages, et ce même s'ils vivent des aventures qu'Alexakis n'a jamais vécues.

Serait-on en face d'« une fiction d'événements réels » créée dans une sorte de renversement en miroir de la réalité (Hubier 128) ? On peut en tous cas affirmer que « l'écrivain a choisi de romancer sa vie » en incluant des éléments de sa propre biographie par un mouvement de glissement du réel vers la fiction (Delacroix). La volonté de l'auteur de diluer le réel dans le fictionnel suggère une insatisfaction par rapport au réel, un besoin d'altérer ce réel à travers l'imaginaire, de le rendre autre, différent, et un désir auctorial de se mettre au centre de son œuvre.

Ces glissements ne concernent pas seulement des événements relatifs à la vie familiale de l'auteur ou des détails de sa biographie, comme son propre numéro de téléphone, mais aussi les lieux mis en présence dans ses romans. Comme nous l'avons déjà montré en analysant *Paris-Athènes* et *Je t'oublierai tous les jours*, Alexakis se plaît à donner des détails extrêmement précis sur sa vie personnelle. Il importe de mentionner ici certains aspects des lieux qui se retrouvent dans ses écrits fictionnels. En lisant *Paris-Athènes* et *Je t'oublierai tous les jours*, on apprend par exemple qu'à Paris Alexakis vit dans une chambre de bonne exiguë située rue Juge dans le XVe arrondissement. À Athènes, il a acheté plusieurs studios qu'il a agrandis en un seul appartement en abattant des cloisons pour former une immense pièce dans laquelle il a installé une table de ping-pong.

En gardant ces éléments à l'esprit, on peut, une fois de plus, mettre à jour de nombreux parallèles. Alexakis donne comme lieu de résidence à deux de ses personnages une chambre de bonne, située rue

---

[20] Le recueil ne comporte pas de pagination.

Juge, dans le XVe arrondissement de Paris. C'est le cas de Paul Dufresnes (CI 17) et de Basile Hennart (A 113)[21]. Ces deux personnages sont projetés dans la réalité de l'environnement d'Alexakis, dans l'endroit même où la rédaction des romans en question a eu lieu. Ici aussi il y a donc réflexivité, mais une réflexivité que l'on peut qualifier de géographique. Ceci est même renforcé par le fait que Dufresnes et Alexakis soulignent tous deux qu'ils ont vue sur la tour Eiffel[22]. On remarque le même phénomène pour ce qui est de la demeure d'Alexakis à Athènes. Le narrateur de la nouvelle « Le Cheval à bascule » décrit un lieu de vie qui ressemble fort à l'appartement athénien d'Alexakis : « Mon appartement se trouve au rez-de-chaussée du côté opposé à la rue, il donne sur un petit jardin. Il se composait à l'origine de deux studios que j'ai réunis en démolissant le mur intermédiaire » (P 94)[23].

Enfin, l'île de Tinos occupe elle aussi une place de choix. Plusieurs personnages, comme Éléni (T 29), Basile Hennart (A 90) et Yannis (LM 241) s'y rendent pour un court séjour. D'autres, tout comme Alexakis, possèdent une maison sur l'île. C'est le cas des beaux-parents d'Éléni (T 29), des parents du narrateur dans la nouvelle « Le Cheval à bascule » (P 108) et du narrateur du *Cœur de Marguerite* (10). Le narrateur d'*Ap. J.-C.* et sa logeuse Nausicaa Nicolaïdis sont tous les deux originaires de cette île (12). Soulignons aussi que M. Nicolaïdès, sans mentionner l'île de Tinos explicitement, indique posséder une « maison dans les Cyclades » (ME 212).

Les trois lieux de résidence de l'auteur, la chambre de bonne parisienne, l'appartement athénien et la maison de Tinos, sont donc très présents dans l'œuvre. Ainsi, la projection de l'auteur ne se limite pas à sa propre personne – ressemblance physique ou biographique – mais s'étend même aux lieux. L'aspect géographique de l'auto-référentialité confirme bien qu'Alexakis a une prédilection pour l'insertion du réel dans la fiction sur une multitude de niveaux et à travers une multitude de personnages. Au sein d'une œuvre, les éléments

---

[21] Alexakis habite au numéro 23 de la rue Juge alors que les demeures de ses personnages se situent au numéro 27.

[22] Comparez « on voit la tour Eiffel » (CI 25) et « la tour Eiffel que je vois toujours de ma fenêtre » (JTO 138).

[23] Alexakis a lui aussi créé son appartement de cette façon et a même ajouté par la suite un troisième studio : « Mes finances m'ont permis d'agrandir l'appartement d'Athènes –j'ai acquis un troisième studio que j'ai réuni aux deux autres » (JTO 30).

autobiographiques sont projetés sur différents personnages que l'on pourrait qualifier de « réceptacles ».

Alexakis utilise de nombreux détours pour parler de lui-même sous le voile de la fiction. Non seulement il fictionnalise sa biographie mais il dissémine ses souvenirs en les attribuant à différents personnages au sein d'une même œuvre. En se penchant sur le roman *Talgo*, on remarque que les deux personnages principaux, Éléni et Grigoris, ont tous les deux des souvenirs que l'on peut attribuer à Alexakis. Par exemple, la maison d'enfance d'Éléni dans le quartier de Kallithéa rappelle étrangement celle de l'auteur[24]. Pour ce qui est de Grigoris, nous avons déjà mentionné certaines ressemblances. Le roman retrace en effet l'exil de cet homme et les difficultés liées à son installation en France. On ne peut s'empêcher de reconnaître ici le parcours personnel de l'auteur. Si Alexakis a choisi de faire raconter cette histoire par Éléni, qui rappelons-le, est en train d'écrire une longue lettre à Grigoris, sans assumer la place d'un « je » mais grâce au détour narratif que lui offrait le « tu », c'est sans doute qu'il n'était ni prêt à se dévoiler complètement, ni à endosser l'histoire qu'il attribue à son personnage. Alexakis a en effet déclaré lors de la rencontre internationale sur le thème de « la tentation autobiographique » à laquelle il a participé que :

> Son histoire [celle de Grigoris] est si proche de la mienne – c'est à coup sûr mon livre le plus autobiographique – que je ne pouvais, décemment, la raconter à la première personne. J'avais d'autant plus besoin de prendre mes distances avec ce personnage qu'il me ressemblait fortement. Je voulais être en mesure de le considérer sereinement. La première personne ne m'aurait pas facilité la tâche. Sans trop réfléchir, j'ai donné la parole à une jeune femme : c'est elle qui raconte, à la première personne, son histoire à lui, et son histoire à elle qui est aussi, un peu, la mienne. Je lui ai en effet prêté certains de mes souvenirs. Pourquoi ai-je eu besoin de passer par elle pour parler de moi ? Sans doute pour la même raison que j'ai évité de parler à la première personne de ma vie d'immigré. (Morency 48)

Alexakis reconnaît donc clairement avoir besoin du détour fictionnel pour parler de lui-même et avoue s'interroger sur les raisons de ce besoin. Il y a visiblement chez lui un conflit permanent entre assumer pleinement cette dimension de son œuvre et la rejeter.

---

[24] Alexakis souligne lui-même ce point dans *Paris-Athènes* : « Il m'est arrivé de me déguiser en femme. Il est vrai que la femme en question avait passé son enfance dans la même maison que moi » (27-28).

Certains critiques expriment d'ailleurs leur perplexité face à la présence permanente du vécu de l'auteur dans sa fiction. Par exemple, Harang note ironiquement que

> Vassilis Alexakis ne connaît que des histoires vraies, comme dans *Avant*, où il racontait sa vie du temps qu'il était mort dans les sous-sols d'un cimetière parisien, une expérience vécue probablement, ou bien ici [*Talgo*] [...] où il dit de mémoire une histoire d'amour, quand il était jeune danseuse[25] athénienne. (« Temps des amants »)

Harang suggère ici que la contrariété ainsi créée chez le lecteur ou le critique est due au fait qu'Alexakis mélange deux concepts censés exister dans leur herméticité l'un par rapport à l'autre : le vrai et le faux. En enlevant et en remettant ses masques d'un écrit à l'autre, en transposant et modifiant sa biographie dans sa fiction, Alexakis s'installe dans une sorte de jeu de piste faussé qui matérialise en fait le degré de sa puissance créatrice.

En se (ré)inventant sur le mode littéraire, Alexakis prend en effet bien d'autres formes et multiplie les personnages réceptacles. Dans *Contrôle d'identité*, son intimité perce à travers le vécu de chaque personnage : Paul Dufresnes l'émigré serbe, Capélius Love le commissaire qui aimerait écrire un roman, Stabilo Boss l'exilé italien, Beau, le sans domicile fixe anciennement journaliste et M. Athanassopoulos l'écrivain grec exilé à Paris. Dans *Paris-Athènes*, à propos de *Contrôle d'identité*, Alexakis a indiqué : « J'ai imaginé un dîner réunissant les principaux personnages que j'ai été au cours de ma vie, et celui que je serais peut-être plus tard » (250). Ici aussi, comme pour *Talgo*, l'auteur admet donc avoir projeté sa propre intimité sur divers personnages réceptacles, ce qui lui permet d'exprimer sa personnalité grâce au détour fictionnel qu'offre cette multitude de déguisements littéraires.

Bien que la trame des romans d'Alexakis soit bien sûr fictionnelle[26], on a établi, après avoir passé en revue et décrit les nombreuses

---

[25] Une référence à la profession de la narratrice Éléni.

[26] Les intrigues des romans d'Alexakis sont bien fictionnelles. On a par exemple, la préparation du meurtre d'un auteur de roman à l'eau de rose (TC), les déboires amoureux d'une danseuse athénienne (T), un dîner imaginaire réunissant des personnages après l'amnésie de l'un de leurs amis (CI), la vie d'un groupe de morts (A), l'enquête sur l'epsilon de Delphes (LM), les efforts d'un réalisateur pour devenir écrivain (CM), etc.

ressemblances et correspondances entre la réalité biographique de l'auteur et sa fiction, que l'auteur s'est souvent manifesté en projetant son vécu sur ses personnages. Comme le souligne Meunier, Alexakis « a trouvé seul son propre filon : lui-même. Il est comme un double à la recherche incessante de son être. Il s'est pris en filature. Roman après roman l'enquête progresse ». Grâce à ce phénomène récurrent d'autoréférentialité, l'écriture permet à Alexakis de se regarder et de s'étudier. On peut ainsi décrire son œuvre entière comme une œuvre en miroir. Tentons maintenant d'élaborer une définition générique de ce type d'écrits en nous basant sur différentes théories de l'écriture du moi.

3. Tentative de définition d'une œuvre en miroir

Il est donc indéniable que l'œuvre entière d'Alexakis se base sur une autoréférentialité récurrente de l'auteur dans sa production fictionnelle, autoréférentialité qu'on pourrait qualifier de cyclique et multiple. De roman en roman, on assiste en effet à une mise en présence en miroir de l'auteur. À quel genre des œuvres présentant cette caractéristique appartiennent-elles ? Peut-on classer les écrits d'Alexakis dans une catégorie littéraire donnée ? Tentons de répondre à ces questions en nous tournant vers différentes théories ayant trait à l'écriture intime. Ainsi, nous déterminerons si l'écriture alexakienne du moi pourrait s'y retrouver.

Lejeune définit le roman autobiographique comme :

> tous les textes de fiction dans lesquels le lecteur peut avoir des raisons de soupçonner, à partir des ressemblances qu'il croit deviner, qu'il y ait identité de l'auteur et du *personnage*[27], alors que l'auteur, lui a choisi de nier cette identité, ou du moins de ne pas l'affirmer. (*Le Pacte* 25)

À première vue, cette définition semble correspondre aux écrits d'Alexakis car elle met l'accent sur les ressemblances existant entre l'auteur et son personnage. Oktapoda-Lu marque son accord avec cette classification puisqu'elle souligne à propos des écrits d'Alexakis que « le texte ainsi produit n'est pas une auto-biographie, mais entre dans la catégorie du roman autobiographique » (« Vassilis Alexakis »

---

[27] En italique dans le texte.

292). On peut pourtant objecter que le lecteur d'Alexakis ne « soup-
çonne » ni ne « croit » pas simplement deviner l'adéquation identitaire
entre l'auteur et ses personnages puisque celle-ci se laisse voir clairement. De plus, cette définition du roman autobiographique ne rend pas
compte de la fréquence du phénomène chez Alexakis. En effet, l'autoréférentialité alexakienne n'est pas le fait d'un seul écrit à part que
l'on pourrait reléguer dans la catégorie du roman autobiographique au
sein d'une œuvre purement fictionnelle. On est en fait en présence
d'une situation inverse puisque dans chaque œuvre d'Alexakis l'autoréférentialité est présente.

La fréquence du phénomène fait l'originalité de l'écriture
alexakienne et une définition générique devrait donc en rendre
compte. De plus, ce même phénomène est visible dans les nouvelles
de l'auteur et l'on ne peut donc pas structurellement classer l'ensemble de son œuvre au sein du roman autobiographique. Ajoutons que ce
genre a malheureusement mauvaise réputation et certains, comme
Jacques Lecarme et Éliane Lecarme-Tabone, dans leur ouvrage intitulé *L'Autobiographie*, n'hésitent pas à le qualifier de fléau : « le
redoutable 'roman autobiographique', fléau du discours critique dont
on peut espérer aujourd'hui l'extinction prochaine » (24). Cette critique acerbe du roman autobiographique suggère que ses détracteurs
rejettent le caractère soi-disant narcissique de cette démarche qui est
aussi peut-être perçue par eux comme une solution de facilité et ne
présente pas le degré de créativité et d'imagination jugé digne d'une
œuvre littéraire.

Le roman autobiographique a donc mauvaise presse. Se
mettre en scène dans ses romans, se prendre comme matière première
de son écriture fictionnelle, semble, si l'on en croit de telles diatribes,
répréhensible ou constituerait du moins un faux-pas littéraire de taille.
Pourtant, Georges May note que :

> dès qu'on est prêt à reconnaître, d'une part, que le romancier tire toujours
> les matériaux de son œuvre du même fonds, qui est celui de son expérience
> personnelle, et, de l'autre, que le roman garde toujours une trace de cette
> origine, il devient littéralement impossible de distinguer dans la masse des
> romans ceux qui sont « autobiographiques » et ceux qui ne le sont pas. Seul
> varie le dosage relatif de la part de l'autobiographie, mais celle-ci entre tou-
> jours dans la formule. (187)

En suivant l'idée de May, on peut dire que la subjectivité de l'écrivain est donc présente dans ses écrits, et ce quelle que soit la part de fictionnalité atteinte. Ainsi, il n'y aurait pas lieu de cantonner certains écrits à la catégorie du roman autobiographique puisque tous les romans comporteraient des degrés variables d'autobiographicité. En effet, Sébastien Hubier, dans son ouvrage intitulé *Littératures intimes. Les expressions du moi, de l'autobiographie à l'autofiction*, note que « l'espace autobiographique s'est tellement élargi que toute écriture référentielle conclut désormais avec son lecteur une façon de pacte autobiographique » (41). Le terme « façon » est ici à souligner. En effet, les développements littéraires liés à l'écriture de soi ont mis en avant le caractère profondément personnel et unique de chaque démarche autobiographique.

Tout au long de la deuxième moitié du XXe siècle le genre autobiographique s'est renouvelé et réinventé pour tenter de s'adapter à une nouvelle vision de la subjectivité et de l'identité que les avancées théoriques en psychologie et en psychanalyse ont décrite comme fragmentées et instables. En se détournant d'une perception subjective basée sur l'idée du *cogito* cartésien stable et rationnel, on s'éloigne d'une pratique autobiographique reposant sur la croyance en un moi solide et unifié. La psychanalyse, en mettant en avant l'instabilité identitaire propre au sujet, a en effet rendu vaine toute tentative de connaissance globale de soi. On comprend que ces développements aient mis à mal les notions de sincérité et de vérité si chères à une vision traditionnelle de la démarche autobiographique. Il s'en suit que dans les récits de soi, comme en témoignent par exemple les écrits autobiographiques de Michel Leiris, Nathalie Sarraute ou Georges Perec, on s'est mis à explorer différemment les possibilités qu'offre le langage pour se dire, voire s'inventer.

Une de ces expérimentations formelles, l'autofiction, suggère que le mode fictionnel peut être une voie pour se raconter et donner forme à sa subjectivité propre dans l'instabilité qui la caractérise. En 1977, en réponse à la théorisation de l'autobiographie par Lejeune, Serge Doubrovsky lance le terme d'autofiction. Ce dernier estime en effet que Lejeune, dans les tableaux du *Pacte autobiographique*, a laissé une case vide et que l'adéquation onomastique entre l'auteur, le narrateur et le personnage ne constitue pas une condition à la démarche autobiographique. Pour mettre en pratique son idée, Doubrovsky publie *Fils* en 1977, dans lequel il met en scène les aventures semifictionnelles d'un narrateur-héros du nom de Serge Doubrovsky. Ce néologisme et cette formalisation d'une pratique fictionnelle du moi ont suscité la réaction de nombreux critiques.

Ouellette-Michalska note par exemple que « le néologisme qu'il [Doubrovsky] a créé et l'intérêt qu'il a suscité ont eu [...] le mérite de réhabiliter la fiction intime depuis longtemps occultée, discréditée par la critique et l'histoire littéraire » (68). Outre ce début de reconnaissance de pratiques autobiographiques autres, la démarche autofictionnelle a aussi permis, selon Simon Harel, une « mise en jeu d'identités virtuelles qui contestent la connaissance de soi – et la moralité que cette dernière instaure – au profit d'un acte jubilatoire qui prend la forme d'un fantasme d'auto-engendrement » (*Le Cabinet* 8). Il est donc clair que l'autofiction met à l'honneur le sujet, la mise en avant d'une volonté d'expérimentation identitaire et le désir de se montrer dans l'acte même d'une auto-création littéraire de soi qui ne nie pas le recours à des éléments inventés ou faux. La complexité de la question autofictionnelle tient au flou théorique qui l'entoure. En effet, pour Ouellette-Michalska « le mot 'autofiction' est teinté d'imprécision et d'ambiguïté » (15). De même, selon Viart, il est facile de s'égarer tant sont nombreuses aujourd'hui les étiquettes qui semblent vouloir recouvrir ce type de pratiques littéraires :

> Les classifications avancées ici ou là – « œuvres postmodernes », « extrême contemporain », « autofictions », « romans impassibles », « écriture blanche », « minimalisme littéraire », « essais-fictions », « néo-lyrisme », « nouvelle fiction »... – se révèlent bien souvent problématiques. (*Écritures contemporaines 1* ii)

Toutefois, ce que ce foisonnement de termes suggère, c'est bien que le recentrement sur le sujet est caractéristique de la création littéraire contemporaine.

La définition du terme autofiction que propose Vincent Colonna dans son ouvrage *Autofictions & autres mythomanies littéraires* peut servir de base à une réflexion sur la mise en scène de soi en littérature (15). En effet, ce dernier définit l'autofiction comme :

> [tous] les composés littéraires où un écrivain s'enrôle sous son nom propre (ou un dérivé indiscutable) dans une histoire qui présente les caractéristiques de la fiction, que ce soit par un contenu irréel, par une conformation conventionnelle (le roman, la comédie) ou par un contrat passé avec le lecteur. (70-71)

Peu d'écrits d'Alexakis correspondent à cette définition puisque ses doubles fictifs ne sont généralement pas homonymes (Paul Dumoulin, Grigoris, Pavlos Nicolaïdis, M. Nicolaïdès, ou Paul Dufresnes). Pourtant, le principe de base de l'autofiction, celui de la fictionnalisation du moi, est bien présent dans la démarche d'Alexakis. De plus, comme « cette dénomination générique [autofiction] recouvre des réalités encore confuses », on peut affirmer qu'il existe des similitudes entre le genre autofictionnel et la pratique alexakienne de l'écriture du moi (Hubier 120). En effet, en se basant maintenant sur la définition du terme proposée par Harel, soit que l'autofiction est « un genre littéraire hybride qui fait intervenir la coexistence du soi et de l'altérité, de l'inconscient et de l'énonciation affirmative du moi volontaire [...] [permettant] de saisir cette écriture de soi à la faveur de lieux de discours hétérogènes », on reconnaît bien là certaines qualités de l'écriture d'Alexakis (*Le Cabinet* 7).

Malheureusement, tout comme le roman autobiographique, l'autofiction, malgré sa présence de plus en plus affirmée sur la scène littéraire contemporaine, attire toujours de nombreux commentaires négatifs. Elle est souvent accablée « de tous les méfaits, associés naguère au roman personnel : nombrilisme, impudeur, exhibitionnisme, impuissance créatrice, etc. » (Colonna 199). On décèle ici une tendance générale de rejet face à la mise en scène de la personnalité de l'écrivain dans sa fiction. Pourquoi cette démarche d'écriture est-elle si souvent dénigrée ? Pourquoi le mélange de la réalité et de l'imaginaire engendre-t-il une telle résistance ? Certains critiquent le « but thérapeutique » avoué de la démarche autofictionnelle, alors que d'autres rejettent l'« édification de son propre mythe » par l'auteur engendrée par la fictionnalisation de soi qu'ils voient comme « un repli sur soi égocentrique et régressif, souvent lassant ou même condamnable » (Ouellette-Michalska 40 et 67). Ces réactions épidermiques à la pratique sont le fait de ceux qui, comme Lecarme et Lecarme-Tabone, envisagent les catégories littéraires comme des espaces hermétiques, s'opposant ainsi au métissage des genres. On verra plus tard qu'on est bien loin de ce cas de figure, sans doute d'ailleurs illusoire, avec les écrits contemporains comme ceux d'Alexakis.

La notion d'auto-portrait mise en avant par Michel Beaujour en 1980 dans son ouvrage *Miroir d'encre : rhétorique de l'auto-portrait*, même si elle ne constitue pas un genre en tant que tel, présente aussi des similarités avec la démarche d'Alexakis. M. Beaujour définit

l'autoportrait comme « une déambulation imaginaire au long d'un système de lieux, dépositaire d'images-souvenirs » (110) et comme « un
ensemble idiosyncrasique de métaphores où le sujet parviendra tour à
tour à se (re)trouver et à s'égarer » (204-05)[28]. Il est vrai que l'on
pourrait décrire l'œuvre d'Alexakis comme une « déambulation » au
cours de laquelle l'auteur tente de se dévisager, de se « (re)trouver et
[…] s'égarer », dans le jeu récurrent de l'autoréférentialité. Son auto-
portrait se fait de roman en roman, comme si Alexakis ajoutait à
chaque œuvre un coup de pinceau qui le rapprocherait progressivement d'un idéal, fut-il inaccessible, d'autoreprésentation.

Certains écrits d'Alexakis rappellent aussi le journal intime.
En créant des narrateurs-écrivant qui consignent religieusement dans
des carnets et des cahiers leurs faits et gestes, indiquent la date de
leurs écrits et tentent de se comprendre grâce à l'écriture, Alexakis
met en présence une démarche qui rappelle celle du diariste. Cette
qualité de l'écriture est palpable dans l'exemple suivant :

> La journée qui a suivi cette fête a été extrêmement féconde. Je n'ai pas fait
> de rêve pendant la nuit […] J'ai ouvert les yeux avec la conviction que
> j'étais capable de faire face à toutes mes obligations et que je m'en
> acquitterais de façon brillante […] J'ai bu mon café sans quitter le réveil des
> yeux. J'étais impatient que neuf heures arrivent pour pouvoir me mettre en
> action. (AJC 75)

Tout y est : égotisme, complaisance dans l'auto-description et écriture
fortement mémorative. De même, la tendance des narrateurs à souligner le temps de l'écriture, « La première semaine d'avril touche à sa
fin » (AJC 121) et « Nous sommes en été, le 25 juin » (CM 10), ainsi
que la mise en avant de la nécessité de l'acte d'écrire, « Ces derniers
mois, je ressens de plus en plus impérativement le besoin d'écrire »
(CM 7), permettent aussi un rapprochement avec le journal intime.

L'auteur, grâce à la prédominance de la narration auto-
diégétique et à la création de narrateurs-écrivant absorbés par la description de leur propre personne, crée donc des sortes de mises en
scène de journaux intimes. Si l'on garde en mémoire que le « journal
intime repose tout entier sur la croyance en un 'moi', sur le désir de le
connaître, de le cultiver, de s'entretenir avec lui, de le consigner sur le

---

[28] Pour éviter toute confusion entre Michel Beaujour et Elizabeth Klosty Beaujour, on
les désignera respectivement « M. Beaujour » et « E. Beaujour ».

papier », que c'est « un moyen de se saisir comme un tout » et de tenter de désamorcer une fragmentation subjective paralysante, on comprend l'attrait que cette forme peut exercer sur l'auteur (Didier 59 et 112). Ainsi, Alexakis crée l'illusion que « le texte [est] en train de se faire » et que l'on assiste en direct à la formation de la pensée et de la subjectivité des narrateurs (Didier 46). Bien qu'il soit évidemment impossible de définir de manière générique les écrits d'Alexakis comme journaux intimes en tant que tels, on y décèle bien un processus de découverte de soi et d'expérimentation subjective par une mise en scène de l'écriture.

Ce tour d'horizon de différentes formes de fictionnalisation du moi ne permet donc pas de placer la démarche alexakienne au sein d'une définition générique unique. L'œuvre rappelle le roman autobiographique, flirte avec l'autofiction, s'apparente à l'auto-portrait et ressemble parfois au journal intime. Ce qui est sûr, au-delà de cette indétermination générique, c'est que les écrits d'Alexakis sont parsemés de déplacements que l'on voudrait qualifier d'autofictionnels, c'est-à-dire de glissements de l'autobiographique vers la fiction. Comme les écrits fictionnels d'Alexakis résistent à toute définition générique englobante et à cause de la présence de ces déplacements autofictionnels, son œuvre se trouve dans la lignée d'auteurs tels que Marguerite Duras ou Marcel Proust, auteurs qui eux aussi se sont joués de la différence entre réalité et fiction, vrai et faux. Alexakis affiche, comme Duras, une sorte de mythomanie littéraire et produit, comme Proust, un genre d'autobiographie déguisée sur le mode romanesque. La question du genre littéraire de *L'Amant* ou de celui de *La Recherche* a en effet suscité beaucoup d'interrogations sans pour autant sortir ces œuvres hybrides de l'indétermination générique. Duras livre son moi profond d'œuvre en œuvre en réécrivant les événements traumatiques de sa jeunesse au sein de sa fiction. Proust se livre à un jeu de cache-cache en brouillant les pistes entre son moi personnel et celui de son narrateur. La démarche alexakienne, en matérialisant de manière concrète les racines autobiographiques de la démarche littéraire, rappelle à la fois celle de Duras et celle de Proust, car :

> Il va sans dire, dans le cas de Proust, que chaque exemple de la *Recherche* peut donner lieu, sur ce plan, à un débat sans fin entre une lecture fictionnelle et une lecture autobiographique du roman […] Il semble ainsi que

pour ce qui est de la distinction entre fiction et autobiographie ce ne soit ni noir ni blanc mais indécidable[29]. (de Man 921)

Pour ce qui est d'Alexakis, on arrive à la même indécidabilité, au même flou entre fiction et réalité. Pourtant, cela ne constitue pas une impasse, au contraire, le flou vrai/faux autobiographie/fiction réel/imaginaire est un des moteurs même de la création littéraire. L'œuvre alexakienne s'apparente ainsi à la littérature intime à tendance autobiographique comme définie par Gusdorf, c'est-à-dire à « un usage privé de l'écriture, regroupant tous les cas où le sujet humain se prend lui-même pour objet d'un texte qu'il écrit » (*Écritures* 122). La réflexivité et les déplacements biographiques vers l'imaginaire constituent les caractéristiques distinctives de l'écriture du moi chez Alexakis.

Les écrits de Paul Ricœur peuvent également aider à l'interprétation du phénomène autofictionnel chez l'auteur. En effet, la pensée philosophique de Ricœur, souvent décrite comme une herméneutique phénoménologique, vise à étudier et à tenter d'expliquer l'existence humaine. En se basant, dans un premier temps, sur son travail sur la métaphore, il estime qu'il est impossible de parvenir à une connaissance de soi qui ne serait pas réfléchie à travers une représentation. Par conséquent, il rejette le *cogito* cartésien et l'idée d'une auto-connaissance subjective immédiate. Selon lui, c'est grâce au discours, qui permet une interprétation réflexive de soi-même, que l'on peut tenter d'arriver à une connaissance de soi. La notion d'« identité narrative » qu'il développe dans *Temps et récit III* et dans *Soi-même comme un autre* peut éclairer l'interprétation des écrits d'Alexakis.

Ricœur estime que l'activité narrative conduit à une meilleure connaissance de soi et participe à la construction d'une identité propre car elle assure une continuité temporelle. Il indique que nos identités, individuelles et collectives, ne peuvent prendre forme que dans l'interprétation des événements de notre existence qui nous structurent temporellement. Cette constante interprétation s'incarne, tel un texte, dans un phénomène de narration constant de notre propre personne. En

---

[29] « It goes without saying, in the case of Proust, that each example taken from the *Recherche* can produce, on this level, an endless discussion between a reading of the novel as fiction and a reading of the novel as autobiography [...] It appears, then, that the distinction between fiction and autobiography is not an either/or polarity but that it is undecidable »

somme, c'est parce qu'on est toujours en train de se raconter qu'on peut s'appréhender en tant que sujet. Il n'y a donc aucune immédiateté possible dans la connaissance de soi, au contraire, le soi doit être sans arrêt découvert et interprété dans une perpétuelle « mise en intrigue » :

> le modèle spécifique de connexion entre événements que constitue la mise en intrigue permet d'intégrer à la permanence dans le temps ce qui paraît en être le contraire sous le régime de l'identité-mêmeté, à savoir la diversité, la variabilité, la discontinuité, l'instabilité. (*Soi-même* 167-68)

Le concept ricœurien d'identité narrative permet donc de comprendre que l'identité est une construction créative, un processus, qui donne forme à la fois à un sentiment de permanence identitaire (*idem*) et à notre instabilité subjective (*ipse*) : « l'identité narrative, constitutive de l'ipséité, peut inclure le changement, la mutabilité, dans la cohésion d'une vie » (*Temps* 443). Pierre Ouellet estime que la pensée de Ricœur a le privilège de rendre compte de la « fluidité du sujet » et de « son pouvoir de métamorphose » (*Identités narratives* 2).

De plus, l'identité narrative est le lieu où « histoire » et « fiction », ou plus précisément la mémoire et l'imaginaire du sujet, se rencontrent pour donner forme à une réelle conscience de soi au niveau du discours. Ricœur note en effet :

> la compréhension de soi est une interprétation ; l'interprétation de soi, à son tour, trouve dans le récit, parmi d'autres signes et symboles, une médiation privilégiée ; cette dernière emprunte à l'histoire autant qu'à la fiction, faisant de l'histoire d'une vie une histoire fictive, ou, si l'on préfère, une fiction historique, entrecroisant le style historiographique des biographies au style romanesque des autobiographies imaginaires. (*Soi-même* 138)

Le rapprochement que l'on peut faire entre la pensée ricœurienne et une pratique autofictionnelle de l'écriture est donc clair puisque cette dernière fait « intervenir l'hybridité foncière de l'acte narratif, la mise en jeu conflictuelle du sujet (auto)biographique [histoire] et du sujet fictif [imaginaire] » (Harel « L'Humain » 352). La tendance autofictionnelle chez l'auteur suggère donc qu'Alexakis construit, ou tente de construire, au fil de sa carrière littéraire, sa propre identité narrative. Les multiples versions imaginées de lui-même qu'il met en scène dans ses écrits seraient donc des tentatives répétées pour arriver à une connaissance et une compréhension plus juste de lui-même et pour donner une certaine cohérence à son histoire personnelle. Se faisant, à travers la diégèse romanesque, il montre que son identité s'incarne dans le fait qu'elle est perpétuellement « en cours » et qu'elle prend forme grâce à la répétition fictionnalisée d'événements de sa biographie.

Ricœur insiste sur le fait que « sur le parcours connu de ma vie, je peux tracer plusieurs itinéraires, tramer plusieurs intrigues, bref raconter plusieurs histoires » (*Soi-même* 190). En gros, pour Ricœur, et pour Alexakis, pour réussir à s'appréhender soi-même, il faut s'envisager comme un autre à travers un processus de narration personnelle. Toutefois, et l'œuvre d'Alexakis le démontre, il est impossible d'arriver à une conscience globale et finie de soi-même. Ce que le concept d'identité narrative et la pratique alexakienne de l'écriture de soi mettent en avant, c'est l'importance de l'aspect créatif et perpétuellement réinventé de nos identités.

À ce stade de notre analyse, donnons la parole à l'auteur. Ce denier s'est amplement exprimé sur le caractère autobiographique de ses romans, lors d'entretiens, dans *Paris-Athènes*, ou dans *Je t'oublierai tous les jours*, et nous estimons que ses commentaires peuvent nous guider vers de nouvelles pistes de recherche.

Comme nous l'avons déjà indiqué, en 1986, alors qu'Alexakis n'a publié que cinq romans, il est invité à une rencontre d'écrivains à Québec pour discuter du thème de la « tentation autobiographique » (Morency). Ainsi, assez tôt dans sa carrière littéraire, et avant la publication de son seul écrit ouvertement autobiographique, Alexakis est perçu comme un auteur attiré par l'autobiographie. Lors de cette rencontre, Alexakis indique d'ailleurs répondre « naturellement 'oui' » quand on lui demande si ses romans sont autobiographiques (Morency 45). À cette date, la présence d'éléments autobiographiques dans sa fiction ne semble donc pas poser de problème majeur à l'auteur. Dans *Paris-Athènes*, Alexakis raconte comment, à Québec, il avait été interpellé par la discussion qui avait eu lieu au sujet de l'autoréférentialité auctoriale en littérature et surpris qu'on puisse fustiger la démarche autobiographique[30]. Il indique aussi avoir retenu lors de cette rencontre une citation de Jean Guénot qui l'avait séduit et qui met bien en valeur les préoccupations d'Alexakis quant à l'écriture de soi :

---

[30] La citation suivante démontre bien l'intérêt de l'auteur pour l'autoréférentialité : « Je suis toujours surpris de la réticence des autres à parler d'eux-mêmes, peut-être parce que je viens d'un pays où l'on expose volontiers ses états d'âme, ses doutes, ses blessures » (PA 30-31).

« L'écrivain, c'est quelqu'un qui s'aime au point de se raconter aux autres pour le bonheur » (32).

Pourtant, plus tard dans sa carrière, peut-être parce qu'il désire prendre ses distances avec cette pratique ou peut-être à cause des commentaires négatifs que s'attire l'autoréférentialité littéraire, Alexakis dément à plusieurs reprises la ressemblance existant entre ses personnages, voire ses narrateurs, et lui-même. Ces commentaires sont bien sûr à prendre avec prudence mais ils ont toutefois une valeur indéniable dans l'analyse littéraire de l'œuvre. Ils témoignent en effet généralement d'une volonté bien précise qui peut guider l'interprétation ou mettre en évidence des schémas littéraires clés, comme nous le verrons plus loin avec le traitement des langues dans l'œuvre. Il n'est en effet sans doute pas anodin qu'Alexakis se défende dans un entretien de s'être projeté dans *La Langue maternelle* : le « narrateur de *La langue maternelle* n'est pas un écrivain, donc ce qu'il dit de la musique de la langue grecque exprime les sentiments de ce personnage, ce n'est pas forcément mon point de vue » (Kroh 111). De même il se défend, dans un autre entretien, de ressembler au M. Nicolaïdès des *Mots étrangers* : « mon propre père n'était pas dans les pompes funèbres, reprend Alexakis, il était comédien. » (Savigneau « L'Enfance »). Pourquoi Alexakis rejette-t-il les correspondances auto-fictionnelles indéniables qu'il a mises en place dans ses écrits ? Pourquoi semble-t-il vouloir neutraliser la lecture qu'induit l'autoréférentialité de son écriture ?

Un premier élément d'explication pourrait bien être lié au statut de second choix occupé par la littérature intime, tendance critique déjà mentionnée plus haut. L'écriture intime est en effet frappée de discrédit car beaucoup la perçoivent comme un genre bâtard mélangeant « deux codes incompatibles, le roman étant fictionnel et l'autobiographie référentielle » (Gasparini 10). En conséquence, l'accueil des romans où un auteur se fictionnalise est généralement conditionné par la présence de cette autoréférentialité en ce qu'elle écarte, pour certains, l'écrit des caractéristiques esthétiques définies par les catégories littéraires acceptées. C'est tout à fait ce que souligne Gasparini lorsqu'il déclare que : « L'écriture du moi souffre d'un déficit de légitimité qui la rend, *a priori*, suspecte, incorrecte, impertinente. Comment pourrait-elle, dans ces conditions, bénéficier d'une appréciation purement esthétique ? » (338). On comprend sans doute mieux les réticences d'Alexakis à accepter que les critiques remarquent et mettent en valeur les éléments autobiographiques présents dans sa fiction. Alexakis a par exemple noté, à propos de *La Langue maternelle*, que les « questions qui portent sur son caractère autobiographique insinuent habituellement qu'il ne s'agit pas vraiment d'un roman » (JTO 218). Peut-être veut-il ainsi anticiper et se mettre à l'abri de critiques similaires à celle de Bernard Pivot qui qualifie *Les Mots étrangers* de « récit vaguement déguisé en roman » (Casteran).

Ľa tendance presque compulsive de cet aspect de l'œuvre est sans doute aussi un élément d'explication important. En effet, ces glissements répétés du biographique vers le fictionnel pourraient être inconscients et se manifester presque à l'insu de l'auteur. M. Beaujour souligne en effet que :

> [nul] autoportraitiste ne forme, du moins initialement, le projet – sot ou admirable – de 'se peindre'. Le projet (pour autant qu'il se cristallise et s'énonce dans le texte) n'est qu'un moment d'une entreprise bien plus fuyante et complexe. (341)

Il se pourrait donc qu'Alexakis ne projette pas, au départ, de se mettre en scène de manière détournée dans sa fiction. Gasparini estime lui que la fictionnalisation du moi est une sorte de schizophrénie littéraire et souligne que :

> le roman autobiographique et l'autofiction pourraient se comprendre comme des variantes sophistiquées, pour adultes, du jeu de cache-cache. Ils se fonderaient sur la coexistence des deux « Moi » que Winnicott nomme le « vrai » et le « faux self ». Le « vrai self » constitue le noyau authentique du Moi ; il reste isolé à l'intérieur du sujet et confie au « faux self » la tâche de s'adapter au monde et de communiquer à cet effet. Caché, secret, le « vrai self » lance des appels pour signaler son existence. Mais si on le débusque, le « faux self » s'interpose aussitôt : l'enfant caché hurle, l'auteur déguisé dénie, pour préserver leur intime. (343)

Alexakis peut nier tant qu'il veut, le lecteur n'est pas dupe et le « débusque » non seulement dans ses écrits romanesques mais aussi dans le paratexte de ses œuvres ou dans des déclarations qui contredisent parfois ses affirmations de non-référentialité.

Pour ce qui est du paratexte, soulignons par exemple que bien que le narrateur et héros des *Mots étrangers* porte le nom de M. Nicolaïdès, la quatrième de couverture du roman prétend, et l'on a peut-être encore ici affaire à une stratégie marketing éditoriale, qu'il s'agit d'Alexakis. De même, la quatrième de couverture du recueil de nouvelles *Papa*, comporte un texte signé « V. A. » où on peut lire : « Et moi ? Que dois-je faire, lorsqu'au bois de Vincennes, un enfant que je ne connais pas s'approche et me dit : 'J'ai froid. Je veux rentrer à la maison, papa' ? ». Par ce texte, Alexakis s'identifie explicitement au héros de la première nouvelle du recueil. De même, à deux reprises, Alexakis a laissé entendre qu'il était lui-même le héros des *Girls du City-Boum-Boum* : « *J'*ai bien commencé un de mes romans en avouant que *je* ne baisais pas assez » (PA 120) et « il n'a jamais lu mon deuxième livre où *je* relate certains de mes fantasmes et où *j'*avoue d'emblée que *je* ne baise pas assez » (JTO 132). Il y a de quoi être perplexe puisque le narrateur et héros du roman en question porte, on le sait, le nom de Paul Dumoulin. Le « je » d'Alexakis, dans ces deux citations, déstabilise le statut purement fictionnel de Dumoulin et opère une confirmation du fait que l'auteur, sous un pseudonyme, parle, dans une certaine mesure, de lui-même.

Ce phénomène d'effacement du narrateur par Alexakis au profit de la mise en avant de l'adéquation auteur-narrateur est fréquent. Au sujet de *La Langue maternelle* Alexakis déclare : « *j'*utilise comme boussole la mystérieuse lettre epsilon » (JTO 33) alors que le narrateur porte le nom de Pavlos Nicolaïdis ; de même, au sujet des *Mots étrangers*, il indique : « *je* prétends qu'une sœur de *mon* grand-père a vécu et est morte en Centrafrique » (JTO 129) alors que le narrateur porte le nom de M. Nicolaïdès ; enfin Alexakis s'identifie au narrateur du *Cœur de Marguerite*, pourtant anonyme, en mentionnant : « L'écrivain allemand Eckermann […] que *je* rencontre dans un de mes livres » (JTO 217)[31]. Ainsi, même s'il s'en défend, Alexakis confirme par ses déclarations qu'il est bien présent dans sa prose, que ses narrateurs et ses personnages, sous leurs pseudonymes, sont bien souvent des doubles fictifs de sa propre personnalité.

L'auteur semble, dans *Paris-Athènes*, assumer cette tendance de son écriture : « moi qui passe mon temps à me raconter, à étaler mes trucs, moi qui suis devenu une sorte de professionnel de moi-même » (122-23). En alternant entre nier et confirmer l'auto-référentialité de ses œuvres, Alexakis crée un flou, « brouille méthodiquement les pistes et laisse au lecteur la liberté de suivre les chemins obscurs de l'authenticité et des chimères, de découvrir, çà et là, des points d'émergence et de clarté de la personnalité » (Hubier 134).

---

[31] Les « je » sont mis en italique pour souligner l'identification de l'auteur à ses héros.

L'auteur réclamerait-il à la fois le droit à être présent et à se cacher dans ses œuvres, ou peut-être tout simplement, le droit de jouer à cache-cache avec lui-même, dans le but ultime de finalement se trouver ?

Alexakis estime que sa démarche d'écriture est en fait l'inverse d'une démarche autobiographique : « ma démarche n'est pas autobiographique. Elle est inverse. Je vis les choses que j'ai envie de raconter. Ainsi ai-je appris le sango » (Savigneau « L'Enfance »). L'auteur se lance donc dans certains projets, comme l'apprentissage du sango, dans le but de les intégrer à sa fiction. Ce qui est sûr, c'est que la réalité de l'auteur est une sorte de réservoir de données susceptibles d'être recyclées dans ses romans. À Québec, Alexakis a en effet souligné qu'il « faut considérer la réalité comme une sorte de roman, mal écrit certes et infiniment bavard, où il y a cependant quelques bonnes idées » (Morency 46) ; il y a aussi déclaré qu'il « jugeai[t] nécessaire de soumettre les éléments autobiographiques aux impératifs romanesques » (Morency 48). Alexakis ne nie donc pas utiliser le réel dans sa fiction. Il reconnaît en effet s'être servi, à ses débuts, de conversations d'inconnus qu'il enregistrait dans les bars pour rédiger ses dialogues (PA 221). Il résume lui-même sa démarche littéraire lorsqu'il affirme mettre sa « vie au service de [s]on roman » (Morency 48). Cette stratégie s'explique par un désir de création allant du réel vers le fictif dans un mouvement de déplacement pour créer une réalité autre : « Le roman fabrique une réalité autonome, qui possède sa propre vie » (JTO 219). Avant de tenter d'expliquer les motivations d'Alexakis pour mettre en scène cette réalité autre, regardons les moyens stylistiques autoréférentiels mis en œuvre par l'auteur pour lui donner forme.

L'écriture alexakienne repose sur des procédés métafictionnels complexes. Comme le souligne Viart, ces voies « indirectes, obliques, hybrides » que l'on s'apprête maintenant à mettre en avant chez Alexakis, sont caractéristiques de l'écriture autoréférentielle :

> Mais si le désir est fort de se prendre soi-même comme principal objet d'écriture, les réserves envers la forme littéraire issue des *Confessions* de Rousseau demeurent puissantes. Aussi faut-il tenter d'autres voies : indirectes, obliques, hybrides... qui montreront que l'on est pas dupe de l'inauthenticité voire de l'impossibilité de l'entreprise, mais qui permettront cependant de la pratiquer. (*La Littérature* 28)

On trouve dans *Je t'oublierai tous les jours*, une image qui incarne, en métaphore, cette tendance de l'œuvre alexakienne. Le narrateur, qui décrit un de ses dessins, remarque : « Une autre caricature m'est consacrée : je me tiens derrière la porte-fenêtre fermée et je regarde la table de ping-pong sur laquelle est posé un croquis qui représente justement cette image » (21). Dessin dans le dessin, présence du créateur dans l'œuvre, Alexakis signale ici, de manière indirecte, l'intervention auctoriale qui caractérise sa prose. En effet, ses écrits comportent souvent des procédés métafictionnels qui, en même temps, soulignent de manière tangible la fictionnalité de l'écrit et laissent la figure de l'auteur se montrer. Le plus commun de ces procédés est la mise en abyme, l'enchâssement d'un texte dans un autre texte, qui occupe une place de choix dans l'œuvre d'Alexakis.

Plus haut, on a souligné la récurrence des narrateurs en situation d'écriture, procédé qui projette le personnage fictionnel dans l'univers de la création littéraire. Dans *Le Cœur de Marguerite*, le narrateur anonyme est en train d'écrire un livre qui ressemble à sa propre vie, ce qui nous rappelle évidemment la démarche d'écriture propre à Alexakis. Le narrateur remarque en effet : « je parle uniquement de ma vie. Je ne m'éloigne guère de la réalité […] Mon narrateur me ressemble désespérément » (17). On a donc ici un narrateur qui se met en scène dans son récit, créant ainsi un effet de miroir avec la façon dont Alexakis se met lui-même en scène dans ses écrits.

Le narrateur fait sans cesse référence au processus d'écriture, laissant se manifester le texte qu'il écrit dans le roman. Il note en effet : « Je suis au milieu du troisième chapitre » (139), ce qui est effectivement le cas puisque cette remarque se trouve au milieu du troisième chapitre du roman d'Alexakis. Il y a donc bien enchâssement du texte du narrateur au sein du texte d'Alexakis. Les échos entre réalité et fiction engendrés par cette mise en abyme ne s'arrêtent pas là puisque l'auteur se manifeste lui-même à la fois à travers son narrateur, mais aussi à travers un autre personnage du roman nommé Eckermann qui est lui-même écrivain. Ce personnage, que le narrateur admire, aide ce dernier à avancer dans son roman grâce à ses conseils. Bruce Merry note en effet :

> Comme souvent avec ce type de textes métanarratifs comportant une facette expérimentale, le romancier au sein du roman peine à savoir comment commencer et finir son texte, alors son double allemand, Eckermann (et il y a ici

une allusion à l'écrivain qu'on associe à Goethe), l'instruit tel un novice[32].
(*Multilingual Writers* 36)

La présence d'Eckermann influence directement le déroulement du
roman et, comme Eckermann rappelle lui aussi Alexakis, on ne peut
s'empêcher de voir là la manifestation du contrôle de l'auteur sur sa
fiction. Cette idée est renforcée par le fait qu'Alexakis ne cache pas sa
ressemblance avec Eckermann :

> L'écrivain allemand Eckermann (j'ai emprunté son nom à l'élève de
> Goethe) que je rencontre dans un de mes livres, et dont je cite les écrits en
> abondance, n'est pas un personnage réel et je ne connais personne qui lui
> ressemble, à l'exception de moi-même peut-être. (JTO 217)

Chez Alexakis, le personnage devient souvent auteur et l'auteur parfois personnage. La situation d'écriture ainsi créée à travers les mani-
festations métafictionnelles répétées de l'auteur projette le lecteur « au
milieu du complot machiné par la fiction, devenu sujet de l'histoire »,
ce qui rappelle, par exemple, les manipulations métafictionnelles opérées par Italo Calvino dans son roman *Si par une nuit d'hiver un voyageur* (Colonna 120).

      La construction du roman *Contrôle d'identité* confirme cet
attrait du métafictionnel. L'œuvre y est mise en abyme dans son
ensemble. Le roman se déroule sur une journée et décrit l'itinéraire de
différents personnages qui se retrouvent le soir pour dîner. L'histoire
se termine après ce repas alors que deux personnages, Capélius Love
et Beau, marchent dans les rues de Paris en direction de la gare de
l'Est où Beau, un sans domicile fixe, vit clandestinement dans un
local. Pourtant à ce stade du roman, il reste un chapitre, intitulé « La
Représentation », et les dix dernières pages sont fort surprenantes. Un
nouveau personnage, M. Athanassopoulos, est introduit et le lecteur se
rend compte que tout ce qu'il vient de lire est le roman que ce personnage vient d'écrire.

      Dans ce dernier chapitre, on retrouve de nombreux éléments
de détails auxquels le narrateur avait fait référence dans la première
partie du texte. Par exemple, des références à un camion en plastique,

---

[32] « As in many such metanarrative documents with an experimental thrust, the nove-
list – within the novel is not sure how to begin or end his text, so his German double,
Eckermann (alluding to the writer associated with Goethe), instructs him as an
initiate »

à un coffre en bois, à un dessin de M. Athanassopoulos et à son film « *le Géant de Suresnes* » sont disséminées dans le premier texte et répétées en écho dans le deuxième texte, dans le chapitre final. On est donc mis en présence d'un auteur qui vient d'écrire un roman en s'inspirant d'éléments de son entourage. Notons aussi que M. Athanassopoulos vit rue Juge, dans la même chambre de bonne que son personnage Paul Dufresnes, qui rappelle bien évidemment celle d'Alexakis.

Au sein de ce roman il y a donc une construction en miroir qui crée un effet kaléidoscopique où les personnages sont mis en parallèle avec leur créateur. Il y a ici en fait une double mise en abyme puisqu'on ne peut s'empêcher de voir M. Athanassopoulos comme un double non seulement de Dufresnes mais aussi d'Alexakis. Avec ce roman, on a un auteur ayant tendance à s'inspirer de son environnement pour créer ses œuvres (Alexakis), qui met en scène un écrivain ayant exactement la même tendance (M. Athanassopoulos). Ici encore, il y a donc un jeu d'échos entre le réel et le fictif, une sorte de construction en ricochet qui engendre une « monstration[33] de l'acte créatif » (Colonna 132). Alexakis manifeste son degré de contrôle sur l'œuvre – le titre du roman nous met bien sûr aussi la puce à l'oreille – en soulignant à travers la construction même du texte qu'il est celui qui détermine le degré de fictionnalité de l'écrit en question. Cette pratique littéraire rappelle fortement celle d'André Gide dans *Les Faux-monnayeurs* où l'auteur se projette pareillement, à travers le personnage d'Edouard, dans son roman. Cette œuvre, grâce à sa construction complexe qui met à mal l'idée de narration linéaire classique, multiplie les intrigues, les points de vue et les narrateurs, démontre les limites du roman traditionnel et son échec pour décrire le monde réel. L'influence des *Faux-monnayeurs* sur Alexakis est confirmée par le fait que ce roman a fait partie des premières lectures en français de l'auteur à son arrivée à Lille (PA 152).

En conséquence, les écrits d'Alexakis, en se basant sur des procédés métafictionnels, « attirent l'attention, consciemment et systématiquement, sur leur statut en tant que construction afin de questionner la relation entre fiction et réalité »[34] (Waugh 2). Le texte alexakien

---

[33] Faisant référence ici à l'action de montrer, de designer, de rendre visible quelque chose.
[34] « consciously and systematically draws attention to its status as an artifact in order to pose questions about the relationship between fiction and reality »

est sans cesse renvoyé à son artifice car il montre de manière tangible les traces de l'histoire de sa création. Preuve en sont les nombreux renvois intertextuels qui existent au sein de l'œuvre de l'auteur. Le narrateur du *Cœur de Marguerite* croit voir sa mère morte dans un restaurant (98), élément qu'on retrouvera dans *Je t'oublierai tous les jours* (13). De même, le narrateur des *Mots étrangers* indique que son roman, « Lettre à Marika », se présentait sous la forme d'une lettre à sa mère défunte (68), ce qui est exactement le cas de *Je t'oublierai tous les jours*. Notons aussi que le narrateur de *La Tête du chat* tente d'imaginer ce que serait la vie des morts sous un cimetière parisien (109), idée qu'Alexakis exploitera une quinzaine d'années plus tard dans *Avant*. Les phénomènes d'échos mis en avant plus haut ne se limitent pas à des correspondances au sein d'une œuvre donnée, mais s'étendent donc *de facto* à l'ensemble de l'œuvre. De plus, le fait que l'auteur interpelle souvent le lecteur dans ses écrits renvoie aussi intra-textuellement le texte à son artifice[35]. Ainsi, il y a bien monstration de l'aspect construit de la fiction, ce qui a pour effet de souligner la fictionnalité de la « réalité » créée dans le roman. Le lecteur est constamment poussé à prendre conscience que le texte est fabriqué, qu'il est le fruit du travail de l'auteur.

Chez Alexakis, la fiction ressemble à la réalité (déplacement autofictionnels) alors que la réalité est intra ou inter-textuellement montrée comme fiction (procédés métafictionnels). L'auteur s'amuse avec les concepts de vrai et de faux, de réel et d'imaginaire, en créant, dans ses écrits, une réalité autre qui se montre toujours comme construite. Quelles sont les conséquences d'un tel phénomène ? La réalité ne serait-elle qu'une fiction de plus pour l'auteur ? Il semble bien que ce soit le cas, surtout si l'on en croit les personnages d'Alexakis qui expriment souvent la conviction que leur vie n'est qu'un spectacle : « Il a l'impression d'être au cinéma » (TC 21), « ma vie [...] n'était qu'un spectacle que je suivais avec plus ou moins d'intérêt » (T 87), « la réalité elle-même n'est qu'un assemblage de mots » (CI 109), « Je n'ai jamais été qu'un spectateur » (A 60), « Cela me vexe de suivre en spectateur une histoire qui me concerne » (CM 78) ou « Je me fais l'effet d'un mauvais comédien qui, de plus, ne connaît pas très bien son rôle » (AJC 47). Pour Alexakis, le monde réel équivaut à une fic-

---

[35] L'auteur mentionne souvent le lecteur : « Tu me fais rigoler, lecteur » (S 53) et « Son idylle avec Léonidas, que j'avais encouragée comme le lecteur s'en souvient peut-être » (CM 110).

tion ce qui a pour conséquence de déstabiliser toute certitude sur des concepts clés tels que la vérité ou l'identité. Tout comme la réalité est élusive, l'identité semble impossible à cerner dans sa totalité.

Les personnages d'Alexakis sont incomplets, toujours à la recherche de quelque chose qui leur manque. La plupart d'entre eux sont là sans être là, coincés dans un monde de rêverie à l'écart de la réalité, toujours retenus par une pensée ou par la remémoration d'un souvenir. Beaucoup d'images mettent en question la possibilité d'une identité complète et insistent sur le dédoublement en décrivant des personnages séparés de leur propre corps. Certains voient leur reflet s'effacer ou se multiplier dans un miroir alors que d'autres ne se reconnaissent tout simplement pas dans l'image que leur renvoie le miroir. C'est par exemple le cas de Paul Dufresnes, au début de *Contrôle d'identité*, puisque, ayant perdu la mémoire, celui-ci ne peut pas se reconnaître dans le miroir et cherche désespérément à identifier son reflet (15). De plus, beaucoup de personnages décrivent leurs membres, et plus particulièrement leurs mains, comme incontrôlables ou même détachés de leur propre corps[36]. Alexakis suggère ainsi qu'il est impossible de coïncider avec soi-même, impossible d'avoir un réel contrôle sur soi et impossible de faire se superposer le reflet du miroir avec sa propre personnalité.

La quête de soi par l'écriture passe, chez Alexakis, par une expérimentation de l'image de soi. À travers ses personnages doubles et ses jeux de miroirs, Alexakis se cherche dans cette réalité en abyme qu'il crée dans sa fiction. En effet, selon Gusdorf :

> [la] sociologie, la psychologie des profondeurs, la psychanalyse ont révélé la signification complexe et angoissante que revêt la rencontre de l'homme avec son image. L'image est un autre moi-même, un double de mon être, mais plus fragile et vulnérable, revêtu d'un caractère sacré qui le rend à la fois captivant et effrayant. (« Conditions » 108)

---

[36] De nombreux personnages voient leurs mains comme une entité séparée : « Un jour mes mains cesseront de m'obéir » (GCB 178), « Mes mains m'auront étranglé » (GCB 180), « je m'efforçais de contrôler mes mains, j'avais l'impression que si je cessais de les surveiller elles s'enrouleraient toutes seules autour de ton cou » (T 59), « Plus il regarde ses mains, plus elles lui paraissent lointaines » (CI 49), « elle [main] pourrait me broyer la tête par simple maladresse » (CI 49), « Le contact de mes mains me déplaît. Je les sais capables d'une certaine brutalité » (A 69), « Les miennes [mains] ne m'inspirent aucune confiance » (CM 8), « Je suis bien souvent en conflit avec mes mains » (JTO 49), etc.

À la croisée de l'autobiographie, de l'autofiction, de l'auto-portrait, du journal intime et du roman autobiographique, l'œuvre d'Alexakis se base sur une stylistique romanesque réflexive et métafictionnelle de l'image de l'auteur projetée dans une réalité parallèle où il peut expérimenter avec ses différents « mois ». Ainsi, il est tel

> Rembrandt, fasciné par son miroir de Venise, et multipliant sans fin ses auto-portraits, – comme plus tard Van Gogh –, témoignages de soi sur soi et signes de la nouvelle inquiétude passionnée de l'homme moderne, acharné à élucider le mystère de sa propre personnalité. (Gusdorf « Conditions » 109)

Il est vrai qu'Alexakis, en multipliant les doubles fictifs, paraît poussé par un désir d'élucidation et d'explication de son moi personnel. Dans cette optique, la pratique littéraire d'Alexakis serait donc cathartique, en ce qu'elle lui permettrait d'accepter et d'assimiler certains événements clés de sa vie.

4. Déplacer pour exorciser

Après avoir mis en évidence les intersections entre fiction et réalité, les phénomènes d'autoréférentialité et de déplacements auto-fictionnels propres à l'œuvre d'Alexakis, et après avoir tenté de les définir, essayons maintenant de comprendre les motivations de l'auteur pour créer cette réalité autre engendrée par la transposition du réel vers l'imaginaire.

Tout comme G. Fréris l'a souligné, on peut dire que les écrits d'Alexakis mettent en scène des événements traumatiques clés, « Ses romans [...] relatent des crises personnelles qui remontent au début des destinées individuelles » (« Le jeu » 151). Alexakis a lui-même plusieurs fois mis en évidence le caractère profondément personnel de son écriture, « J'écris par curiosité, pour savoir où j'en suis, ce que je pense. J'écris pour avoir de mes nouvelles » (PA 26), ainsi que la qualité cathartique de sa démarche littéraire, « Peut-être est-ce justement cette épine qu'après tant d'années je suis en train d'enlever » (PA 167).

La tendance alexakienne de mise en scène du vécu dans la fiction peut être interprétée comme une démarche visant à exorciser les craintes et traumatismes vécus par l'auteur. La fiction devient alors une purge où le réel peut être conjuré. Cette interprétation rejoint l'idée que « le texte a essentiellement pour fonction d'exprimer, de révéler et de soulager les tensions intimes de l'écrivain […] le créateur devient le premier bénéficiaire de la fonction cathartique de sa propre parole » (Gasparini 335). Alexakis confirme cette idée puisqu'il souligne à la fois le caractère personnel de sa démarche et le soulagement qu'il tente d'atteindre en écrivant : « Je crois que c'est à moi-même que je m'adresse d'abord. Je cherche une sorte d'apaisement » (PA 27). L'écriture se veut donc exorcisme et le vécu est déplacé vers le fictionnel afin d'être, comme l'explique Colonna, « exfolié » : « Le réel se trouve *exfolié* […] et en devient plus libre, moins entravé par les contraintes qui régissent sa marche, obsèdent l'esprit et paralysent l'imagination » (115).

Le détour offert par la fiction est donc chez Alexakis un outil permettant d'accepter et d'intégrer les événements importants, souvent douloureux, de sa biographie. En suivant les idées avancées par les auteurs de l'ouvrage intitulé *La Mémoire inventée*, dont la thèse principale est que la mémoire est une création imaginaire, on peut dire que l'auteur donne forme à « ces trouées de la mémoire », à « ces déflagrations traumatiques laissant derrière elles des éclats de souvenirs qui constituent autant de traces à partir desquelles le sujet tentera de construire, ou *d'inventer*, ce qui a été oublié ou brisé » (Désy 8). Alexakis fait en effet revivre ces « éclats de souvenir » à différents personnages tout au long de son œuvre. L'écriture de soi, chez l'auteur, grâce aux doubles fictifs, lui permet de s'incarner dans une multitude d'autres « mois » et de s'exprimer à travers une autre voix. Cette idée rejoint les propos de Gusdorf qui affirme que les « écritures du moi donnent la parole à la seconde voix, refoulée dans l'ordinaire des jours, en laquelle se libère une mauvaise conscience, le vœu de l'impossible et de l'irréel, de la plénitude refusée » (*Écriture* 373-74). Par le biais de l'artifice fictionnel, ce serait donc le moi réel de l'auteur qui s'exprimerait, comme si la vérité s'incarnait mieux sous le déguisement du mensonge grâce au recours à des personnages réceptacles.

Hubier attire l'attention sur le fait que dans la littérature intime, les « interrogations identitaires sont toujours louvoyantes, obliques : comme si, finalement, on n'était jamais soi-même que dans le mensonge et comme si le mensonge seul pouvait nous révéler à nous-même » (134). Chez Alexakis, on est donc en face d'une sorte de quête identitaire masquée qui se joue dans un univers fictionnel créé par l'auteur et qui permet à ce dernier d'éloigner et d'exorciser ses obsessions. Sous le prisme du métissage réel/imaginaire vrai/faux, la subjectivité de l'auteur se montre et s'expose. Ainsi, sa mémoire personnelle se dévoile, s'incarne et se remet en cause à travers les souvenirs des personnages.

Cette interprétation de l'œuvre alexakienne est bien sûre inspirée par les découvertes de la psychanalyse qui, en mettant en évidence l'importance des phénomènes involontaires dans l'expression de l'inconscient, a bouleversé la conception classique du sujet. En suivant cette idée, on peut dire que la pratique alexakienne de l'écriture de soi permet à l'auteur « de parvenir à une connaissance plus juste de soi-même, à une véritable compréhension des tréfonds de l'âme, ou, plus exactement de l'inconscient » (Hubier 124). En ouvrant la porte aux événements traumatiques de sa vie dans sa fiction, Alexakis laisse son inconscient s'exprimer afin de graduellement « exfolier » la réalité. On remarque en effet que certaines scènes sont récurrentes et se constituent presque en un motif, en un cycle de traumatismes dont l'auteur tente de se débarrasser. Les écrits alexakiens mettent en scène une réorganisation incessante de la personnalité de l'auteur à travers la remémoration et la présentation répétées de ces événements. Penchons-nous ici sur des exemples de cette inclination de l'auteur à introduire de manière récurrente dans sa fiction des événements qu'il a lui-même vécus et qu'il attribue à des personnages réceptacles afin d'effectuer cette « exfoliation » du réel propre à son écriture. Dans ce tour d'horizon des déplacements d'événements biographiques clés vers la fiction, les scènes de départ, les situations d'exil et la culpabilité liée à l'éloignement pendant le régime des Colonels nous intéressent tout particulièrement.

Dans *Paris-Athènes*, Alexakis décrit en détail son départ de Grèce. Il livre au lecteur la tristesse et les larmes de ce jour de septembre 1961 où, âgé de dix-sept ans, il prend, au port du Pirée, le bateau qui scelle son destin d'exilé. Sa famille l'accompagne alors qu'il s'embarque pour un périple de trois jours qui le mènera à Venise, puis à Paris par le train, pour finalement atteindre Lille. Ce jour-là, sa mère lui offre un recueil des poèmes de Cavafy. Ce départ, vécu comme une déchirure, laisse de profondes cicatrices chez Alexakis. On remarque, dans son œuvre de fiction, six scènes de départ qui rappellent le propre départ de l'auteur.

Dès *Le Sandwich*, Alexakis décrit un départ, celui de Lucie, une collègue finistérienne du narrateur : « Lucie aime bien sa mère et son père, elle a beaucoup pleuré au moment du départ, ils sont tous venus à la gare, elle a pleuré, pleuré » (130). Dans le deuxième roman de l'auteur, Paul Dumoulin, originaire de Marseille, raconte son départ pour Paris :

> Elle [maman] a très bien réussi à se maîtriser jusqu'au quai de la gare... Très bien réussi... Mais lorsque le haut-parleur a annoncé que le train allait partir... Elle s'est mise à pleurer, à pleurer... Ses lèvres tremblaient [...] Je partais faire mes études à Paris. (109)

Très tôt dans l'œuvre, Alexakis utilise donc le déplacement auto-fictionnel et a recours à des personnages réceptacles pour exprimer la douleur liée au départ. Toutefois, à ce stade, on remarque qu'Alexakis tente de se dissimuler en se présentant sous les traits d'une femme (Lucie) où en déplaçant le lieu du départ (Marseille). Alexakis a souligné la ressemblance entre son départ et celui de Dumoulin :

> je décris la séparation d'une mère et de son fils. Elle ne se déroule pas au Pirée ni à Néa Philadelphia mais à la gare Saint-Charles de Marseille. Mon narrateur est un Français originaire de cette ville. On peut supposer qu'il a une lointaine, très lointaine ascendance grecque. (JTO 132)

Alexakis ne semble pas prêt à endosser cet événement et le détour que lui offre la fiction lui permet donc ici d'amorcer le début d'une démarche cathartique.

On a déjà indiqué que, dans le troisième roman de l'auteur, *La Tête du chat*, un adolescent, qui rappelle fortement Alexakis, fait une apparition à la Gare de Lyon, alors qu'il est en route pour Lille. Mais, c'est avec *Talgo* que vient le départ fictif qui ressemble le plus au départ réel. Pourtant, ici aussi, Alexakis utilise un détour, puisque ce n'est pas le personnage en question, Grigoris, qui raconte ce départ mais Éléni : « Tu n'avais que dix-huit ans quand tu es parti pour la France. Tu es parti du Pirée, en plein midi. Tes parents t'ont accompagné au port [...] Ta mère t'a donné les poèmes de Cavafy » (71). Même si les détails de ce départ correspondent presque exactement à ceux du départ d'Alexakis, ce dernier, en évitant d'utiliser le « je » et en prenant le détour narratif du « tu », indique, toujours indirectement, qu'il n'est pas encore disposé à assumer personnellement cet événement. Enfin, dans *Contrôle d'identité*, deux personnages font allusion à leur départ respectif, l'un d'Italie et l'autre de Yougoslavie. Ici encore, les références rappellent le départ de l'auteur : « Il est parti très jeune de la maison, il n'avait que dix-sept ans » (114) et « J'ai dû arriver en France par le train » (143).

Entre 1974 et 1985, Alexakis a donc fait allusions à six départs très similaires dans sa fiction : celui de Lucie (S), de Paul Dumoulin (GCB), celui d'un adolescent (TC), celui de Grigoris (T), celui de Capélius Love et celui de Paul Dufresnes (CI). En fait, dans chaque roman publié avant *Paris-Athènes*, un départ est décrit, ce qui illustre bien une sorte d'obsession et un besoin d'exorcisme. Progressivement, ces mises en scène se rapprochent de la réalité puisqu'on passe du départ d'une jeune Bretonne à celui d'un homme grec, comme si avec le temps, l'auteur consentait à porter des masques lui ressemblant de plus en plus. L'exorcisme se fait donc progressivement et atteint en fait son paroxysme avec *Paris-Athènes* puisque l'auteur assume enfin le départ en le disant avec le « je » et non plus un « tu » camouflage : « Plusieurs amis m'accompagnèrent au Pirée ce jour-là [...] Ma mère m'offrit les poèmes de Cavafy [...] Je suis donc parti [...] Je me sentais coupable de la peine que je faisais à ma mère » (PA 140-56). Depuis 1989, c'est-à-dire depuis la parution de *Paris-Athènes* et la description non détournée de ce départ, plus aucune scène de départ rappelant celui de l'auteur n'est décrite de la sorte dans les écrits fictionnels d'Alexakis, comme si, en l'exorcisant dans ses premiers romans, et en l'endossant directement dans *Paris-Athènes*, l'auteur l'avait enfin assumé. Le thème de la séparation, qui rejoint celui du départ, demeure toutefois très présent dans les écrits d'Alexakis. Que ce soit à travers la récurrence thématique de l'échec amoureux (S, GCB, T, LM, et CM par exemple) ou de la mort (A, LM, ME) la séparation est une figure qui s'incarne en motif tout au long de l'œuvre.

Les personnages sont bien souvent des étrangers vivant en France. L'on ne peut bien sûr pas s'empêcher d'interpréter cette abondance de situations d'exil comme un désir d'acceptation de ce déplacement géographique et des répercussions psychologiques ou culturelles liées à ce déplacement. Toute la palette des sentiments généralement associés à l'exil est présente dans la prose d'Alexakis : la nostalgie avec Stabilo Boss, « Il aura sans doute la nostalgie de l'Italie. Il l'a peut-être déjà, puisqu'il veut construire une maison là-bas » (CI 190), le sentiment de non-appartenance au pays d'accueil avec Pavlos Nicolaïdis qui déplore le manque de chaleur des Français, « Ils me saluent sans passer le seuil de leur appartement » (LM 20), ou le sentiment d'étrangeté face au pays d'origine avec M. Athanassopoulos qui souligne que les « années passées en France l'ont éloigné de son pays. Il n'y va plus qu'en été, comme les touristes » (CI 206).

Mais c'est avec *Talgo* et le personnage de Grigoris, qu'Alexakis articule la crise identitaire liée à l'exil qu'il a lui-même vécue de la manière la plus poignante. On peut en effet mettre l'itinéraire de ce personnage en parallèle avec l'itinéraire personnel d'Alexakis décrit dans *Paris-Athènes*. Grigoris et Alexakis éprouvent d'abord un rejet initial de la France et des Français : « Au début tu détestais les Français » (T 72) et « Je m'obstinais à nier que j'étais en France » (PA 161). Puis, tous deux indiquent qu'ils se font petit à petit à la vie en France et commencent même à l'apprécier : « Tu t'étais réconcilié avec les Français » (T 96) et « Imperceptiblement, la culture française commençait à me séduire » (PA 170). Ensuite, ils admettent qu'ils ont changé, qu'ils se sont éloignés de la Grèce et se sentent coupables, comme s'ils avaient déserté leur pays. Enfin, on remarque, chez Alexakis, comme chez Grigoris, un retour vers la Grèce avec des séjours plus fréquents. À travers Grigoris, Alexakis s'autorise donc à extérioriser sa propre histoire de manière à la débarrasser de l'affect traumatique lié à son exil.

L'écriture permet aussi à Alexakis de faire le deuil de ses années lilloises, période de sa vie extrêmement difficile : « Lille m'avait blessé, humilié même » (PA 212). Le déchirement familial, le froid, la solitude, le manque d'argent, les difficultés dans les études, le sentiment de non-appartenance, font qu'Alexakis a décrit cette période comme la plus sombre de sa vie (JTO 16). En conséquence, les références à la ville de Lille occupent une place importante dans la fiction d'Alexakis, particulièrement dans ses ouvrages les plus anciens. Aleksandra Kroh remarque en effet que « non seulement dans son autobiographie, mais dans les autres romans il parle souvent et toujours mal de Lille, pour la présenter comme une ville inhospitalière et sordide » (52). Alexakis trouve, par le biais de l'écriture, le moyen de régler ses comptes avec cette ville, symbole de la genèse de son exil.

Lille est mentionnée dans *Je t'oublierai tous les jours, Contrôle d'identité, Les Girls du City-Boum-Boum* et *La Tête du chat*, où l'on identifie clairement les sentiments négatifs associés à la ville : « Jean-Louis détestait cette ville, peut-être essentiellement à cause d'un professeur de lettres, un jésuite, qui n'appréciait guère sa façon d'écrire » (94). La fonction de purge de la fiction chez Alexakis est ici évidente. En évoquant son exil par le biais de personnages réceptacles et en faisant un portrait négatif de Lille, son premier lieu de résidence français, l'auteur évolue et réussit progressivement à se débarrasser de certains aspects pénibles de son bagage d'immigré.

Un dernier événement douloureux que l'auteur tente d'évacuer en l'attribuant à ses personnages attire l'attention. Alexakis a énormément souffert de ne pas avoir pris part à la résistance contre les Colonels et d'avoir passé les années les plus noires de la Grèce en France : « Je me suis vivement reproché par la suite de m'être éloigné de la Grèce, de l'avoir oubliée à l'époque où elle avait le plus besoin qu'on se souvienne d'elle » (PA 12). Alexakis aurait aimé s'impliquer dans la lutte contre la dictature depuis la France, mais la peur d'être fiché et de ne plus pouvoir rentrer en Grèce l'a empêché de contacter les organisations appropriées. Ce n'est en fait que vers la fin de la dictature, quand le danger des représailles n'existe plus franchement, qu'Alexakis publie en Grèce une série de dessins politiques contre la dictature (PA 230).

Deux personnages d'Alexakis, Grigoris et Pavlos Nicolaïdis, se reprochent tout comme lui leur manque d'action pendant la dictature : « Tu n'as pas pris part à la résistance » (T 100) et « Je dois avouer d'autre part que je n'ai pas fait preuve de beaucoup d'audace pendant la dictature » (LM 84). Notons aussi que dans *Contrôle d'identité*, Beau se reproche de ne pas avoir pris position pendant la guerre d'Algérie : « J'ai toujours cherché à éviter les ennuis… Pendant la guerre d'Algérie, j'aurais dû prendre position, m'engager… Je n'ai rien fait du tout pour ne pas avoir d'histoires avec les flics » (163-64). Ici aussi Alexakis évoque, peut-être de manière détournée, en déplaçant son vécu vers une culpabilité tout à fait similaire liée à la guerre d'Algérie, sa propre culpabilité.

On pourrait mentionner ici d'autres exemples de déplacement du vécu traumatique vers le fictionnel dans un désir d'exorcisme cathartique. En effet, mis à part les évocations de départs, d'exils et de culpabilité face à la dictature, on remarque une multitude d'autres douleurs réelles de l'auteur évoquées dans sa fiction. Signalons par exemple qu'Alexakis met aussi en scène sa peur de la mort et son sentiment de culpabilité face à sa langue maternelle. L'auteur résume peut-être lui-même le mieux la qualité cathartique de son écriture dans l'avertissement placé au début de *Papa* : « J'ai toujours écrit pour exorciser mes craintes ». On remarque donc, dans la prose d'Alexakis un effort de compréhension du moi à la fois par la mise en scène de déplacements autofictionnels mais aussi par le recours à une écriture cyclique qui laisse pointer d'œuvre en œuvre des traumatismes passés. Avec ce type de démarche narrative, selon Viart, « le passé est reconstitué pour être mieux perçu, mieux mesuré. Si être c'est avoir été, alors il s'agit de savoir ce que l'on a été pour pouvoir être mieux soi-même » (« Mémoire du récit » 13-14). L'objectif d'auto-compréhension et d'exorcisme du passé est en effet rendu clair par la répétition et l'exploitation au niveau fictionnel d'événements biographiques constitutifs de la personnalité de l'auteur sur un mode cyclique.

Le parallèle que nous avons établi entre la pensée de Ricœur et les écrits d'Alexakis semble justifié. L'auteur tente bien de se comprendre lui-même à travers l'altérité car les déplacements autofictionnels qu'il crée lui permettent de projeter ses douleurs propres sur ses personnages, de les revivre et donc de les analyser de l'extérieur. La conséquence de ce recours à l'altérité et à la mise en scène de sa propre « identité narrative » dans cet effort de compréhension de soi est qu'Alexakis présente une vision éclatée de la subjectivité. Le moi s'avère fragmenté, éparpillé sur différents personnages réceptacles. La quête identitaire s'inscrit dans la continuité et dépend donc de la mise en scène de ses doubles. Ainsi, l'auteur tisse, dans ce mélange de réalité et de fiction, une vision de l'identité qui est instable et multiple. À travers son écriture du moi et la construction de ses doubles, Alexakis démontre que l'identité est un processus, que le moi est toujours en devenir. Peut-être est-ce cette instabilité intrinsèque à l'identité qu'Alexakis tente d'apprivoiser au fil de ses écrits dans le but d'atteindre une sorte de paix, d'équilibre identitaire sans doute inaccessible. Une telle démarche s'avère être caractéristique de l'écriture contemporaine. En effet Alexandre Jacques souligne que :

> le récit de soi tel qu'il est constitué ou déconstruit depuis quelques années participe d'un même mouvement qui, sondant l'intériorité du sujet, tente de faire jaillir l'aspect hétérogène et disséminé de l'identité moderne qui, loin de se plier au modèle du même, sollicite plutôt la présence en soi de l'influence d'autrui. Le sujet autofictionnel se sait dorénavant l'amalgame d'une série de bribes éparses et c'est ce lieu de convergence dans la pluralité qu'il s'agit, pour certains créateurs, de revendiquer. (175)

Même si la mise en avant du caractère instable de la subjectivité est donc caractéristique des écrits contemporains, il faut souligner que la pratique alexakienne de l'écriture intime, de par la fréquence et la complexité des déplacements autofictionnels qu'elle comporte, demeure si originale que nous estimons qu'il existe une esthétique personnelle de l'écriture du moi propre à l'auteur.

5. Esthétique personnelle de l'écriture du moi

Ainsi, il est indéniable que les romans et les nouvelles d'Alexakis ont une composante fortement autoréférentielle qui les fait tendre vers l'autobiographique. Grâce à la mise en scène de narrateurs-écrivant, de personnages lui ressemblant, d'événements de sa biographie, mais aussi grâce aux procédés métafictionnels qui lui permettent de créer une réalité autre où il expérimente avec sa propre personnalité, Alexakis se place au centre de son œuvre et « exfolie » son vécu. Bien que l'auteur hésite parfois à accepter cette caractéristique de son œuvre, il est tout à fait clair maintenant qu'il expérimente avec sa propre image et laisse son vécu apparaître de manière cyclique dans sa fiction en le transférant vers des personnages réceptacles. Alexakis se fictionnalise, se montre et s'observe sous le masque de l'autre dans un mouvement de déplacement autofictionnel. En se mettant en scène dans ses écrits, en réécrivant les mêmes scènes douloureuses de sa vie, il vise à atteindre une sorte de paix identitaire. Les différentes facettes du moi de l'auteur qui se matérialisent de manière détournée au fil des œuvres demandant à être réunies comme les pièces d'un puzzle. De plus, par le recours aux procédés métafictionnels, il souligne le caractère construit de toute identité et de toute vérité.

L'œuvre d'Alexakis matérialise donc la possibilité de se livrer à une écriture intime entre réalité et fiction qui incarne parfaitement le caractère instable, pluriel et construit de l'identité. Cette idée rejoint celle de Régine Robin qui estime qu'à « la croisée du biographique et de la fiction se constitue cet espace constitutif d'une identité pluralisée. Il s'agit d'une *identité palimpseste*, d'une recréation du moi » (« Impossible place » 26). En effet, dans l'espace ouvert par une démarche littéraire rappelant le concept d'identité narrative ricœurienne, Alexakis se donne le droit d'expérimenter à partir de la mise en fiction de sa propre vie et d'être à la fois lui-même et autre. Le moi devient ainsi une des matrices créatrices de l'auteur. Dans cet espace autre et dans un mouvement cathartique, Alexakis dévoile donc les éléments constitutifs de sa subjectivité et tente de les appréhender en un tout cohérent. Ce faisant, il mélange les genres en se jouant des idéologies et des catégories littéraires acceptées, ce qui lui permet de créer une esthétique originale et personnelle de l'écriture de soi.

Alexakis opère donc à la fois une subversion du genre autobiographique classique mais aussi une subversion d'une vision essentialiste de l'identité. Son écriture déconstruit l'idée d'une subjectivité fixe sur laquelle repose le genre autobiographique. Chez Alexakis, la question de la possibilité ou de l'impossibilité de la représentation de soi est au centre de l'écriture. À travers ses jeux de miroir, en expérimentant avec le concept de vérité, en détournant la réalité vers la fiction, l'auteur indique que toute représentation du moi est déficiente, que le moi ne peut se montrer que déformé par le déplacement intrinsèque à toute représentation. L'auteur revendique le droit de greffer le vécu sur l'imaginaire et vis versa, ce qui crée une distance par rapport au réel et souligne le caractère tout à fait utopique de toute représentation de cette réalité.

Le genre autobiographique se trouve donc déséquilibré par l'écriture alexakienne qui incarne de manière palpable le décalage qu'implique toute représentation subjective. L'auteure Linda Lê, qui flirte elle aussi avec l'autobiographique dans sa fiction, qualifie ce genre d'écrit « d'autobiographie désaxée », ce qui décrit aussi fort bien la qualité autofictionnelle de l'écriture alexakienne. Elle déclare en effet :

> J'avais plutôt l'idée d'une autobiographie un peu folle. […] Je préfère une autre idée de l'autobiographie, qui est une généalogie totalement réinventée, avec des éléments bien sûrs réels, mais aussi des tas d'invraisemblances et de fausses pistes. C'est une autobiographie désaxée. (Bacholle-Bošković 12)

Ici, Lê fait allusion au potentiel créatif du mélange fiction-réalité dans l'écriture intime. Les écrits de Lê, comme ceux d'Alexakis, prouvent que l'on peut très bien écrire des romans qui laissent entrapercevoir le moi personnel de l'auteur et se placent donc en opposition à la conviction que le mode romanesque et le mode autobiographique ne peuvent pas cohabiter. Le reproche que certains critiques ont fait à *L'Amant* de Duras, c'est-à-dire que « le lecteur pourra lire le récit soit comme un roman soit comme une autobiographie, sans pouvoir cumuler les deux modes de lecture », est rendu tout à fait caduc par les écrits contemporains d'auteurs tels que Lê et Alexakis (Lecarme 24).

Selon Hubier, les « écritures intimes et/ou personnelles, inventant de nouvelles matrices diégétiques, permettent à d'autres genres de se renouveler » (41-42). On voit très bien avec Alexakis que les frontières entre roman et autobiographie peuvent être poreuses et donc réinventées ou renégociées. Par la récurrence des déplacements autofictionnels, Alexakis offre en effet une possibilité de renouvellement à la fois au roman et à l'autobiographie car il ébranle les pactes traditionnels. L'auteur développe, au fil de son œuvre, une esthétique personnelle de l'écriture du moi qui, bien que située dans le cadre imaginaire du roman ou de la nouvelle, peut se prêter à une lecture autobiographique. Cet aspect de l'écriture alexakienne illustre tout à fait les propos que tient Viart sur l'écriture contemporaine dans *La Littérature française au présent* : « l'autobiographie n'est plus un genre 'autre', à côté du roman, mais [...] elle entre en composition et même en dialogue avec lui au sein d'une œuvre qu'il faut désormais recevoir indépendamment de ses divisions génériques » (45).

Ainsi, le déplacement autofictionnel inhérent à l'écriture alexakienne lui permet à la fois d'exorciser son vécu, mais aussi d'ébranler les catégories littéraires en place. Chez Alexakis, une esthétique du déplacement prend donc forme au fil des pages. Cette figure du déplacement s'incarne non seulement dans la qualité autofictionnelle des écrits mais aussi dans le traitement des langues. L'évolution des pratiques d'écriture de l'auteur ainsi que les thèmes liés aux langues en présence dans ses écrits produisent en effet un mouvement permanent d'instabilité linguistique.

Chapitre deux

Langue française, langue grecque : choix, identité et création

À ses débuts, Alexakis a choisi d'écrire dans une langue autre que sa langue maternelle. Cette caractéristique de son œuvre littéraire le place dans la lignée d'auteurs tels que Samuel Beckett, Vladimir Nabokov, Joseph Conrad, Nathalie Sarraute ou Romain Gary, qui ont tous choisi, à un moment ou à un autre de leur carrière, de passer par le détour de la langue étrangère. À la différence des écrivains francophones issus de la colonisation auxquels le français a été imposé, rien ne prédisposait Alexakis à faire une carrière littéraire dans cette langue. L'auteur insiste sur ce point dans *Paris-Athènes* :

> Je n'ai pour ma part aucune excuse d'écrire en français : je ne viens pas d'un pays francophone, ma langue maternelle n'est pas uniquement une langue orale, je n'ai pas rompu mes liens avec elle, enfin, il y a bien longtemps que la Grèce s'est débarrassée des colonels. (18)

Chez Alexakis, le choix d'une langue autre, le choix du français, s'est donc fait de manière libre et délibérée dans la mesure où il ne s'est pas fait par imposition extérieure ou par nécessité absolue.

Bien que l'on puisse s'étonner qu'un auteur grec s'exprime en français, ce type de déplacement linguistique est relativement fréquent sur la scène littéraire et, à l'heure du multiculturalisme, de la multiplication des situations d'exil et de la globalisation, ce phénomène devrait même s'intensifier[1]. Mis à part les monuments littéraires évo-

---

[1] Kellman remarque : « bien que ce type de changements de langue existe depuis longtemps, la pratique s'est récemment intensifiée » – « though switching languages has a long antiquity, the business has been particularly brisk in recent years » – (*Switching Languages* xvii). Ce développement est particulièrement visible au sein de la littérature anglophone. L'anglais se trouve être la langue littéraire d'emprunt d'une multitude d'auteurs d'horizons différents. La présente analyse se concentrera sur la littérature en langue française.

qués plus haut, une multitude d'auteurs écrivent aujourd'hui dans une langue qui n'est pas leur langue maternelle. Pour ce qui est du français, en plus d'Alexakis, on peut citer pêle-mêle et de manière non exhaustive : les Argentins Silvia Baron Supervielle et Hector Bianciotti ; les Hongrois Adam Biro et Agota Kristof ; les Chinois Ying Chen, François Cheng, Ya Ding et Dai Sijie ; la Canadienne Huston ; le Tchèque Milan Kundera ; l'Américain Littell ; la Roumaine Maria Maïlat ; le Russe Makine ; le Cubain Manet et la Slovène Brina Svit. Ces auteurs, tous d'origine non française et issus de pays qui n'ont pas été colonisés par la France, écrivent aujourd'hui en français et constituent un contingent qui ne fait que s'agrandir.

Pourtant, le rapport d'Alexakis à la langue n'en n'est pas moins original, et ce pour deux raisons. En plus du phénomène d'emprunt d'une langue étrangère, l'écriture alexakienne se caractérise par le fait que l'auteur a deux langues d'écriture (le grec et le français) et par le fait qu'il se traduit lui-même d'une langue à l'autre. À l'origine, Alexakis a choisi comme langue d'écriture une langue étrangère, mais aujourd'hui, non seulement il écrit aussi en grec mais il assure lui-même la traduction de ses œuvres du grec au français et/ou du français au grec. Alexakis produit donc des œuvres qui, dans leur version originale, peuvent être soit dans une langue soit dans l'autre mais qui paraissent immédiatement dans l'autre langue[2]. La production d'une œuvre jumelle participe à l'originalité de l'écriture alexakienne. Ceci rapproche l'auteur d'une stratégie d'écriture rappelant celle de Beckett puisque ce dernier est le seul autre auteur ayant produit toutes ses œuvres dans ses deux langues, l'anglais et le français.

Alexakis, tout au long de son œuvre, consacre une énergie impressionnante à l'explication de ce choix littéraire. Dans ses écrits autobiographiques comme dans ses écrits romanesques, une grande partie du texte est dédiée à cette question du choix de la langue. Ses écrits sont en effet une vraie aubaine pour celui ou celle qui s'intéresse au lien entre langue et identité, au choix d'une langue étrangère comme langue de création, au bilinguisme littéraire ou à l'autotraduction, tant ces phénomènes sont disséqués dans sa prose. Une autoexégèse alexakienne se manifeste ainsi à travers un commentaire sur la particularité linguistique de l'œuvre. L'objectif de ce chapitre

---

[2] Par exemple, son roman, *Ap. J.-C.*, est d'abord paru en France en août 2007 puis en Grèce en novembre de la même année.

sera d'explorer ces phénomènes, d'étudier la thématique linguistique de ses écrits romanesques, de déterminer pourquoi la question linguistique occupe une telle place dans l'œuvre et de voir si l'auteur arrive à une résolution du dilemme linguistique dont il semble avoir été le siège. Pour ce faire, on effectuera en premier lieu un tour d'horizon de la recherche sur les phénomènes de bilinguisme littéraire et d'autotraduction. On se penchera ensuite sur le parcours linguistique d'Alexakis en gardant à l'esprit les considérations théoriques dans le but d'atteindre des conclusions quant aux motivations de l'auteur. Enfin, on explorera la thématique linguistique dans trois œuvres, *Talgo*, *La Langue maternelle* et *Les Mots étrangers,* avant de conclure en exposant les implications d'un déplacement linguistique inhérent aux écrits de l'auteur.

1. Mise au point : bilinguisme littéraire et autotraduction

Il existe relativement peu d'études formelles générales sur les phénomènes de changement de langue, de bilinguisme et d'autotraduction en littérature. Dans l'ensemble, l'intérêt pour les auteurs utilisant plusieurs langues et/ou se traduisant est relativement récent. Kellman souligne en effet que « bien que changer de langue ne soit pas une nouveauté en soi, l'étude poussée du phénomène est relativement récente »[3] (*Switching Languages* xviii). Il existe trois types d'ouvrages permettant d'aborder des questions telles que le choix d'une langue étrangère comme langue d'écriture, le choix du français en particulier, le bilinguisme littéraire et l'autotraduction : ceux produits par des critiques qui tentent d'analyser ces phénomènes[4], ceux

---

[3] « though switching languages is nothing new, sustained discussion of the phenomenon is relatively recent »

[4] Voir : *Bilinguisme d'écriture et auto-traduction : Julien Green, Samuel Beckett, Vladimir Nabokov* de Michaël Oustinoff ; *Écrire, entre deux langues. Schreiben, zwischen zwei Sprachen* dirigé par Monique Viannay ; *Translating One's Self : Language and Selfhood in Cross-Cultural Autobiography* de Mary Besmeres ; *Alien Tongues : Bilingual Russian Writers of the « First » Immigration* d'Elizabeth Klosty Beaujour, en particulier son chapitre « The Mental Geology of Bilingual Writing » (28-57) ; *Le Deuil de l'origine. Une langue en trop. La langue en moins* de Régine Robin ; *The Translingual Imagination* de Kellman ; *Les Exilés du langage : un siècle d'écrivains français venus d'ailleurs (1919-2000)* d'Anne-Rosine Delbart ; l'ouvrage *Singularités francophones ou choisir d'écrire en français* de Jouanny ; le chapitre « Vivent les

produits par les auteurs eux-mêmes sous forme de témoignages[5] et des actes de colloques[6]. Un seul ouvrage, publié en 2007, *The Bilingual Text. History and Theory of Literary Self-Translation* comporte une étude historique et théorique englobante qui ne se limite pas à un auteur, à une langue ou à un phénomène littéraire bilingue en particulier. Il faudra donc puiser dans ces quatre types d'ouvrages pour effectuer un tour d'horizon de la recherche dans le domaine et établir des définitions de base.

En termes de choix de langue littéraire, il est primordial de souligner la diversité des situations, de garder à l'esprit le fait que chaque écrivain vit son bilinguisme de manière unique et personnelle et de distinguer les considérations liées aux vies et aux œuvres des auteurs en question. Monique Viannay et Chantal Estran estiment qu'il existe trois catégories d'« auteurs bilingues » : ceux originaires de pays anciennement colonisés à qui la langue autre a été imposée, ceux que des raisons historiques ou économiques ont obligé à s'exiler et ceux qui ont fait le choix personnel de quitter leur pays sans y être forcés (20). Chez un écrivain, la maîtrise d'une langue autre, en plus de la langue maternelle, peut donc être expliquée par une variété de

---

métèques ! » dans l'ouvrage d'André Brincourt *Langue française terre d'accueil* (185-299) ; *Écrire en langue étrangère. Interférences de langues et de cultures dans le monde francophone* dirigé par Robert Dion et enfin la thèse de doctorat d'Ina Alice Pfitzner. Au sein de cette catégorie des études critiques, Beckett fait l'objet d'une attention toute particulière avec deux ouvrages lui étant consacrés : *Beckett and Babel : An Investigation into the Status of the Bilingual Work* de Brian T. Fitch et *Beckett Translating / Translating Beckett* dirigé par Alan Warren Friedman et al.

[5] Pour ce qui est des témoignages d'auteurs sur leur propre expérience linguistique en littérature, on peut citer les écrits de Cioran, Sarraute, Claude Esteban, Huston, Abdelkebir Khatibi, Julia Kristeva, Tvetan Todorov ou Elsa Triolet. Il existe d'ailleurs quatre ouvrages recueillant ce type de témoignages : *Lives in Translation : Bilingual Writers on Identity and Creativity* dirigé par Isabelle de Courtivron ; *Switching Languages : Translingual Writers Reflect on Their Craft* dirigé par Kellman ; *L'Aventure du bilinguisme* dirigé par Kroh et une série d'entretiens, intitulée *La Langue française vue d'ailleurs* réalisée par Patrice Martin et Christophe Drevet.

[6] Plusieurs colloques sur ces questions de choix de langue littéraire et d'autotraduction ont eu lieu. Il y en a eu trois en 1999 : un colloque à Tours dont le thème était « Langue de l'autre ou la double identité de l'écriture » (Castellani), un à Beyrouth sur « L'Amour de la langue » et un à Paris dont le sujet était « Le Français à l'épreuve du cosmopolitisme » (Alphant). Enfin, s'est tenu à Clermont-Ferrand en 2004 le colloque « Écrivains multilingues et écritures métisses : l'hospitalité des langues » (Gasquet).

facteurs liés aux vicissitudes de la vie tels que l'éducation, l'exil, l'expatriation ou la colonisation.

Les parcours de différents auteurs ayant plus d'une langue à leur disposition reflètent la diversité des raisons expliquant leur bilinguisme (voire leur plurilinguisme). Par exemple, le choix du français comme langue littéraire pour Assia Djébar, auteure algérienne parlant aussi l'arabe et le berbère, ou pour Albert Cossery, auteur égyptien, s'explique par le fait qu'ils ont tous deux, dans leur pays respectif, été scolarisés à l'école française. Pour d'autres auteurs tels que Kristof, forcée à s'exiler en Suisse pour fuir l'écrasement par l'armée soviétique de l'insurrection de Budapest en 1956, ou Jorge Semprun, dont la famille s'était exilée en France lors de la guerre civile espagnole, la maîtrise de la langue française a été une nécessité imposée par les aléas de l'histoire et de l'immigration. Pour d'autres auteurs, le bilinguisme s'explique par des facteurs familiaux qui sont parfois ignorés (volontairement ou pas) du grand public. On ne manque pas de s'étonner que Ionesco, né en Roumanie, ait fait une carrière littéraire en français, mais on oublie souvent de souligner que sa mère était française, qu'il avait passé les treize premières années de sa vie à Paris, et qu'il avait bien sûr fait ses études en français. Il faut aussi souligner que, jusqu'à la deuxième guerre mondiale, les élites roumaines, et plus généralement européennes, étaient éduquées en langue française. De même, en 2006, les médias n'ont cessé de s'extasier sur le fait que Littell avait écrit ses *Bienveillantes*, prix Goncourt et Grand prix du roman de l'Académie française, en français, alors que, même si né à New York, ce dernier avait en fait passé son enfance en France. Enfin, pour illustrer la troisième catégorie de Viannay et Estran, celle pour laquelle aucune considération historique ou familiale ne motive l'exil et le bilinguisme en découlant, on peut citer Huston, Beckett et Alexakis qui ont tous quitté leur pays, respectivement le Canada, l'Irlande et la Grèce, pour s'installer en France et y entamer une carrière littéraire dans la langue de l'exil.

Même si ces éclaircissements peuvent paraître évidents, dans la mesure où l'explication des origines du bilinguisme chez un auteur est similaire à l'explication du bilinguisme chez la multitude des personnes bilingues (éducation, exil, expatriation, ou raisons familiales), il importait de faire cette mise au point préalable pour éviter de confondre le « bilinguisme de l'auteur » et « le bilinguisme de l'œuvre ». Plus simplement, cela veut dire que ce n'est pas parce qu'un auteur est bilingue ou plurilingue qu'il écrit dans deux ou plusieurs langues. En effet, Djébar, Ionesco et beaucoup d'autres, bien que bilingues voire plurilingues, n'ont pas fait carrière dans deux langues mais dans une : le français ; alors que des auteurs comme Alexakis, Semprun, Beckett, ou Huston, ont fait carrière dans deux langues : leur langue maternelle et le français.

Ce sont ces auteurs-ci qui nous intéressent, ceux qui écrivent des livres dans plus d'une langue. En conséquence, la définition du bilinguisme littéraire avancée par Rainier Grutman servira de référence : « Pour pouvoir être dit bilingue, l'écrivain doit posséder non pas deux langues mais *deux langues d'écriture,* qu'il s'est choisies (ou que les circonstances lui ont imposées) » (29)[7]. Le bilinguisme n'est pas rare alors que le bilinguisme littéraire constitue une originalité dont peu d'auteurs peuvent se réclamer.

Ajoutons que même chez ceux qui écrivent dans deux langues, les situations peuvent varier : l'écrivain peut commencer par une carrière littéraire monolingue puis produire des œuvres dans une autre langue à un moment donné de sa carrière, il peut publier des œuvres dans deux langues différentes tout au long de sa carrière, il peut se tourner de manière sporadique vers une langue autre, etc. Mais, que ce soit chez les auteurs bilingues ayant une œuvre monolingue ou chez ceux qui ont une œuvre bilingue, les changements de langues impliquent une sensibilité toute particulière aux questions linguistiques qui se traduit par le désir fréquent, chez ces auteurs, d'écrire des sortes de « mémoires linguistiques » qui retracent leur parcours personnel d'une langue à l'autre[8].

Elizabeth Klosty Beaujour estime que « les écrivains bilingues constituent, sinon une race ou une nation, au moins une importante catégorie d'auteurs à part »[9] (*Alien Tongues* 29). Il est en effet important de garder à l'esprit la complexité linguistique au sein de laquelle leurs œuvres se forment, complexité qui induit souvent une certaine frustration[10]. L'écrivain bilingue, puisqu'il se retrouve « entre » deux

---

[7] Mon emphase.

[8] Voir par exemple Cioran, Esteban, Moï, Triolet et bien sûr Alexakis (PA).

[9] « bilingual writers form, if not a breed or a nation, at least a significant category apart »

[10] « Les auteurs bilingues se sentent fondamentalement différent des auteurs monolingues et cette singularité les met mal à l'aise. En fait, quand ils parlent de ou écrivent sur leur bilinguisme, en règle générale, ils se plaignent » – « Bilingual writers do feel fundamentally different from monolingual, and they are uncomfortable with their

langues, vit dans un décalage qui complique son rapport aux langues
et qui implique une distanciation linguistique. La stratégie textuelle
qui caractérise son écriture ne peut se comparer à celle de l'auteur
monolingue puisque l'auteur bilingue est continuellement confronté à
la question du choix obsédant de la langue d'écriture :

> Bien qu'il est vrai que les personnes bilingues changent fréquemment de
> langue sans décider consciemment de le faire, les *écrivains* polyglottes ou
> bilingues doivent eux délibérément choisir quelle langue utiliser pour une
> instance donnée. Avoir une conscience lucide de la possibilité de ce choix
> est, à la fois, la plus grande chance qu'offre le bilinguisme à l'écrivain, mais
> aussi la plus grande malédiction [...] Les écrivains bilingues doivent,
> comme tous les écrivains, produire « les meilleurs mots dans le meilleur
> ordre » mais ils sont en plus souvent tentés par les possibilités du système
> concurrent qui est aussi à leur disposition. Tous les bilingues qui écrivent en
> deux langues savent à quel point il est frustrant de bloquer sur une phrase
> dans une langue, de chercher une solution, et d'avoir la formulation parfaite
> de cette phrase enfin apparaître, mais dans la « mauvaise » langue[11] ! (E.
> Beaujour, *Alien Tongues* 38)

Non seulement la question du choix hante les écrivains bilingues, mais
elle peut aussi induire, chez certains en tout cas, un degré de culpabilité. Constamment amené à se justifier, auprès des autres ou de lui-
même, d'avoir choisi telle ou telle langue pour tel ou tel ouvrage,
l'écrivain bilingue finit par entretenir une relation à ses langues d'écriture qui peut, à un moment donné, se caractériser par la perte et la
mise à distance. En effet, l'écrivain bilingue connaît le malaise lié à
l'abandon, même temporaire, de la langue maternelle au profit d'une
autre langue. Mais l'on verra plus loin que ce « malaise » peut être
vécu différemment, de manière négative ou positive selon les auteurs

---

singularity. In fact, when they speak or write about their bilingualism, it is usually to
complain » – (E. Beaujour *Alien Tongues* 29).

[11] « While it is true that bilinguals frequently shift languages without making a conscious decision to do so, polyglot and bilingual *writers* must deliberately decide which
language to use in a given instance. The conscious awareness of this option is both the
greatest blessing that bilingualism provides the writer and the greatest curse [...]
Bilingual writers must, like all writers, produce the 'best words in the best order ;'
but, in addition, they are often tempted by possibilities from a competing system,
theirs to use if they but would. All bilinguals who write in two languages know the
frustration of being stuck in a sentence in one language, casting about for alternatives,
and having the perfect phrasing come to mind – except that the sentence is in the
'wrong' language! »

ou selon les périodes, et même être exploité par certains comme outil créatif libérateur.

Bien sûr, aucune discussion sur le bilinguisme littéraire ne pourrait être complète sans mentionner la carrière de Beckett, tant son œuvre entière incarne les problématiques, créative et psychologique, liées à l'utilisation de deux langues d'écriture. Beckett est un écrivain, poète et dramaturge irlandais d'expression anglaise et française. Son œuvre, souvent décrite comme austère et minimaliste, laisse transparaître un profond pessimisme quant à la condition humaine. En effet, une réflexion poussée sur l'homme et le concept d'identité est au cœur de ses écrits. Si Beckett nous intéresse particulièrement ici, c'est parce qu'après avoir commencé une carrière littéraire dans sa langue maternelle, il s'est mis, après la deuxième guerre mondiale, à écrire en français et à produire ses plus grandes œuvres, *En attendant Godot* et *Molloy* par exemple, directement dans cette langue d'emprunt. Pourtant, Beckett a continué à écrire en anglais ; il n'y a jamais eu de passage définitif et exclusif au français, mais une coexistence des deux langues jusqu'à sa mort en 1989. À cette date, la quasi-totalité de ses œuvres existait dans les deux langues puisque l'auteur avait mis un point d'honneur à traduire lui-même tous ses écrits d'une langue à l'autre.

On s'est souvent demandé quelles raisons avaient poussé Beckett à utiliser le français et à s'autotraduire. Plusieurs explications ont été mises en avant, par Beckett lui-même et par ses critiques, pour proposer une interprétation de ces phénomènes. Le premier point important à souligner est que Beckett s'est délibérément tourné vers le français, son choix faisait donc partie d'un projet littéraire précis et incarnait la nécessité de se défaire de l'anglais. Il a expliqué :

> Cela devient de plus en plus difficile pour moi, pour ne pas dire absurde, d'écrire en bon anglais. Et de plus ma propre langue m'apparaît comme un voile qu'il faut déchirer en deux pour parvenir aux choses (ou au néant) qui se cachent derrière. (cité par Clément 5)

Le français, la langue étrangère, est donc un outil nécessaire pour se défaire de la rhétorique de la langue anglaise et échapper aux conventions, automatismes et expressions de la langue maternelle. Beckett souhaitait s'éloigner de ce qui lui était familier en prenant ses distances avec sa langue. E. Beaujour affirme que c'est cette volonté de changement de langue qui a motivé l'exil en France et non pas l'exil qui a induit le changement de langue : « on pourrait affirmer qu'il n'a pas changé de langue parce qu'il avait changé de lieu mais, plutôt, qu'il a changé de lieu pour pouvoir changer de langue » [12] (*Alien Tongues* 165). Distanciation linguistique et géographique allaient donc de pair.

La libération de la langue anglaise par la langue française recherchée par Beckett est visible dans ses premiers écrits. Le ton vulgaire de ces premières œuvres montre bien que la langue étrangère incarne un espace de liberté où l'auteur peut mettre de côté les pressions de la langue anglaise et explorer d'autres modes d'expression. Robin suggère que Beckett souhaitait non seulement se libérer de sa langue, mais aussi de l'influence de sa mère et de sa culture pour « creuse[r] un univers neutre, précis qui dira l'absurde et la désespérance, univers barré par l'interdit de la langue maternelle » (*Le Deuil* 16). Au delà de la langue en elle-même, c'est donc bien une problématique identitaire qui se tient derrière le recours au français. Ce choix est celui d'une personne faisant l'expérience d'un mal-être, rejetant l'idée que l'identité puisse être imposée de l'extérieur et recherchant un espace personnel caractérisé par la non-appartenance. Comment mieux y parvenir qu'en se plaçant à l'écart de ce qui est aux racines mêmes de l'identité : la langue ? Grâce à ce que E. Beaujour appelle le « vagabondage ontologique »[13] propre à ses œuvres, Beckett apaise cette crise identitaire, atteint une sorte de libération psychologique et réussit à dire l'essentiel, débarrassé de son bagage affectif (*Alien Tongues* 171).

Quelles raisons ont poussé Beckett, alors même qu'il estimait cela être une corvée, à se livrer, presque obsessionnellement, à la pratique de l'autotraduction et à réussir ainsi à connaître un double destin littéraire où il a, chose extrêmement rare, atteint le même renom dans ses deux langues d'écriture ? Fitch avance l'idée que pour une œuvre donnée, le texte original et sa traduction feraient tous les deux partie du même mouvement créatif (133). Ainsi, Beckett éprouverait un sentiment de non-achèvement tant que son texte original, qu'il soit en français ou en anglais, n'aurait pas été traduit dans l'autre langue. La traduction serait donc une continuation de l'œuvre qui ne pourrait devenir « finie » que par la production de la paire texte d'origine et

---

[12] « one could maintain that he did not change languages because he had changed places but, rather, that he changed places in order to be able to change languages »
[13] « ontological homelessness »

traduction. Ina Alice Pfitzner insiste aussi sur cette pratique incessante d'autocorrection caractéristique de la démarche autotraductive becket-tienne : « Beckett ne cessa d'affiner et de peaufiner ses textes »[14] (116).

L'auteur se place donc au sein d'un système littéraire qui se caractérise par le mouvement, le dialogue d'une langue à l'autre, dans un espace où aucune des deux langues n'est autonome mais existe tou-jours dans sa complémentarité à l'autre. Les œuvres orbitent les unes par rapport aux autres dans un système de création littéraire dynami-que où l'importance de l'original est constamment remise en question par l'existence de l'autre version. La production et l'existence de deux « mêmes » versions d'un texte donné suggèrent l'existence d'autre chose sous, ou derrière, les deux langues, que cette répétition de l'acte créatif aurait pour but de mettre à jour. Brian T. Fitch défend en effet « l'hypothèse de l'existence d'une sorte de texte palimpseste, sous-jacent aux textes anglais et français sans toutefois les antidater puisque ce texte palimpseste serait similaire à deux versions de quelque chose qui se situe quelque part *derrière* eux »[15] (32). E. Beaujour quant à elle note que la « voix passe et est clairement la même dans les deux langues. Ce fait précis indique qu'elle provient d'un sujet qui existe *sous* les deux langues »[16] (*Alien Tongues* 176).

Le besoin d'étrangeté, de non-appartenance, avancé par Beckett pour expliquer son choix du français, se retrouve aussi incarné dans sa pratique de l'autotraduction. L'existence de ces œuvres doubles montre que l'instabilité et le déplacement sont des concepts beckettiens clés. L'œuvre s'incarne dans un mouvement de va-et-vient où les textes existent en écho. Cette caractéristique a poussé certains, comme Lori Chamberlain, à déclarer qu'il existe une théorie becket-tienne de la répétition (20). En répétant et en déplaçant le premier texte lors de sa traduction, Beckett indiquerait que le langage n'est pas un outil satisfaisant et qu'il faut donc sans cesse réitérer l'acte créatif. La répétition aurait donc pour objet d'incarner le caractère construit du langage et peut être son incapacité ultime à décrire la réalité fidèle-

---

[14] « Beckett kept honing and fine-tuning his texts »
[15] « the hypothesis of the existence of a kind of Ur-text underlying the English and French texts without, however, antedating them, the latter being like two versions of something situated somewhere *behind* them »
[16] « The voice passes, and is unmistakably the same in both languages, and this very fact indicates that it emanates from a self which must exist *below* both languages »

ment[17]. Au niveau thématique, d'autres, comme Erika Oustrovsky, estiment que la répétition inhérente au phénomène d'autotraduction présente dans l'œuvre beckettienne sert une fin symbolique. Le déplacement en va-et-vient du texte d'origine vers sa traduction symboliserait « l'emblème de la limitation des possibilités humaines », concept philosophique à la base même des écrits de l'auteur (Ostrovsky 211). Beckett et son œuvre illustrent la complexité des rapports que l'auteur bilingue entretient avec ses langues d'écriture et montrent les ramifications identitaires et thématiques que ce type de choix linguistiques et littéraires peut avoir.

Il importait, avant d'analyser la pratique linguistique alexakienne, de présenter celle de Beckett tant son projet littéraire est emblématique au sein du champ d'étude du bilinguisme littéraire. Il n'existe sans doute pas une raison unique, précise et cohérente expliquant qu'un auteur décide d'écrire dans une langue étrangère. Les conditions du choix dépendent de facteurs personnels psychologiques, géographiques ou linguistiques propres à la situation de chaque auteur, mais l'on peut sans doute mettre en avant des traits communs induisant cette pratique. Comme nous l'avons vu avec le cas de Beckett, et comme le souligne Zahida Darwiche Jabbour, le choix d'une langue étrangère révèle beaucoup sur la subjectivité de l'auteur :

> Pourquoi écrit-on dans une langue étrangère ? La réponse à cette question n'est pas toujours évidente. Quand un écrivain choisit d'adopter la langue de l'autre comme langue de création, il répond à des impératifs qui relèvent de la subjectivité et restent foncièrement cachés, ou tout au moins moitié dans l'ombre, moitié dans la lumière. (101)

Peut-on faire la lumière sur cette zone d'ombre ou, pour reprendre les mots de Kroh, « Que gagne-t-on en quittant l'univers bien connu et rassurant de sa langue maternelle » (11) ? En étudiant les témoignages d'auteurs bilingues et les études sur le sujet, tout en gardant en tête la perspective beckettienne sur la question, on peut avancer deux raisons qui sont intimement liées : linguistiques et psychologiques.

Le choix de la langue étrangère en littérature tend à vouloir annuler l'idée que la langue va de soi, que la langue maternelle est

---

[17] Pour plus de détails, voir Dina Sherzer qui soutient que Beckett est un métalinguiste (52).

naturellement celle dans laquelle un auteur veut ou doit écrire. La langue étrangère se présente comme une substance neutre, pleine de
potentiel, favorisant une certaine liberté d'écriture. L'auteur qui choisit une langue étrangère semble vouloir échapper au pouvoir de la langue d'origine sur sa personne et sur son écriture au profit d'une
« conscience exacerbée du langage [qui] peut être extrêmement propice à l'écriture » (Huston *Nord* 43)[18]. Kundera souligne aussi le pouvoir créatif de cette conscience linguistique particulière : « En français, chaque phrase est une quête, une conquête, tout est conscient »
(cité par Aissaoui). Michaël Oustinoff estime que cette démarche
d'écriture favorise la naissance d'un style d'écriture original (45) alors
que Kellman soutient quant à lui que la suppression de la facilité linguistique induite par l'abandon de la langue maternelle rapproche ce
processus d'écriture des conditions esthétiques prônées par les forma-
listes russes (*Translingual* 29-30). La distanciation linguistique offerte
par la langue étrangère ouvre ainsi un horizon de créativité inexistant
dans la seule langue maternelle.

    Cette distanciation linguistique se double inévitablement
d'une distanciation psychologique. Prendre ses distances avec sa
langue maternelle n'est pas un événement anodin dans le développement subjectif d'une personne. Les auteurs qui choisissent une langue étrangère revendiquent un besoin d'étrangeté, de distanciation et
de non-coïncidence par rapport au milieu dont ils sont issus et par rapport à leur propre subjectivité. Julia Kristeva, comme Beckett,
exprime le soulagement que la langue française lui a procuré en la
libérant d'une influence maternelle pesante : « *Écrire en français, ce
fut me libérer. Geste matricide. Quitter l'enfer* »[19] (citée par Brincourt
231) ; alors que Gary explique que le choix d'une langue étrangère a
été l'un des moyens qu'il a trouvés pour lutter contre son dégoût de
lui-même : « Bien des comportements peuvent être inspirés par la
haine de soi. On peut devenir artiste. Se suicider. Changer de nom, de

---

[18] Pour un exemple de ce phénomène de pression linguistique de la langue maternelle
et de sentiment d'infériorité linguistique, voir la description de Raymond Federman :
« J'écris plus et j'ai toujours plus écrit en anglais qu'en français, et pourtant l'anglais
n'est pas ma première langue. On dirait que le français me fait peur. Il semble me dic-
ter la façon d'écrire et donc m'empêche de remettre en question ses règles de grammaire, tandis que l'anglais, si irrationnelles que soient sa grammaire et sa syntaxe,
l'anglais me donne la liberté d'expérimenter avec elles » (*Surfiction* 115-16). Traduit
de l'anglais par Nicole Mallet.
[19] En italique dans le texte.

pays, de langue. Tout cela à la fois » (cité par Huston *Nord* 11). Débarrassés de l'affect de leur langue maternelle, les auteurs bilingues paraissent chercher une remise en question identitaire salvatrice.

En prenant leurs distances par rapport à ce qui définit leur être profond (langue, milieu, culture, mère, etc.), en s'installant dans l'altérité par la langue, ces auteurs font émerger un nouveau moi, une subjectivité réinventée : « L'expérience de l'altérité vécue par l'écrivain dans son commerce avec la langue de l'autre, favorise une révélation à soi-même » (Darwiche Jabbour 102). Ainsi, il semblerait que ce sentiment de non-appartenance induit par le changement de langue serait pour les auteurs bilingues à la fois une source de créativité littéraire originale mais aussi une source de renouveau identitaire thérapeutique[20]. C'est ce point même que soutient Kristeva dans son essai « L'Autre langue ou traduire le sensible » : « 'S'estranger' à soi-même et se faire le passeur de cette étrangeté continûment retrouvée : n'est-ce pas ainsi que nous combattons nos psychoses latentes » (396).

L'emprunt linguistique en littérature permet donc l'invention de nouveaux codes littéraires et langagiers en mettant en avant des formes d'expression caractérisées par la distanciation et le déplacement. Ce qui découle de cette exposition des raisons possibles du changement de langue, c'est que les auteurs bilingues entretiennent un rapport fort avec leurs langues à la fois au niveau de l'imaginaire mais aussi de la pratique même de l'écriture. Quelques questions émergent, qu'il importera de garder à l'esprit en analysant le parcours linguistique d'Alexakis. L'auteur reste-t-il satisfait de son choix linguistique tout au long de sa carrière ? Comme la « pratique des langues multiples et l'adhésion aux cultures respectives [peut] neutralise[r] le sentiment d'appartenance », n'y a-t-il pas un danger de perte de repères identitaires chez l'auteur bilingue (Moï 17) ? Comment ces questions identitaires sont-elles influencées par la pratique de l'autotraduction ?

Peu d'études se sont penchées sur l'autotraduction en tant que phénomène de création littéraire. Les ouvrages généraux sur la théorie de la traduction n'en font que rarement mention. Par exemple,

---

[20] Jacqueline Amati dans son ouvrage sur le bilinguisme en psychanalyse, *La Babel de l'inconscient*, souligne elle aussi cette dimension thérapeutique de la langue étrangère : « le fait de parler des conflits et des angoisses de sa propre enfance dans une deuxième langue, apprise à l'âge adulte, [peut] permettre à l'analyste d'établir une 'distance de sécurité' face au tumulte des émotions primitives pouvant être déclenchées par les mots de la langue maternelle » (2).

l'ouvrage de Susan Bassnett, *Translation Studies*, qui fait autorité dans le domaine des études traductologiques, ne comporte pas de section sur le phénomène autotraductif. Des études récentes portant sur des auteurs autotraducteurs en particulier tentent par contre de décrire et d'analyser cette pratique. La question principale dont traitent ces études est celle du statut des traductions produites par l'auteur même du texte en question.

Ainsi, Oustinoff, Fitch et Christine Klein-Lataud s'efforcent de montrer que la traduction auctoriale ne produit pas des traductions en tant que telles mais plutôt des seconds originaux. En effet, quand un auteur se traduit lui-même, il opère des changements par rapport au texte d'origine qu'un traducteur allographe ne pourrait pas se permettre. L'autotraducteur n'a pas d'obligation de fidélité et ces deuxièmes versions sont donc bien souvent des recréations. En conséquence, certains auteurs autotraducteurs, comme Huston, rejettent le terme de « traduction » au profit du terme « réécriture » (Klein-Lataud 220). L'autotraduction implique des complications typologiques qui font basculer cette pratique dans un « espace propre » de créativité répondant « à la même logique que les œuvres dont l'auteur produit, à distance, plusieurs versions » (Oustinoff 12-13). Fitch pousse cette idée un peu plus loin en déplorant le fait que les critiques d'œuvres bilingues ne tiennent pas compte de la chronologie de production des deux versions et se contentent souvent de lire la version qui leur est linguistiquement la plus accessible (12 et 31). Il importe donc, lorsque l'on analyse les écrits d'un auteur bilingue, de garder à l'esprit que le texte en question fait partie d'une paire textuelle et de déterminer si l'on a affaire à la première ou à la seconde version. *Vassilis Alexakis : Exorciser l'exil* se concentre sur le corpus alexakien de langue française et l'objectif de la présente étude ne réside donc pas dans la comparaison des versions grecques et françaises des textes d'Alexakis, pratique qu'Oustinoff qualifie d'« entreprise hasardeuse » (43)[21]. Toutefois, il

---

[21] Friedman, tout comme Oustinoff et Clément, estime que la comparaison des deux versions d'un texte ne présente pas d'intérêt et ne fait que mettre en avant des écarts qui sont de l'ordre de l'évidence dans le domaine de l'autotraduction. Il revendique une approche visant « non pas simplement à comparer des passages dans les textes jumeaux, ou à remarquer des différences ou des variantes, mais à arriver à une *esthétique* du bilinguisme et de l'autotraduction, ou même mieux encore, à une *poétique* de telles activités » – « not merely to compare passages in the twin-texts, not merely to note differences or variants, but to arrive at an *aesthetic* of bilingualism and self-translating, or better yet to arrive at a *poetics* of such activities » – (9).

faudra bien sûr établir quelles œuvres ont fait l'objet d'une réécriture en grec ou en français.

L'autotraduction fait coexister les textes dans un entre-deux linguistique et textuel. Ces derniers orbitent les uns par rapport aux autres mais sans doute aussi autour de ce texte palimpseste que les auteurs tentent d'appréhender. En effet, la deuxième version prolonge la première et devient ainsi une continuation de l'écrit original qui ne sera complet qu'une fois passée l'étape de l'autotraduction. Fitch suggère même que dès le début du processus d'écriture, l'écrivain auto-traducteur destine sa première version à l'autotraduction, ce qui veut dire que le texte premier n'est jamais amené à exister dans son unité mais dans la dualité linguistique (191). Comment expliquer cette volonté de dédoublement textuel chez les auteurs bilingues ? Au niveau stylistique, on peut penser que le fait de s'y prendre à deux fois, de réécrire le texte dans une autre langue, permet aux auteurs d'approfondir leur écriture dans un cadre ludique. Au niveau théma-tique, certains estiment que l'autotraduction permet à l'auteur d'uni-fier une vision double de sa personnalité engendrée par le bilinguisme. L'auteur s'autotraduirait afin d'apprivoiser sa dualité linguistique et de tenter de mieux coïncider avec lui-même. L'autotraduction serait aussi un moyen de fustiger l'idée d'une identité stable. En effet, en multipliant les versions d'un même texte, l'auteur indiquerait que sub-jectivité rime avec multiplicité et que l'on ne peut, en définitive, jamais complètement coïncider avec soi-même. Quoi qu'il en soit, la pratique de l'autotraduction implique indéniablement une réflexion identitaire poussée qu'il importera d'analyser chez Alexakis.

Abdelkébir Khatibi et Jacques Derrida ont tous deux produit une réflexion poussée sur des questions linguistiques ayant trait à l'identité et l'altérité qui pourrait être utile pour comprendre mieux ce que le phénomène autotraductif implique. Khatibi, dans *Amour bilin-gue*, et Derrida, dans *Le Monolinguisme de l'autre*, s'intéressent tous deux aux relations existant entre les langues. Pour Khatibi, auteur marocain écrivant en français, la relation à ses deux langues, l'arabe et le français, ne va pas de soi et est même problématique. Sa diglossie implique que son rapport aux langues est toujours en négociation. L'idéal inatteignable vers lequel Khatibi tend est celui de faire coexister, voire coïncider, ses deux langues : « faire muter une langue dans une autre est impossible. Et je désire cet impossible » (35). Pour-tant, bien qu'il estime que ses deux langues restent désespérément distinctes, il affirme aussi qu'elles dialoguent entre elles. Cet espace de dialogue, de traduction, entre les deux langues Khatibi l'appelle la bi-langue : une sorte de troisième langue représentant un espace linguistique où les langues peuvent coexister tout en affirmant leur différence.

Derrida, de son côté, estime que le monolinguisme est une impossibilité. Selon lui, il existe une sorte de pré-langage dans lequel les individus puisent et duquel ils traduisent pour exprimer leurs pensées. Par conséquent, la traduction serait inhérente à l'acte de langage, toujours une opération première plutôt que seconde. Notre langue maternelle serait donc en quelque sorte aussi notre première langue étrangère. Derrida affirme ainsi que l'on ne possède jamais la langue que l'on parle, qu'on y est en fait toujours étranger. La langue se caractérise par son extériorité au sujet et par son caractère inappréhensible : « La langue dite maternelle n'est jamais purement naturelle, ni propre, ni habitable » (112). Chaque acte de langage matérialiserait donc l'altérité existant entre un individu et sa langue et prendrait forme dans le désir irréalisable d'un langage parfait où individu et langue pourraient coïncider.

Chez Khatibi comme Derrida, on note l'idée que l'individu serait attiré par le désir d'une langue autre. Ne pourrait-on pas envisager que la démarche des écrivains translingues autotraducteurs se rapproche de cette idée ? N'écriraient-ils pas dans deux langues justement pour apprivoiser cette bi-langue et tendre vers une sorte de langage idéal ? Derrida lui-même suggère cette interprétation :

> Bien sûr on peut parler plusieurs langues. Il y a des sujets compétents dans plus d'une langue. Certains même écrivent plusieurs langues à la fois (prothèses, greffes, traduction, transposition). Mais ne le font-ils pas toujours en vue de l'idiome absolu ? et dans la promesse d'une langue encore inouïe ? (126)

L'autotraduction serait donc un moyen d'atteindre ce troisième espace linguistique tant convoité, de négocier et dédramatiser un rapport aux langues complexe. E. Beaujour, dans son étude sur les écrivains bilingues, arrive au même type de conclusion. Elle soutient en effet que :

> S'ils réussissent à faire la paix avec leurs deux langues, c'est parce qu'ils réalisent que, même s'ils ne peuvent pas superposer parfaitement une langue

sur l'autre et ainsi créer un tout, il y a une troisième langue à leur portée qui enceint les autres[22]. (*Alien Tongues* 54).

L'existence de cette autre langue est d'ailleurs souvent évoquée, parfois de manière abstraite ou spatiale, par les écrivains bilingues. Par exemple, Joëlle Kirch, auteure française écrivant en allemand, explique que cette autre langue s'apparente à une patrie personnelle : « au-delà du français et de l'allemand, parfois lointaine et parfois proche, je sens la présence mystérieuse d'une terra incognita, patrie de ma qualité » (142). De son côté, Anna Moï, romancière et essayiste vietnamienne plurilingue, estime qu'un idiolecte propre à l'auteur sous-tend tout acte d'écriture en affirmant qu'aucune « langue n'est plus propice qu'une autre à la notation des ellipses : les langues ne sont qu'un instrument de traduction d'une langue indicible concoctée par l'auteur » (15-16). E. Beaujour avance même l'idée qu'il est logique que, tard dans sa carrière littéraire, l'écrivain bilingue tente concrètement de créer « un nouvel idiolecte dans lequel des éléments de ses différentes langues forment une nouvelle synthèse polyglotte »[23] (*Prolegomena* 70)[24].

Chez l'écrivain bilingue, le rapport aux langues est, que ce soit au niveau de la réalité de la pratique littéraire ou au niveau du rôle qu'il tient dans l'imaginaire de l'auteur, indéniablement d'une importance primordiale. Cet aspect de la pratique littéraire bilingue rejoint le concept de « surconscience linguistique » élaboré par Gauvin. Celle-ci estime en effet que chez les écrivains confrontés au choix de la langue d'écriture, écrire « devient alors un véritable 'acte de langage', car le choix de telle ou telle langue d'écriture est révélateur d'un 'procès' littéraire plus important que les procédés mis en jeu » (*L'Écrivain* 7). Même si la réflexion de Gauvin concerne les écrivains francophones en particulier, on peut l'étendre aux écrivains bilingues qui sont, eux aussi, et peut-être plus que tous, « condamné[s] à *penser*

---

[22] « If they succeed in making their peace with their two languages, it is because they realize that although they cannot perfectly superimpose one language on the other and create a whole this way, there is a third language at their command which overarches the others »

[23] « a new idiolect, in which elements from his various languages appear in a new polyglot synthesis »

[24] Federman déclare par exemple : « J'ai souvent joué avec l'idée d'écrire un livre – qui serait sûrement illisible – dans lequel les deux langues voisineraient à l'intérieur des même phrases » (*Surfiction* 116). Traduit de l'anglais par Nicole Mallet.

la langue » et à faire l'expérience d'une « surconscience » au niveau linguistique (*L'Écrivain* 8).

Cette surconscience linguistique inhérente à l'écriture bilingue est vécue différemment d'un auteur à l'autre. Kroh souligne en effet que « vivre avec – ou entre – deux langues paraît une malédiction aux uns, une chance extraordinaire pour les autres » (12). On remarque en effet que certains auteurs ne cessent d'évoquer les problèmes qu'induit leur bilinguisme alors que d'autres mettent l'accent sur l'enrichissement qu'il leur apporte. Le fait d'écrire dans deux langues, et donc de laisser de côté, au moins temporairement, une des deux langues, est, chez certains, condamné par la conscience de l'auteur. Triolet déclare par exemple : « On dirait une maladie : je suis atteinte de bilinguisme. Ou encore : je suis bigame. Un crime devant la loi » (54). Ce caractère d'illégitimité linguistique est souvent exprimé grâce à la métaphore de l'adultère ou de la bigamie. La langue d'emprunt, celle qui détourne de la langue maternelle, est alors décrite comme une maîtresse ou une deuxième femme. Ariel Dorfman exprime ainsi son mal-être linguistique : « marié à ces deux langues [...], amoureux des deux à la fois [...] adultère du langage [...] bigame assidu » (251-52). Face aux problèmes posés par le choix de la langue à chaque acte d'écriture, certains auteurs se sentent comme pris entre deux feux, paralysés, voire divisés. Parfois, ces auteurs vont même jusqu'à rejeter ou détester une des deux langues, peut être parce que la dualité inhérente au bilinguisme induit, à leurs yeux, une perte, une division de leur être, ou tout du moins un problème de non-coïncidence identitaire.

Claude Esteban (107) et Tvetan Todorov (22) comparent tous deux le bilinguisme à la schizophrénie. Todorov raconte, dans son essai « Bilinguisme, dialogisme et schizophrénie », comment, lorsqu'il retourne en Bulgarie après dix-huit années passées en France, il fait l'expérience douloureuse de cette non-coïncidence. En traduisant un discours, qu'il avait d'abord écrit en français, il prend conscience que son intervention est inaccessible à son auditoire bulgare et qu'il lui faudrait revêtir une identité autre selon qu'il s'exprime dans une langue ou l'autre. Il conclut en mettant l'emphase sur la dualité identitaire découlant de ce phénomène : « Ma double appartenance ne produit qu'un résultat : à mes yeux même, elle frappe d'inauthenticité chacun de mes deux discours, puisque chacun ne peut correspondre qu'à la moitié de mon être ; or je suis bien double » (22).

Au contraire, chez certains auteurs, l'utilisation de la langue étrangère et/ou le bilinguisme littéraire permettent une pratique littéraire enrichissante et libératrice. Raymond Federman et Huston montrent tous deux comment l'écriture dans une autre langue permet une sorte de déblocage identitaire grâce à l'émancipation linguistique offerte par cette langue. Federman déclare ainsi : « je me sens libre parce que l'anglais m'a libéré, m'a arraché à la langue et à la cultures françaises [...] Il faut comprendre que je ne suis pas affligé de bilinguisme, qu'au contraire il m'enrichit »[25] (*Surfiction* 116). Huston indique : « en revêtant mon masque francophone, en m'installant dans une culture étrangère, qu'ai-je fait d'autre que de me choisir libre et autonome » (*Nord* 68). Bien sûr, il faut aussi insister sur le fait que le rapport des écrivains bilingues à leurs langues n'est pas fixé une fois pour toute et que leur attitude face à leur bilinguisme peut varier pendant leur carrière en passant parfois par des sentiments contraires.

Ce tour d'horizon de la recherche sur le bilinguisme littéraire et l'autotraduction nous a permis de mettre en avant des points communs entre les auteurs écrivant dans plusieurs langues. Ces derniers ont choisi, de gaîté de cœur ou à contrecœur, de s'installer dans une instabilité linguistique pouvant être salvatrice ou paralysante. Ce qui ressort aussi de cette mise au point, c'est que ces trajectoires littéraires sont personnelles et qu'il faut donc garder à l'esprit l'originalité et le caractère idiosyncratique de chaque démarche bilingue en littérature. Qu'en est-il de la question linguistique chez Alexakis ? Il importe de voir par exemple si les mêmes schémas sont présents chez l'auteur, s'il perçoit sa pratique du bilinguisme comme positive ou négative et comment il explique son recours à deux langues d'écriture.

2. Parcours linguistique et itinéraire identitaire alexakien

Les questions linguistiques liées au bilinguisme littéraire sont omniprésentes dans les écrits d'Alexakis. Qu'il s'agisse de lui-même ou de ses personnages, on remarque une sensibilité toute particulière envers les langues. Ce n'est pas un hasard si au début de son séjour en France l'auteur est interpellé par les écrits de Beckett :

---

[25] Traduit de l'anglais par Nicole Mallet.

> Le seul auteur français qui m'ait inspiré une véritable passion au cours de
> ces années fut un étranger lui aussi : Beckett. Il m'a d'abord donné la con-
> viction qu'on peut très bien écrire dans une langue autre que la sienne. (PA
> 165)

L'héritage linguistique beckettien n'est donc pas étranger à Alexakis
ce qui explique sans doute que l'on puisse déceler des similarités entre
les stratégies d'écriture de ces deux auteurs. Alexakis se place ainsi
sous la protection d'un illustre prédécesseur en matière de bilinguisme
linguistique. De plus, à travers ses personnages, il rappelle de temps
en temps cette lignée d'auteurs bilingues, source d'inspiration et
d'admiration : « Je lisais systématiquement les auteurs qui avaient
choisi de s'exprimer dans une langue étrangère : Beckett, Nabokov,
Conrad. Je les trouvais excellents » et « une religieuse […] lisait *Les
Racines du ciel* de Romain Gary » (ME 100 et 157). La plupart des
critiques ayant écrit sur Alexakis soulignent l'importance de cette
question de la langue dans l'œuvre, comme en témoignent les titres
des articles lui étant consacrés : « Vassilis Alexakis ; un jongleur de
langue » (d'Estienne d'Orves), « Ambidextre du texte » (Leauthier),
ou le documentaire intitulé *Vassilis Alexakis, d'une langue à l'autre*
(Moszynski).

Il existe une sorte de double perspective linguistique chez
Alexakis. Il met en effet en scène son parcours personnel en matière
linguistique, mais, en plus de cela, il place aussi les langues au centre
de la thématique de ses romans et de ses nouvelles. Alexakis est
poussé par deux démarches intimement liées : analyser son bilinguisme littéraire propre dans ses écrits autobiographiques et proposer
une thématique linguistique dans ses écrits fictionnels. L'auteur multiplie et exploite ainsi différents espaces et problématiques liés aux langues. Les considérations linguistiques alexakiennes, personnelles ou
thématiques, ont donc un rapport avec le processus créatif littéraire et
une quête identitaire auctoriale. Cette idée rejoint celle d'Oktapoda-Lu
qui souligne que « la langue représente pour lui l'essence dans la
recherche des racines, de la mémoire et de l'identité » (« Vassilis
Alexakis » 289).

Lorsque l'on aborde les écrits d'Alexakis, il est nécessaire de
savoir quelles œuvres ont d'abord été écrites en français et quelles
œuvres ont d'abord été écrites en grec. Dans les années soixante-dix
Alexakis débute sa carrière littéraire en français. Ses trois premiers
romans, *Le Sandwich*, *Les Girls du City-Boum-Boum* et *La Tête du*

chat, sont publiés directement dans cette langue d'emprunt. Au début des années quatre-vingts, on note un retour au grec avec la publication de *Talgo* directement dans cette langue. Ensuite, Alexakis se tourne de nouveau vers le français avec ses trois écrits suivants : *Contrôle d'identité*, *Paris-Athènes*, et *Avant*. Il est intéressant de noter qu'entre 1992 et 2005 Alexakis a alterné entre français et grec comme langue première d'écriture puisque *La Langue maternelle* a été écrit d'abord en grec, *Papa* d'abord en français, *Le Cœur de Marguerite* d'abord en grec, *Les Mots étrangers* d'abord en français et enfin *Je t'oublierai tous les jours* d'abord en grec. On assiste en ce moment à un retour vers le grec puisque *Ap. J.-C.*, et le roman en cours d'écriture aujourd'hui, font eux aussi l'objet d'une écriture première en grec et d'une autotraduction vers le français.

En plus de ce phénomène d'alternance de langue d'écriture, Alexakis produit pour chaque écrit, depuis le début des années quatre-vingts, une autotraduction, une version de l'écrit en question dans l'autre langue. Il faut préciser qu'Alexakis a parfois eu recours à une aide extérieure. Par exemple, la traduction en grec de *La Tête du chat*, premier livre de l'auteur publié en Grèce, a été effectuée par sa mère (PA 133 et JTO 133). Le recours à la « mère » pour traduire vers la langue « maternelle » n'est d'ailleurs sans doute pas anodin. La traduction en grec de *Contrôle d'identité* a été effectuée par une traductrice professionnelle (PA 251), ainsi que celle d'*Avant* mais le texte a été depuis réécrit entièrement par Alexakis. De plus, depuis *Je t'oublierai tous les jours*, l'auteur collabore avec son fils Dimitris pour amorcer le travail de traduction du grec vers le français avant que ne débute le travail solitaire de réécriture du texte en français. Une fois de plus, ceci rapproche la pratique bilingue alexakienne de la pratique bilingue beckettienne puisque Beckett avait lui aussi parfois recours à des aides extérieures ponctuelles en matière de traduction.

L'une des conséquences évidentes pour cette étude se consacrant au corpus francophone de l'auteur est que les versions françaises de *Talgo*, *La Langue maternelle*, *Le Cœur de Marguerite*, *Je t'oublierai tous les jours* et *Ap. J.-C.* sont toutes des réécritures d'un texte premier en langue grecque. Pourtant, il faut préciser que seul *Talgo* a fait l'objet d'une publication initiale en Grèce. Tous les autres ouvrages de l'auteur écrits d'abord en grec et autotraduits en français ont paru en France dans leur version française en premier. Oktapoda-Lu affirme en effet :

Illustration frappante du 'bilinguisme littéraire', Vassilis Alexakis avoue
avoir écrit d'abord en grec certains de ses romans avant de les traduire. *La
Langue maternelle* (1995) et *Le Cœur de Marguerite* (1999), [ainsi que *Je
t'oublierai tous les jours* et *Ap. J.-C.*] écrits initialement en grec, connaissent leur première publication en français. (« Changement de langue » 329-
30)

L'alternance des langues d'écriture et le phénomène d'autotraduction sont donc caractéristiques des écrits d'Alexakis. Ce dernier,
lorsqu'il déclare : « [t]ous les livres que j'ai écrits sont le fruit d'un
dialogue tantôt avec la langue française, tantôt avec la langue grecque », place son œuvre sous le signe de la dualité linguistique et laisse
entendre que son rapport aux langues n'est pas fixe mais en perpétuelle négociation (« Le Silence » 6). En effet, allant de l'opposition
pure et simple des deux langues jusqu'à l'acceptation de l'ambivalence linguistique liée à sa situation, l'attitude de l'auteur face aux
deux langues d'écriture évolue tout au long de sa carrière, matérialisant ainsi une constante redéfinition identitaire personnelle. En fait, on
pourrait lire l'œuvre de l'auteur comme une tentative pour exorciser
son abandon initial du grec, établir un équilibre entre les deux langues
et finalement accepter son bilinguisme. Il paraît maintenant essentiel
d'étudier les différents moments de la pensée d'Alexakis sur cette
question de la langue.

Le séjour en France était censé n'être que temporaire. Il s'y
rendait pour effectuer des études de journalisme à Lille, ce qu'il fit de
1961 à 1964. Cette période de sa vie, comme le titre du chapitre lui
étant consacré dans *Paris-Athènes*, « Le Froid », le laisse entendre, fut
extrêmement malheureuse car marquée par le mal du pays, un sentiment profond de solitude et des difficultés liées à l'apprentissage de la
langue française (139-82). Alexakis avoue même qu'il désirait à tout
prix rentrer en Grèce au plus tôt : « Cela peut paraître paradoxal, mais
c'est ainsi : je me suis acharné à bien apprendre le français parce que
j'avais hâte de quitter la France » (PA 168). Le but de son séjour étant
en effet de suivre des études de journalisme et d'apprendre le français,
l'auteur estimait que le plus tôt ces tâches seraient accomplies, le plus
tôt il pourrait rentrer en Grèce. Mais le retour au pays tant espéré
s'avère plus bref que prévu et malheureusement teinté par la montée
de la dictature. À son retour en France où, au contraire de ses années
d'études, il se plaît énormément, il se marie presque immédiatement et
devient journaliste. L'exil forcé d'Alexakis se transforme bien vite en

expatriation volontaire puisqu'au retour de la démocratie en Grèce en 1974 il ne rentre pas au pays mais renforce au contraire ses liens avec la France en entamant une carrière littéraire en français, cette même année, avec la publication de son premier roman *Le Sandwich*.

Si, comme Alexakis l'indique lui-même, la « junte a gelé mes relations avec ma langue maternelle », on peut se demander pourquoi, lorsque la démocratie fut rétablie, ce dernier ne décida pas immédiatement d'écrire en grec et pourquoi ses trois premiers romans furent tous publiés en français (JTO 95). Le choix du français, aussi délibéré qu'il ait été aux yeux de l'auteur, semble en fait avoir été surtout influencé, dans un premier temps, par son environnement. L'auteur vivait à Paris, son métier de journaliste le poussait bien sûr à écrire en français et l'on comprend pourquoi il explique que c'est « en français que tout résonnait en [lui] » (PA 14)[26]. Il faut aussi garder à l'esprit que l'apprentissage du français avait été difficile et qu'Alexakis, à la fois en choisissant une carrière de journaliste en langue française et en publiant des romans dans cette langue, indiquait vouloir prendre une revanche sur ce pénible apprentissage du français de ses années lilloises. C'est comme s'il avait voulu fournir la preuve que la langue française lui était maintenant sienne et qu'il la maîtrisait au point d'en faire son fond de commerce : « J'essayais de gagner ma vie comme journaliste. Je me sentais constamment tenu de fournir la preuve que je connaissais bien la langue » (PA 96). On comprend sans doute mieux pourquoi la Grèce est presque absente de ses trois premiers romans qui traitent d'ailleurs de sujets français et se déroulent tous les trois à Paris. On comprend aussi pourquoi l'auteur avoue simplement : « Pas un instant je n'ai pensé les écrire en grec » (Morency 47).

Les raisons ayant poussé Alexakis vers le français au début de sa carrière littéraire sont donc à la fois situationnelles (expatriation, environnement parisien, femme française, journalisme, etc.) et psychologiques (étaler au grand jour sa maîtrise de la langue française). Toutefois, en regardant ses œuvres de jeunesse de plus près, on peut aussi y déceler les deux interprétations mises à jour lors de l'analyse de la problématique linguistique chez Beckett et d'autres écrivains bilingues faite plus haut. Comme eux, Alexakis a choisi une langue

---

[26] Alexakis reconnaît d'ailleurs que sa carrière de journaliste a eu une grande influence sur sa maîtrise de la langue française. Il indique dans un entretien que le journalisme « a été une école d'apprentissage du français. Pour le roman, je crois que c'est très bien de passer par le journalisme » (Guichard « Athènes sur Seine » 16).

étrangère comme langue d'écriture à la fois pour s'éloigner de son milieu d'origine et pour atteindre un espace d'écriture neutre et libre. Alexakis explique dans un entretien :

> Si j'avais écrit mes premiers livres en grec, il n'y aurait peut-être pas eu cette espèce d'insolence, d'humour, il n'y aurait pas eu toutes ces absurdités qui me venaient à l'esprit et que j'exprimais très librement en français. J'avais l'impression d'être dans cette langue plus libre, de pouvoir aller plus loin, dire des choses que je n'aurais pas dites dans ma langue d'origine. (Kroh 108-09)

Les premiers écrits d'Alexakis se caractérisent en effet par leur thématique loufoque et par un usage très libre du français[27]. Le ton est impertinent, voire parfois grossier. Dans *Le Sandwich*, le narrateur rapporte par exemple une conversation vulgaire entendue dans un bar : « moi je suis p'tit maigre puis une grosse quéquette [*sic*.] » (11). À travers le français, Alexakis accède donc à un espace d'écriture où il n'y a pas de place pour l'autocensure. Cet espace littéraire de liberté lui permet de s'éloigner de son milieu familial et d'évacuer les pressions liées au regard familial : « J'ai pensé que le français m'avait libéré de la crainte de la choquer [sa mère] » (PA 246).

Ses deux premiers romans ne présentent pas d'intrigue en tant que telle ; on suit, dans les deux cas, un jeune homme auquel il arrive toutes sortes de péripéties comiques et irréelles. Les dialogues sont prédominants, la langue est fortement orale, « Lui i'chahute […] i'est pu intelligent dans le fond. Il faut le faire. Moi je pourrais pas. Chais pas chahuter » (S 11), avec une place de choix faite à l'argot et à un usage créatif de la ponctuation (GCB 33-34). À travers la langue, on sent poindre une sorte de liberté insolente sous forme d'un véritable défoulement par les mots. Alexakis confirme cette idée en expliquant : « le français a augmenté mon plaisir, il m'a ouvert de nouveaux espaces de liberté » (PA 16). En prenant ses distances avec sa langue maternelle et à travers un usage très libre du français, Alexakis donne l'impression de vouloir taire une douleur plus profonde, cachée par le ton léger de l'écriture.

---

[27] Kroh résume ainsi l'accueil critique des œuvres de jeunesse de l'auteur : « vous publiez votre premier roman, *Le sandwich*, en 1974, à l'âge de 31 ans. La critique s'enthousiasme et le qualifie de vilain, loufoque, ironique, absurde, déconcertant, rude, acidulé, réchauffant, alerte, déroutant et drolatique. L'année suivante vous publiez, dans la même veine, *Les girls de* [*sic*.] *City-Boum-Boum* » (108).

On pourrait suggérer qu'Alexakis tente ainsi d'évacuer le bagage émotionnel lié à son statut d'exilé. On pourrait aussi avancer l'idée qu'Alexakis se tourne vers le français, et qui plus est, vers un usage presque survolté du français, pour fuir les pressions de la langue grecque, plus particulièrement de la *catharévoussa*, cette langue archaïsante artificielle, langue officielle en Grèce jusqu'en 1976, alors même que la population s'exprime dans une autre langue : le démotique. Cette diglossie aurait pu être une raison de blocage pour l'auteur[28]. Les pressions que subissait le démotique, littéralement « langue du peuple » face à la *catharévoussa*, littéralement « langue épurée », étaient extrêmement pesantes à l'époque. Par conséquent, c'est peut-être pour échapper à ce bagage linguistique grec oppressant qu'Alexakis s'est d'abord tourné vers le français.

La langue d'emprunt offre, à bien des égards, une distance salvatrice pour l'auteur qui peut ainsi s'exprimer loin de la pression de son milieu et de sa langue d'origine. Le choix du français permet aussi à Alexakis d'ancrer solidement sa présence en France, de se faire, en quelque sorte, « accepter » par son milieu. On sent en effet une volonté de légitimation identitaire à travers le français : l'auteur manifeste clairement, par le choix du français pour ses trois premiers romans, que son éloignement de la Grèce, et donc de son identité en tant que Grec, est voulu. Le choix du français suggère une volonté de (re)définition identitaire de la part de l'auteur qui explique d'ailleurs :

> Les histoires que je racontais me ressemblaient. C'est à travers le français que j'avais trouvé ma façon de m'exprimer, que *je m'étais trouvé* [...] Je m'étais trouvé à travers le français et en même temps je m'étais un peu perdu. (PA 241)[29]

---

[28] Le narrateur de *La Langue maternelle* explique : « La langue que nous parlions était considérée comme vulgaire [...] On nous contraignait à écrire dans une curieuse langue artificielle, intermédiaire entre le grec moderne et le grec ancien, appelée pure, *catharévoussa* [...] Nous avons été élevés dans cette certitude qu'aucun texte de qualité ne pouvait s'écrire dans le grec que nous parlions » (115-16). C'est en 1976 que le démotique devient la langue officielle de l'état grec et que son usage est finalement imposé dans l'administration et l'éducation. Pour plus de détails sur la question de la diglossie en Grèce consulter l'article de Robert Browning « Greek Diglossia Yesterday and Today » ou l'essai d'Alexakis *Les Grecs d'aujourd'hui* dans lequel il consacre une dizaine de pages à cette problématique linguistique (73-80).

[29] Mon emphase.

L'auteur laisse ici penser que l'identification à la langue française de ses débuts littéraires a eu des conséquences importantes au niveau de sa perception identitaire et que, malgré le potentiel libérateur initial de la langue d'emprunt, la mise à distance de la langue maternelle l'a finalement déstabilisé.

Si, dans un premier temps, la langue étrangère libère, bien vite, Alexakis se rend compte qu'il lui faut retourner vers le grec. Contrairement à Susan Stuart qui affirme, dans son article sur l'auteur, qu'« écrire dans une autre langue ne cause pas de fracture »[30], la langue étrangère induit bien, à ce stade du parcours littéraire d'Alexakis, une division, une perte de repères identitaires (291). Dans ses écrits autobiographiques et dans différents entretiens, Alexakis raconte les dommages psychologiques créés par le fait qu'il s'était coupé de sa langue maternelle. Incertitudes identitaires et culpabilité font que, comme le dit l'auteur, écrire « en grec était à ce moment-là une nécessité » (Kroh 171).

Alexakis insiste sur le fait qu'en français une partie de son histoire personnelle lui est inaccessible. Après trois romans publiés dans cette langue, il se rend compte que la prise de distance par rapport à la langue maternelle a induit une prise de distance par rapport à son identité grecque. Lors de la rencontre internationale d'écrivains à laquelle il participe à Québec en 1986, il déclare : « je ne pouvais pas parler dans cette langue de ma vie en Grèce. Donc je ne pouvais pas évoquer en français mon enfance. Donc j'étais en quelque sorte coupé de moi-même » (Morency 47). L'auteur explique ainsi qu'il se sent scindé en deux, tiraillé par son identité grecque d'origine et par son identité acquise d'écrivain de langue française vivant à Paris. Cette symbolique de la scission et du dédoublement identitaire est, comme nous l'avons vu plus haut, fréquente chez les écrivains bilingues. Ces derniers indiquent souvent, comme Alexakis, avoir des sentiments contraires envers leur langue d'emprunt qui est tour à tour libératrice ou paralysante.

Langue et identité sont donc intimement liées. Alexakis établit une corrélation claire entre utilisation exclusive du français, abandon du grec et paralysie identitaire : « Le français m'avait fait oublier une partie de mon histoire, il m'avait entraîné à la frontière de moi-même » (PA 242). De plus, selon lui, vivre et écrire dans une langue

---

[30] « writing in a second language does not cause fracture »

étrangère, implique « un effort d'acteur » permanent (Kroh 111). En s'identifiant exclusivement à la langue française dans son œuvre littéraire, en revêtant ce que Huston appelle son « masque francophone », bien qu'il ait réussi à amorcer une quête identitaire dans cette langue, il se sent comme perpétuellement en représentation et indique finalement qu'il estime que cette mise à distance du grec a assez duré (*Nord* 68). Pour lui, la redécouverte de son identité propre doit impérativement passer par une redécouverte de la langue maternelle.

En effet, la culpabilité identitaire se double d'une culpabilité linguistique. Alexakis explique que son choix initial de la langue française comme langue d'expression littéraire a progressivement induit un sentiment de culpabilité envers la langue grecque. L'idée d'avoir trahi la langue maternelle et la peur de voir le grec devenir une langue étrangère s'installent petit à petit. Dans *Paris-Athènes*, Alexakis décrit ce malaise linguistique. Il indique par exemple : « le français s'est substitué à ma langue maternelle » (218) et « mon grec s'était sclérosé, rouillé » (13-14). La prose laisse ainsi transparaître la peur panique de l'auteur face à la menace d'oubli qui plane sur sa langue maternelle.

C'est aussi à travers la langue que s'exprime la culpabilité de l'auteur face à son milieu familial. Alexakis raconte comment, quelques années après la fin de la dictature, il fit écouter à sa mère une interview qu'il avait donnée en français, pour entendre cette dernière, impressionnée par la qualité du français de son fils, s'exclamer : « *Ma essi issé Gallos* ! »[31] (PA 241)[32]. Profondément choqué par la réaction de sa mère, qui confirme et condamne l'étendue de son mimétisme linguistique et identitaire, Alexakis se trouve poussé à réaliser que cette pratique l'a mis en marge de son milieu d'origine.

C'est donc à la fin des années soixante-dix que l'auteur, en proie à une paralysie identitaire et à un sentiment profond de culpabilité, décide de publier un roman en grec[33]. Projet de longue haleine, marqué par le passage obligé d'un réapprentissage du grec, l'écriture de ce roman est le fruit d'une lente préparation et d'une profonde réf-

---

[31] Mais toi tu es français !

[32] À noter qu'Alexakis met de nouveau en œuvre les procédés autofictionnels analysés dans le premier chapitre puisqu'il attribue, sans doute encore ici pour l'exorciser, cet événement à son personnage Grigoris dans *Talgo* (101).

[33] Alexakis, comme tous les écrivains grecs contemporains, écrit bien sûr en démotique.

lexion : « Ma machine à écrire grecque est dans un triste état. Je consulte inlassablement le dictionnaire. Il me faudra plus d'une année de préparation avant de tenter d'écrire un livre dans ma langue maternelle » (JTO 135). C'est finalement en 1980 que paraît, à Athènes, *Talgo*, premier roman écrit directement en grec, qui sera ensuite traduit en français par Alexakis et publié à Paris en 1983.

Dans la première édition française du roman, on trouve l'avertissement suivant placé juste au début :

> Au bout de treize années passées en France au cours desquelles j'ai écrit presque exclusivement en français, j'ai éprouvé le besoin de renouer le dialogue avec ma langue maternelle. La première version de ce texte a donc été écrite en grec. V. A., 28 mars 1982[34].

Le caractère extrêmement conscient de la démarche de légitimation identitaire et linguistique opérée par l'auteur avec la rédaction initiale en grec et la publication en Grèce de *Talgo* est donc évident. Ce quatrième roman est fort différent des romans précédents. Le ton est sérieux, une certaine douceur émane du style, et la thématique est fortement associée à la Grèce : trois caractéristiques tout à fait opposées à celles des trois premiers romans écrits en français.

Cette différence flagrante de sensibilité s'explique par les intentions de l'auteur qui, pour la première fois, aborde dans sa fiction le parcours d'un expatrié grec en France et la problématique linguistique lui étant chère. C'est en effet à travers une réappropriation de sa langue maternelle et une analyse de son statut personnel d'expatrié sous le prisme de la fiction, qu'Alexakis réussit à résoudre ses dilemmes identitaire et linguistique : « *Talgo* […] m'a réconcilié avec la Grèce et avec moi-même. Il m'a rendu mon identité grecque. Je pouvais désormais me regarder sereinement dans la glace » (PA 246). Grâce au retour à la langue maternelle, la partie grecque de son identité, qu'il avait trop longtemps ignorée, lui est redevenue accessible. C'est donc avec *Talgo*, après un début de carrière littéraire en langue française, qu'Alexakis débute en tant qu'écrivain bilingue autotraducteur et inaugure ainsi une stratégie d'écriture lui permettant de calmer, même temporairement, ses incertitudes identitaires.

---

[34] Il n'est sans doute pas anodin que l'avertissement ait disparu de la version revue par l'auteur publiée en 1997. Serait-ce là une volonté de minimiser, une quinzaine d'années après la publication initiale du roman, l'importance de la genèse de l'écriture du roman ou de prendre ses distances avec cette problématique linguistique ?

Si le recours à la langue grecque « guérit » Alexakis de sa culpabilité linguistique, voire identitaire, ce soulagement n'est que temporaire puisque, en faisant son entrée dans l'espace créatif qu'est la littérature bilingue, l'auteur s'expose à un nouveau dilemme linguistique, celui de la question du choix de la langue. Pour chaque acte d'écriture, l'hésitation est là : pourquoi le grec ? pourquoi le français ?

En 1989, avec *Paris-Athènes*, Alexakis se sert de cette incertitude linguistique comme fil conducteur de l'écriture : « Il y a un an, j'ai essayé d'écrire [...] j'étais incapable de choisir entre le grec et le français. Je voulais justement écrire sur la difficulté de ce choix, mais comment écrire sans choisir ? » (10). Son récit autobiographique lui permet en effet d'exposer et d'analyser son bilinguisme (personnel et littéraire) mais aussi de s'interroger sur les implications du choix qu'il doit faire, entre le grec et le français, à la genèse de chaque acte de création littéraire. Dès 1986, à Québec, il avait déclaré vouloir écrire un récit autobiographique, soulignant que le « drame c'est que je ne sais pas encore dans quelle langue je le ferai » (Morency 49). Si Alexakis a finalement opté pour le français, ce ne fut donc pas sans difficulté et sans hésitation.

Pourquoi le choix du français ? Le fait que l'auteur ait choisi la langue étrangère pour raconter son enfance et les événements formateurs de sa personnalité est quelque peu surprenant. Pourtant, même si le mouvement introspectif qu'induit l'acte autobiographique semble réclamer l'usage de la langue maternelle, on peut objecter, en se basant sur l'argument d'Amati évoqué plus haut, que la langue étrangère offre une « distance de sécurité » par rapport au vécu et permet ainsi un détachement émotionnel propice à la création littéraire (2). Grâce au détour offert par le français, Alexakis est donc amené à faire filtrer son histoire à travers la langue de l'autre, à la mettre à distance et à l'analyser de l'extérieur, tout en débarrassant l'écriture de l'affect de la langue maternelle.

Le choix du français pour l'écriture de *Paris-Athènes* peut aussi être interprété comme un test. Alexakis rend cela tout à fait explicite lorsqu'il écrit : « J'essaie de voir à quel point je peux me reconnaître dans la langue française » (PA 191). Si l'on garde à l'esprit la différence de sensibilité entre les écrits en grec et les écrits en français décrite plus haut, on comprend que l'usage du français pour livrer son moi profond relève du défi pour l'auteur. Le grec avait été affecté à l'expression des émotions personnelles de l'auteur alors que le français relevait plutôt d'une sorte de défoulement linguistique s'accompagnant d'un contenu imaginaire : « Le grec m'attendrissait, me rappelait qui j'étais. Le français me permettait de prendre plus facilement congé de la réalité » (PA 249). Les deux langues à la disposition de l'auteur faisaient donc appel à deux parties différentes de sa personnalité : le grec pour les souvenirs, l'émotion et le passé ; le français pour l'imaginaire et l'incongru. Décider d'affecter le français à la partie souvenirs/émotion/passé avec *Paris-Athènes* est donc une décision qui démontre une volonté d'exploration identitaire personnelle où l'auteur désire se fournir la preuve qu'il peut être lui-même dans la langue étrangère. Alexakis estime que ce défi est réussi dans le récit puisqu'il a déclaré : « Dans *Paris-Athènes* j'arrive à écrire en français comme j'écris en grec, c'est-à-dire qu'une part de l'émotion reste intacte. Autrement dit, les deux langues sont arrivées à peu près à égalité sur ce plan-là » (Kroh 173).

Pourtant, même si Alexakis affiche une nouvelle sérénité linguistique en ce qui concerne son habilité à exprimer ses sentiments pareillement dans les deux langues, il pose, dans *Paris-Athènes*, plus de questions qu'il n'en résout. En effet, la métaphore de la bigamie et de l'adultère souvent utilisée par les écrivains bilingues est présente et renforce l'idée d'une dualité linguistique culpabilisante difficile à apprivoiser : « On m'a parlé d'un écrivain étranger qui a fini par épouser sa traductrice française : 'Eh bien, ai-je pensé, moi je suis ma propre femme' » (15)[35]. Alexakis, qui se voit à ce moment-là de sa carrière comme un être double, entre deux langues, entre deux pays et entre deux identités, prend finalement la décision consciente d'alterner les deux langues d'écriture dans un désir d'acceptation de sa dualité : « J'ai décidé d'assumer mes *deux identités*, d'utiliser à tour de rôle les deux langues, de partager ma vie entre Paris et Athènes » (PA 248)[36]. La nécessité de l'alternance des langues s'imposait donc à ce moment-là du parcours littéraire de l'auteur.

G. Fréris, dans son analyse intitulée « Le Dialogue interculturel de Vassilis Alexakis dans *Paris-Athènes* », décrit l'auteur comme un « Janus moderne » (393). Cette comparaison avec le dieu romain à deux têtes, gardien des passages et des croisements, et divinité du changement est révélatrice (Grimal 241). Alexakis, figure

---

[35] De même, dans un avertissement placé au début du recueil de nouvelles *Papa*, on peut lire : « Les langues sont des maîtresses très exigeantes et très jalouses » (9).
[36] Mon emphase.

identitaire double, a en effet délibérément décidé de s'installer dans le changement permanent, dans le déplacement linguistique (d'une langue à l'autre) et géographique (d'un pays à l'autre), de ne pas se cantonner à un idiome ou à une identité fixe. Le prix à payer est lourd, comme l'indique l'auteur dans le documentaire lui étant consacré : « Être exactement entre deux langues, c'est une solitude totale, totale. Et c'est angoissant pour quelqu'un qui écrit » (Moszynski). C'est sans doute pour matérialiser cette solitude, cette angoisse, et la difficulté du choix que *Paris-Athènes* se termine sur l'image d'une page sur son bureau que des insectes viennent remplir puis quittent et laissent blanche (274). Il suggère ainsi, qu'à ce stade de sa réflexion, malgré le fait qu'il ait disséqué son bilinguisme tout au long du récit, il aboutit à une impasse et que son rapport aux langues demeure problématique : la page reste blanche.

La seule certitude à laquelle il soit arrivé est que, puisqu'il est impossible de choisir et que son aliénation linguistique est bien réelle, l'alternance du français et du grec est devenue une nécessité car elle offre la possibilité d'un dialogue permanent entre les deux langues. C'est sans doute aussi pour donner forme à ce dialogue qu'Alexakis s'est temporairement mis à utiliser chaque langue en alternance (*Avant* en français, *La Langue maternelle* en grec, *Papa* en français, *Le Cœur de Marguerite* en grec, *Les Mots étrangers* en français et enfin *Je t'oublierai tous les jours* en grec), comme si des interlocutrices prenaient parole à tour de rôle, et qu'il a aussi généralisé sa pratique de l'autotraduction vers le début des années quatre-vingt-dix.

Si Alexakis décrit souvent son rapport aux langues, il aborde par contre relativement rarement la spécificité de sa pratique de l'autotraduction. Il n'explique pas clairement pourquoi il a fait le choix d'écrire chacun de ses ouvrages dans les deux langues ou pourquoi il a fait de l'autotraduction une des caractéristiques principales de son œuvre. Lorsqu'il se penche sur le sujet, c'est principalement pour expliquer que se traduire lui-même ne lui pose pas de problème particulier. Ainsi, dans *Paris-Athènes*, il note : « J'ai tenté l'expérience de me traduire moi-même une fois du grec au français, une fois du français au grec : cela m'a posé moins de problèmes que je m'y attendais » (14). Il explique aussi que l'attrait principal de l'autotraduction, c'est qu'elle lui permet de corriger sa prose grâce à la relecture imposée par le processus de traduction.

Chez Alexakis, la démarche autotraductive se rapproche d'une démarche révisionnelle et ce dernier ne nie d'ailleurs pas que ses versions originales et ses autotraductions puissent être très différentes. Ainsi, comme le note l'auteur, révision et autotraduction vont de pair :

> J'ai beaucoup modifié le livre traduit par ma mère à l'occasion de sa réédition en Grèce [...] J'ai réécrit en grec à peu près le cinquième de ce livre. S'il devait être réédité en français, je le corrigerais en traduisant du grec les passages modifiés. Je finirai peut-être par ne plus savoir dans quelle langue j'ai écrit certains de mes romans. (PA 249)

Il est clair ici que l'autotraduction, tout comme la révision, permet un approfondissement de l'écriture, ce qui implique, qu'aux yeux de l'auteur, la version autotraduite est plus « complète » que la version originale[37]. Il faut d'ailleurs souligner qu'il existe deux versions françaises de *Talgo*, *Contrôle d'identité* et *Paris-Athènes*, ouvrages qui ont tous fait l'objet d'une révision et d'une réédition dans cette langue. Ainsi, non seulement ces trois ouvrages existent dans deux langues, mais, dans leur version française, ils existent dans deux versions différentes. Si Alexakis aime multiplier les versions de ses textes, d'une langue à une autre et d'une version à une autre, c'est sans doute pour pousser son écriture plus loin à chaque acte de réécriture, continuellement peaufiner le texte d'origine et y refléter son évolution identitaire personnelle.

La confusion linguistique engendrée par l'autotraduction et l'influence d'une langue donnée sur l'écriture (ou plutôt la réécriture) dans l'autre langue laissent à penser que l'auteur est poussé par un désir de fusion des deux langues. Alexakis indique d'ailleurs utiliser et mélanger les deux langues dans son carnet de notes (PA 21 et 262). Certains critiques affirment même qu'Alexakis compose ses œuvres simultanément dans les deux langues. Meunier assure par exemple, pour les livres d'abord publiés en grec, que « le premier jet vient en

---

[37] Il est intéressant de noter que le narrateur des *Mots étrangers*, lui aussi auteur autotraducteur, indique préférer être lu en traduction : « *Le Soldat de plomb* paraîtra en grec à la fin de l'année, sous le même titre (*O Molyvénios stratiotis*). J'ai apporté plusieurs modifications à mon roman en le traduisant, j'ai supprimé un grand nombre de phrases, abrégé le monologue intérieur de Martine dans le sous-sol des Galeries Lafayette. En me relisant à travers une autre langue, je vois mieux mes faiblesses, je les corrige, ce qui explique que je préfère être lu en traduction plutôt que dans la version originale » (12).

grec, et, sur ce canevas, [Alexakis] donne la forme définitive en français, après quoi, il reprend la version grecque ». De même, Sylvie Poulin indique, à propos de *La Langue maternelle*, qu'il « en a entrepris la rédaction en grec […]. Toutefois il a commencé la version française avant d'avoir terminé la version grecque » (16). Alexakis explique en fait que ce livre a bien été écrit d'abord en grec, puis autotraduit immédiatement en français. Il souligne d'ailleurs : « ce faisant j'ai beaucoup amélioré le grec. Donc avant la publication du livre en Grèce qui a suivi, j'ai corrigé l'original grec en fonction de la traduction française » (Martin 263).

Que peut-on tirer de ces affirmations ? Il existe une oscillation permanente, dès la genèse de l'acte créatif, entre le grec et le français. Au moment même de l'écriture, les deux langues sont effectivement en dialogue puisqu'elles influencent tour à tour l'écriture dans l'autre langue. Le fait que la plupart des ouvrages de l'auteur ne comportent pas la mention « traduit du grec » ou « traduit du français » s'explique partiellement par le fait que la genèse des textes est bilingue, que chaque texte semble naître dans la coexistence complémentaire des deux langues[38]. Par conséquent, les textes sont amenés, dès l'origine, à exister dans les deux langues, à s'incarner dans un entre-deux linguistique[39]. Ce n'est en fait que récemment, dans un entretien publié dans *Le Français dans le monde* en 2008, qu'Alexakis a levé le voile sur sa pratique du bilinguisme littéraire :

> le changement de langue intervient avant la version définitive dans l'une et l'autre langue. J'écris une première version. Dès que le livre existe, mais

---

[38] Il a d'ailleurs été assez difficile de déterminer quels ouvrages avaient fait l'objet d'une écriture initiale en grec et en français. Seule l'édition française de *Talgo* porte la mention « Traduit du grec par l'auteur ». C'est en fait après avoir pris contact avec l'éditeur français d'Alexakis qu'il a été possible d'établir la langue d'origine de chaque ouvrage.

[39] On peut se demander si la trace de la langue grecque se fait sentir dans la prose des œuvres d'Alexakis ayant fait l'objet d'une autotraduction du grec vers le français. Il semble que non. Les seuls éléments de présence de la langue grecque dans la prose alexakienne en français sont les noms des personnages et des lieux ainsi que des emprunts très ponctuels et peu nombreux de mot grecs transcrits en alphabet latin qui sont le plus souvent expliqués à l'aide d'une note de bas de page : « Quand au mot à onze lettres que tu cherches, je pense qu'il s'agit d'*adiallaktos* [intransigeant] » (JTO 278) ou bien, beaucoup plus rarement, laissés sans explication de la part de l'auteur : « Je me suis souvenu que les adultes me faisaient répéter, pour rire, ce mot aberrant : *scoulikomyrmigotrypa* » (CM 37).

qu'il n'est pas encore abouti dans la première langue, je prolonge le travail
d'écriture en effectuant une révision de la première version à travers une
nouvelle langue. Je récupère alors toutes les améliorations apportées par
cette fausse traduction pour corriger la première version. On pourrait dire
qu'il n'y a pas de version originale. La version définitive du texte apparaît
dans la seconde langue. Il s'établit ainsi avant la publication un dialogue
entre les deux langues. (Pradal)

Comment peut-on interpréter cette démarche d'écriture autotraductive ? En plus de la possibilité d'amélioration et de correction de
l'écrit qu'elle permet, on pourrait estimer qu'en s'installant dans la
dualité linguistique dès la genèse de l'écriture, l'auteur veut donner
corps à sa confusion identitaire et l'accepter à travers l'acte d'autotraduction. M. Orphanidou Fréris souligne ainsi qu'Alexakis « est
dans la confusion totale pour s'auto-définir, s'auto-identifier, pour
choisir. Il installe donc un dialogue entre les deux identités culturelles » (« L'Identité » 179). En alternant les langues, en les mélangeant lors de l'écriture, puis en s'autotraduisant, l'auteur tenterait de
négocier et de désamorcer son incertitude identitaire. La cohabitation
créative des deux langues serait donc un moyen de maintenir une sorte
d'équilibre identitaire, d'accepter et de rendre positive une dualité qui
avait été jusqu'ici plutôt paralysante. L'auteur explique lui-même :

c'est ce bel équilibre entre les deux langues que je m'efforce de préserver.
Je constate en me traduisant de l'une à l'autre qu'elles s'entendent assez
bien entre elles. Leur dialogue est propice à mes projets littéraires. (JTO
140-41)

En s'efforçant de maintenir cet équilibre linguistique et donc par
extension identitaire, Alexakis invente « un nouveau mode d'expression individuel » (M. Orphanidou Fréris « Vassilis Alexakis » 125).
Écrire, puis s'autotraduire, s'inscrivent bien dans une démarche personnelle d'autodéfinition identitaire.

L'alternance des langues d'écriture et la construction d'une
œuvre double instaurent une sorte de célébration de l'instabilité linguistique inhérente à la condition d'exilé de l'auteur. Alexakis, en
donnant libre cours à une sorte d'obsession de la répétition du texte
(dans l'autre langue ou dans une autre version), s'installe dans une
instabilité qui devient ainsi caractéristique de ses écrits. L'œuvre
alexakienne, parce que les textes qui la composent ne se fixent jamais
dans une version unique, est en mouvement permanent. Elle s'incarne

ainsi comme un symbole de l'identité puisque l'auteur fustige, en rendant la dualité linguistique intrinsèque à son écriture, toute idée de monolithisme identitaire[40].

Enfin, en gardant à l'esprit les réflexions derridiennes et khatibiennes sur les langues exposées plus haut, on pourrait voir dans l'activité d'autotraduction une volonté consciente pour trouver un mode de cohabitation positive entre les langues. Alexakis arriverait à créer un espace linguistique, une bi-langue au sens khatibien, où les langues coexistent, dialoguent et s'influencent. L'auteur réussit ainsi, grâce à sa démarche d'écriture bilingue autotraductive, à donner forme à un contenu qui semble exister en deçà des deux langues et qui s'incarne dans leur dialogue ininterrompu.

Contrairement à ce qu'il avait écrit à la dernière page de *Paris-Athènes*, « je me sens bien incapable d'apprendre une troisième langue. Le français a absorbé toutes mes capacités dans ce domaine », Alexakis se tourne au début du millénaire vers une troisième langue (272). L'auteur décide en effet d'apprendre une langue africaine, le sango, la langue principale de la République Centrafricaine, et de faire de cet apprentissage le thème de son roman *Les Mots étrangers*, publié en 2002. Ici encore, réalité et fiction se mêlent puisqu'Alexakis part d'un événement réel, son apprentissage du sango, pour le transposer et l'utiliser dans sa fiction. La « surconscience linguistique » de l'auteur le pousse à constamment diversifier ses horizons linguistiques et à finalement apprendre une langue rare comptant tout juste quatre cent mille locuteurs natifs.

Comment peut-on expliquer cette attirance pour une troisième langue, attirance qui comme nous l'avons montré plus haut est fré-

---

[40] Les procédés de l'écriture bilingue autotraductive de l'auteur peuvent être mis en parallèle avec l'ouvrage *Transfiguration*, de Jacques Brault et Edward Dickinson Blodgett. Simon, dans son essai intitulé « La Traduction qui tourne mal : le texte hybride » explique en effet que Brault et Blodgett ont publié ce recueil de poésie à quatre mains où « Blodgett écrit un poème en anglais, Brault le traduit en français ; ce poème traduit, devenu français, sera l'impulsion qui donnera un nouveau poème en français, qui sera traduit par Blodgett, qui ensuite écrira un nouveau poème, et ainsi de suite » (309). La répétition des textes d'une langue à une autre et d'une version à une autre caractéristique des écrits alexakiens se rapproche de l'idée créative exploitée dans *Transfiguration* que Simon qualifie de « traduction déviante ». Selon elle, « il semblerait que la traduction, parfois déviante, soit pour certains auteurs le moyen de rechercher d'autres fins : d'exprimer une affiliation fragmentée, de construire une culture hybride », ce qui semble bien pouvoir aussi s'appliquer au projet littéraire d'Alexakis (313).

quente chez les écrivains bilingues. L'introduction d'une troisième langue dans l'univers linguistique et littéraire de l'auteur permet d'annuler ou du moins d'affaiblir la dualité inhérente au statut d'écrivain bilingue autotraducteur d'Alexakis. En s'éloignant, même momentanément, de la dynamique langue grecque/langue française, l'auteur peut ainsi dédramatiser son rapport aux langues et, en quelque sorte, faire une pause. Cette recherche d'un troisième espace linguistique, ou tout simplement d'un « autre » espace linguistique, avait été amorcée par la pratique de l'autotraduction et s'est trouvée concrétisée avec l'apprentissage du sango. En effet, l'autotraduction incarnerait un genre de troisième langue fictive alors que le sango est une troisième langue concrète.

Quelles sont les vertus de ce troisième espace linguistique pour l'auteur ? L'un des principaux attraits de l'apprentissage de cette langue et de son utilisation dans le roman est pour l'auteur de retomber dans un univers d'étrangeté linguistique, de délégitimer son rapport aux langues et de fuir la familiarité dont il jouit avec ses deux langues d'écriture. Alexakis a en effet déclaré : « Ainsi ai-je appris le sango. Pour le récit. Pour les mots. Pour l'émerveillement de la découverte que j'avais vécue à mon arrivée en France » (Savigneau « L'Enfance »). La nouvelle langue ouvre un autre espace de créativité, permet un nouveau départ linguistique et littéraire, ce qui rappelle les raisons évoquées plus haut pour le choix initial du français chez l'auteur.

La recherche de l'étrangeté linguistique, d'une certaine altérité dans la langue, est constante chez Alexakis qui estime même, ce qui rappelle la théorie derridienne en matière linguistique, que « la langue maternelle n'est après tout que la première des langues étrangères que l'on apprend » (PA 66). L'œuvre d'Alexakis met en fait en scène cette figure de l'apprentissage linguistique à de nombreuses reprises (le français, le grec, l'autotraduction et le sango) comme si l'auteur avait besoin de continuellement disséquer et explorer son rapport premier aux langues. Ce besoin d'une étrangeté et d'une altérité linguistique, même par rapport à la langue maternelle, rejoint l'affirmation de Gauvin qui insiste sur le fait que l'auteur francophone est « condamné à chercher cette autre langue ou cette troisième langue qui lui appartient en propre » (*L'Écrivain francophone* 15).

Sur un niveau plus psychologique, Alexakis a plusieurs fois lié l'utilisation du sango au deuil de son père. Juste après la mort de sa mère, c'est dans la langue grecque qu'il avait trouvé du réconfort et publié *La Langue maternelle*. Mais à la mort de son père aucune de ses deux langues d'expression ne lui semblait adéquate :

> À la mort de ma mère, j'ai écrit, en grec d'abord, *La langue maternelle*. C'était un retour vers le grec […] La mort de mon père, en revanche, m'a entraîné dans une langue étrangère. J'ai eu le sentiment que le grec m'avait trahi. Je n'étais plus l'enfant de personne dans cette langue. Aller vers une autre langue, c'était une manière de retrouver l'enfance. (Savigneau « L'Enfance »)

C'est en effet le souvenir des lectures de jeunesse du narrateur de ce roman, particulièrement une version grecque de Tarzan, qui le fait se tourner vers l'Afrique et le sango, lui redonnant ainsi accès à son enfance grecque[41].

Déclarer se sentir trahi par sa langue maternelle et vouloir avoir recours à une langue autre par réaction suggère la force du lien langue/racines et le pouvoir de la langue autre. Si Alexakis avait craint de perdre sa langue maternelle à la mort de sa mère et avait réagi en publiant un roman mettant en scène un homme grec redécouvrant sa langue maternelle, à la mort de son père, il se rend compte que plus aucun lien parental ne le lie à la langue grecque et se sent comme abandonné par cette dernière, tout à fait orphelin de langue. Il lui paraît donc impossible à ce stade-là de son évolution linguistique et identitaire d'utiliser sa langue maternelle pour son prochain roman. Il se tourne par réaction vers le français mais en augmentant l'univers linguistique de ce roman de la présence du sango dont il explique de manière très détaillée les différentes étapes de son apprentissage et introduit des phrases entières dans la prose. En utilisant le détour de la nouvelle langue étrangère, l'auteur peut encore une fois évacuer une

---

[41] Le narrateur décrit le Tarzan grec de son enfance de la sorte : « Nous retrouvions Tarzan dans un feuilleton grec, écrit par le journaliste Nicos Routsos et publié dans des brochures bon marché au rythme d'une livraison par semaine […] L'énorme succès de cette série était dû à un nouveau pensionnaire de la jungle, plus jeune et plus fort que Tarzan, à la peau plus mate, élevé lui aussi par une guenon, qui avait à nos yeux le mérite incomparable d'être d'origine grecque. Il s'appelait Gaour » (ME 15-16). Catherine Mazauric note d'ailleurs l'importance du lien avec l'enfance et avec l'imaginaire dans la démarche linguistique du narrateur : « S'il envisage en effet d'apprendre une langue africaine, avant même d'avoir la moindre idée de celle sur laquelle s'arrêtera son choix, c'est en vertu du désir de rejoindre des images, nées de ses lectures d'enfant et de ses rêves d'adulte » (« Fatigue »).

douleur, ici celle de la perte du père, et essayer de se sentir moins orphelin linguistiquement.

L'altérité linguistique est donc à la fois au niveau créatif mais aussi au niveau psychologique, salutaire. L'auteur est sans cesse poussé par un désir d'auto-reconnaissance dans la langue étrangère, le français puis le sango, comme s'il recherchait dans l'effort d'ajustement à leur étrangeté une remise en question permanente de sa propre personne. Harang estime en effet qu'avec le sango Alexakis « cherche une frontière », cherche du moins à mettre en question et renégocier son identité (« Dernier sango »). Au fil de sa carrière, Alexakis a sans cesse repoussé son horizon linguistique et exploré quatre espaces linguistiques différents : le français, le grec, l'autotraduction (mélange de ces deux premiers espaces) et le sango.

Avec *Les Mots étrangers*, Alexakis introduit dans sa prose la présence combinée de deux langues et, même si la part dédiée au sango se limite aux mots et aux phrases que le narrateur apprend, on sent bien là poindre ce que E. Beaujour a décrit comme le désir des écrivains bilingues, tard dans leur carrière, de se livrer à un mélange des langues dans leur prose. En choisissant le sango, Alexakis surprend puisqu'on se serait attendu à ce que les deux langues choisies pour se livrer à cet exercice soient le grec et le français. Mais qui sait ? L'auteur poussera peut-être plus loin la cohabitation des langues en publiant un ouvrage à la fois en grec et en français, comme d'autres auteurs bilingues, Patrice Desbiens avec *L'Homme invisible/The Invisible Man* ou Federman avec *The Voice in the Closet/La voix dans le cabinet de débarras* par exemple, ont fait cohabiter leurs deux langues dans leur prose. Cette démarche littéraire d'expérimentation linguistique poserait bien sûr un problème de lectorat puisqu'il serait nécessaire que le lecteur potentiel maîtrise le grec et le français. Même si, comme le note Moï, un « langage babélien est [...] fondé sur l'étanchéité : l'auteur en maîtrise seul le code d'admission et son but est non pas de communiquer mais d'admettre un petit nombre d'initiés au sein d'une chambre forte où se déroule une cérémonie secrète », ce genre de pratique dénote une réflexion linguistique poussée de la part des auteurs la pratiquant et participe indéniablement à leur exploration identitaire (13-14).

Au terme de cette analyse du parcours linguistique et de l'itinéraire identitaire d'Alexakis, on peut affirmer que l'auteur a aujourd'hui atteint une certaine sérénité linguistique et identitaire. Il a développé plusieurs stratégies linguistiques (choix du français, retour au grec, alternance des langues, autotraduction, puis introduction d'une troisième langue) pour explorer et tenter de résoudre le dilemme linguistique et identitaire initial induit par son statut d'entre-deux.

Dans *Ap. J.-C.*, on ne décèle plus de culpabilité face aux langues et, pour la première fois, il n'y a pas de problématique linguistique claire dans la prose. Alexakis semble vouloir s'éloigner d'une utilisation de l'espace textuel liée à la justification de ses choix linguistiques. On est bien loin de la page blanche finale de *Paris-Athènes*. En 2004 Alexakis a déclaré : « c'est un véritable bonheur d'écrire dans une autre langue que la sienne, surtout dans le roman. J'ai la très grande liberté d'écrire les sujets grecs en grec et les sujets français en français » (« Il fait un temps de poème »). Ainsi, le choix entre les deux langues n'est plus problématique, au contraire, Alexakis a trouvé une solution au dilemme linguistique qui l'avait longtemps paralysé, en optant pour le grec comme langue première pour les ouvrages à thématique principalement grecque et en choisissant le français pour les ouvrages à thématique principalement française. La paralysie de l'entre-deux linguistique n'est plus, Alexakis l'a renversée pour l'utiliser à des fins positives et la mettre au service de sa prose.

L'itinéraire linguistique d'Alexakis explique l'importance des considérations linguistiques dans ses œuvres de fiction. Une multitude de langues sont mises en scène dans les écrits de l'auteur qui leur confère même parfois un statut de personnage. Si les œuvres de jeunesse d'Alexakis ne comportent pas de problématique linguistique claire, on y remarque déjà un genre d'insécurité doublée d'une fascination face aux langues. Dans *Le Sandwich*, l'auteur opère un renversement des rôles en transférant l'angoisse linguistique sur le lecteur à qui il s'adresse directement en prétendant qu'il est un immigré pakistanais : « Le jour où tu es arrivé en France de ton Pakistan natal, t'avais l'air con […] Ton ignorance te fait peur […] C'est en France que tu as appris le français » (47). Ainsi, dès la publication de son premier roman, Alexakis souligne, même si simplement en passant, l'importance dans son œuvre des questions d'adaptation linguistique et identitaire liées à l'exil.

De plus, le lien entre langue et identité est matérialisé de manière concrète par l'auteur puisque ses personnages expriment souvent leurs états d'âme, leurs problèmes psychologiques, en termes linguistiques ou grammaticaux. Certains affirment en effet : « Je suis moi-même une phrase confuse, incompréhensible » (CI 109), « Ma position présentait une certaine similitude avec le dessin du point d'interrogation français » (CM 241) et « je ressemblais à une phrase sans verbe, incapable d'agir, amorphe » (ME 125).

De même, bon nombre des personnages sont des hommes qui ont immigré en France et qui ont partiellement ou totalement oublié leur langue maternelle. Dans *Contrôle d'identité*, Alexakis retrace l'itinéraire d'un Yougoslave exilé en France qui, ayant poussé le mimétisme identitaire jusqu'à changer son nom de famille, Cocovic, pour un nom plus français, Dufresnes, perd soudainement la mémoire et oublie complètement à la fois qui il est mais aussi sa langue maternelle : « Il aimerait entendre parler serbe, il pense qu'il comprendrait quelques mots, ce n'est pas possible qu'il ait tout oublié, qu'aucun mot n'ait survécu à ce naufrage » (51-52). *Avant* met en scène un Grec exilé à Paris qui déclare avoir « à moitié oublié le grec » (169). C'est aussi le cas de Grigoris dans *Talgo*, de Nikolaïdis dans *La Langue maternelle* ou bien de Nikolaïdès dans *Les Mots étrangers*. Le thème de la perte de la langue maternelle est en effet un thème clé dans l'œuvre.

La majorité des personnages est fascinée par les langues. Mis à part Nikolaïdès dans *Les Mots étrangers* qui décide d'apprendre le sango, on peut par exemple souligner que le narrateur du *Cœur de Marguerite* est attiré par la langue aborigène dont il apprend quelques rudiments lors d'un voyage en Australie (73) et par l'idiome de l'île de Santorin (142). De même, Nikolaïdis dans *La Langue maternelle* s'interroge sur les conséquences de l'imposition de la *catharévoussa* (115). Enfin, le narrateur de *Je t'oublierai tous les jours* s'intéresse lui au dialecte de l'île de Cythère (256). La mise en présence de ces multiples langues n'est pas un hasard, elle témoigne de l'importance des questions linguistiques chez l'auteur. Les narrateurs s'intéressent à différents dialectes et à des questions linguistiques spécifiquement grecs, ce qui témoigne sans doute d'un désir de l'auteur d'explorer son propre pays à travers la question linguistique. Ils découvrent aussi des langues rares (le sango et l'aborigène), ce qui suggère un intérêt réel pour les langues minoritaires et établit un parallèle avec la position de la langue grecque dans le monde.

Ainsi, Alexakis poursuit clairement sa réflexion linguistique personnelle dans ses écrits fictionnels. Il pousse même l'expérience jusqu'à créer deux personnages d'écrivains bilingues dans deux de ses romans : Eckermann, un auteur de langue maternelle allemande qui écrit en anglais, dans *Le Cœur de Marguerite*, ainsi que Nikolaïdès, un auteur grec exilé à Paris qui écrit aussi bien en français qu'en grec et s'autotraduit, dans *Les Mots étrangers*.

Un aspect commun au traitement des langues dans les différents romans d'Alexakis est que la ou les langues en question sont présentées comme quelque chose de perdu, de déplacé, que les personnages tentent de conquérir et se (ré)approprier[42]. Alexakis construit au fil des écrits une figure de la perte et de l'inaccessibilité de la langue sous la forme de multiples quêtes linguistiques opérées par ses personnages. En examinant trois romans, *Talgo*, *La Langue maternelle* et *Les Mots étrangers*, on peut mettre en évidence ce motif littéraire de la quête linguistique. Cela nous mènera ensuite à illustrer l'attitude progressiste en matière linguistique de l'auteur puisqu'il propose, en plus du motif de la quête de la langue, un réquisitoire contre la rigidité et le conservatisme linguistiques.

3. *Talgo* : combler le manque linguistique

Talgo est le premier roman de l'auteur où prend forme le motif de la quête linguistique. Le roman met en scène le parcours d'un homme grec qui habite depuis dix-huit ans à Paris, Grigoris, et explore les angoisses identitaires liées à son exil. Ce dernier, marié à une Française et père de famille, s'est en effet éloigné de son pays et en souffre. Lors d'un voyage de courte durée en Grèce, Grigoris rencontre Éléni, une femme mariée, avec laquelle il entame, une fois de retour à Paris, une relation extraconjugale, d'abord à distance grâce à un échange de lettres, puis lors d'un week-end où ils se retrouvent à Barcelone. Tout de suite après ce séjour en Espagne, et seulement deux mois et demi après leur rencontre, Grigoris décide de quitter Éléni, ce qu'il fait par courrier. L'histoire est racontée par Éléni qui, pour apaiser la douleur de cette rupture, décide de mettre par écrit ces deux mois et demi de bonheur et les deux mois de dépression qui ont

---

[42] Alexakis parle à plusieurs reprises du français comme une langue à conquérir ou à apprivoiser : « On se réjouit que le français conquière des étrangers, mais on est nullement convaincu que ceux-ci puissent à leur tour conquérir la langue » (PA 16) ou « La langue française est un dragon qu'il me faut apprivoiser au plus vite » (JTO 67).

suivi, sous la forme d'une lettre à son ancien amant qu'elle ne lui enverra pourtant pas.

À travers le récit d'Éléni se matérialisent les principales étapes de l'itinéraire linguistique de Grigoris. Après un rejet initial de la langue française et des Français à son arrivée en France, Grigoris s'installe dans un mimétisme qui s'avèrera être identitairement nuisible : « Tu parlais le français presque sans accent. Les Français te prenaient parfois pour un provincial, jamais pour un étranger. Ils avaient fini par te conquérir » (97). Ce mimétisme linguistique se double d'un mimétisme culturel puisque Grigoris se découvre une passion pour la littérature française, le cinéma de Godard et de Chabrol, et les chansons de Brassens (97). Ses liens avec son pays, sa famille et sa langue s'amenuisent, et Éléni compare cette phase de la vie de Grigoris à un profond sommeil dont il a mis du temps à se tirer : « Tu as mis longtemps à te réveiller » (101). C'est en fait grâce à l'épisode de l'interview, qui rappelons-le est un événement réel implanté par l'auteur dans la fiction, et la réaction de sa mère, « Mais toi, tu es français ! », que Grigoris admet les effets ravageurs de son mimétisme et décide de faire un réapprentissage de sa grécité (101). Il redécouvre la littérature, la musique et la cuisine de son pays, fait un effort pour rencontrer des Grecs à Paris, décide d'enseigner le grec à son fils, se met à réécrire dans sa langue maternelle et rentre plus souvent en Grèce.

C'est à l'occasion d'une soirée dans un restaurant athénien avec des amis que Grigoris fait la connaissance d'Éléni et déclare :

> Il y a environ dix-huit ans que je vis en France, as-tu dit. Ce n'est pas suffisant pour apprendre le français, mais c'est suffisant pour oublier le grec. J'ai même oublié où il faut accentuer certains mots. J'ai tendance à accentuer le mot électron sur la finale, comme les Français. *Je n'ai plus de langue maternelle.* (47)[43]

Grigoris établit là un lien clair entre sa situation d'exilé et son oubli progressif du grec. Pour lui, la langue maternelle est devenue quelque chose d'inaccessible, de déplacé, d'absent. Grigoris éprouve un manque, il est paralysé par la perte de la langue maternelle qu'il vit comme une absence suggérant une mise en suspens de sa grécité. Ce n'est d'ailleurs pas un hasard si sa description se fait principalement

---

[43] Mon emphase.

en termes linguistiques. Une des premières choses qu'Éléni remarque, c'est que Grigoris vouvoie ses interlocuteurs : « Tu me vouvoyais, ce qui ne se fait guère en Grèce. J'ai pensé que tu avais dû prendre cette habitude à l'étranger, de même que celle de se serrer la main » (18). Elle souligne aussi que Grigoris n'est plus au fait des expressions familières courantes :

> tu ne savais pas par exemple que l'onomatopée française bla-bla-bla est passée dans la langue grecque, ni que nous avions créé un nouveau verbe à partir de l'anglais *speed*. Tu ignorais que 'devenir chauve' ou 'devenir sourd' signifie avoir le souffle coupé. (46)

Un autre personnage, Magda, remarque que Grigoris a un accent : « Il me semble qu'il a tout de même un petit accent français » (47). Suite à ces réflexions, Grigoris réitère l'idée qu'il a perdu sa langue maternelle en expliquant que la seule chose qu'il fait mieux en grec qu'en français, ce sont les opérations arithmétiques : « Je ne peux pas faire une multiplication en français, *exi okto saranda okto, okto ennia evdominda dyo*. C'est tout ce qui me reste de ma langue maternelle » (47).

De plus, le schéma narratif du roman mis en place par Alexakis peut être perçu comme le symbole de la perte de la langue pour Grigoris. Ce dernier n'a jamais directement la parole dans le roman, ses propos sont toujours rapportés par Éléni qui dépossède ainsi Grigoris de sa propre voix. Non seulement Grigoris a perdu sa langue maternelle, mais sa parole est déplacée, rendue presque séparée de sa personne. L'effet produit est que Grigoris est présenté comme un individu sans voix, linguistiquement inapte, un individu à part, incapable de se sentir complètement grec à cause de cette perte de la langue.

On peut interpréter la naissance de l'idylle entre Éléni et Grigoris comme motivée par le désir, conscient ou pas, de Grigoris de faire, à travers Éléni, un réapprentissage de la Grèce et du grec. Éléni note elle-même : « Il était en quelque sorte fatal, mon Grigoris, que tu tombes amoureux d'une Grecque à l'époque où tu m'as connue » (105). Dès leur rencontre, et même avant qu'ils ne deviennent amants, Grigoris associe Éléni à la langue en lui demandant le sens d'un mot : « Tu sais ce que signifie *askardamytki* ? » (59). Immédiatement, Grigoris perçoit Éléni comme une gardienne de la langue, une clé qui lui permettra d'ouvrir la porte de son retour vers le grec et d'entamer sa « réhabilitation » linguistique.

Leur premier contact amoureux se concentre sur la langue et l'écrit puisque c'est par un échange de lettres, une trentaine en tout, que ceux-ci apprennent à se connaître (108). De plus, lors de leur séjour à Barcelone, leurs conversations tournent autour de la langue grecque. Éléni est projetée dans un véritable rôle d'enseignante, comme le suggère la répétition du verbe « apprendre » dans les citations suivantes : « Je t'ai appris qu'à Chios il s'appelle *vili* […] Je t'ai appris aussi comment on dit dans ce dialecte [celui de Chios] laver la vaisselle » (139), « Nous nous sommes souvenus de mots oubliés […] Je t'ai appris quelques néologismes » (140). Ce rôle imparti à Éléni montre que Grigoris a besoin d'une figure féminine, voire maternelle, transmettrice de langage, afin de pouvoir rétablir les attaches linguistiques à sa langue maternelle.

Sa liaison avec Éléni lui permet donc de renouer un lien avec la langue grecque, mais aussi avec la Grèce et avec sa propre mémoire. Grigoris indique : « En France je n'ai pas de passé », soulignant ainsi que la perte de la langue et l'exil se doublent d'une perte d'attaches identitaires personnelles avec son pays (58). Ici aussi, c'est Éléni qui assure la restauration du lien de Grigoris à sa mémoire grecque. Pour prendre contact avec lui après leur première rencontre, elle lui expédie à Paris des fascicules du *Jeune Héros*, un roman populaire grec pour enfants (111). Éléni est donc l'initiatrice d'une redécouverte de l'enfance grecque de Grigoris, d'une partie de sa mémoire qu'il avait mise en sommeil. Elle devient un lien réel entre Grigoris et la Grèce car elle réintroduit dans son univers, à travers par exemple ses lectures de jeunesse et les courriers, des éléments qui permettent de relier la mémoire de Grigoris à la Grèce, de renouer ce lien identitaire qui avait été brisé par l'exil.

Talgo illustre donc une véritable quête de la langue maternelle qui, bien évidemment, rappelle les propres préoccupations de l'auteur. La langue est présentée comme quelque chose d'absent que le personnage principal tente, à travers Éléni, de rendre présent. Quelle est donc la symbolique de la rupture entre les amants ? Deux interprétations sont possibles. On peut d'abord estimer que Grigoris ne voulait d'Éléni que dans son rôle d'initiatrice de son réapprentissage de sa grécité et qu'une fois cette réappropriation du grec et de son identité grecque amorcée, il n'avait plus besoin d'elle et pouvait la quitter, tel un enfant qui s'éloigne de sa mère en grandissant. Au contraire, on peut aussi interpréter l'échec amoureux comme un signe de l'impossibilité de la réappropriation complète de la langue. Si Éléni représente la langue grecque, la symbolique de la rupture laisse à penser que Grigoris ne peut plus faire un avec sa langue maternelle, que sa quête est donc illusoire. Comme chez Derrida, la langue resterait, pour Alexakis, déplacée, inatteignable.

4. *La Langue maternelle* : sur les traces de la langue grecque

Ce roman, publié en 1995 et récompensé cette même année par le prix Médicis, est centré, lui aussi, sur l'histoire d'un exil et d'un retour au pays. Le héros, Pavlos Nicolaïdis, un dessinateur grec vivant à Paris, décide, après la mort de sa mère, de retourner à Athènes pour une durée indéterminée. De retour en Grèce, il s'interroge sur sa relation à son pays et à sa langue maternelle. Il se met à écrire une sorte de journal intime qui reflète ses états d'âme et qui constitue en fait la trame narrative du roman. La narration se fait à la première personne, sur un ton fortement introspectif. Le fil conducteur est la quête de Nicolaïdis pour trouver la signification de la lettre epsilon qui ornait l'entrée du temple d'Apollon à Delphes.

Ici aussi, on a donc bien une quête linguistique comme moteur principal de la narration. Tout comme Grigoris dans *Talgo*, Nicolaïdis a le sentiment que son exil l'a dépossédé de sa langue maternelle et il entreprend, pour lutter contre la perte de la langue, une quête, un pèlerinage linguistique, orchestrée par le désir d'explication de l'epsilon delphien[44]. Nicolaïdis note en effet que l'epsilon l'« encourage à [s]e promener à travers la langue », suggérant ainsi que le but de cette « promenade » est bien la réappropriation de sa langue maternelle (54). Le roman s'ouvre sur un cauchemar où le narrateur apprend « une nouvelle langue étrangère en compagnie d'une femme détestable » (9). Cet incipit met tout de suite l'accent sur l'importance de la question linguistique dans le roman et incarne l'ampleur de l'angoisse qui accompagne le narrateur à ce sujet.

Tout comme Grigoris dans *Talgo*, Nicolaïdis est arrivé à un stade où il déplore l'étendue de son mimétisme avec la langue fran-

---

[44] Ici aussi, la figure de l'oubli de la langue sous l'influence de l'exil est présente. En effet, Nicolaïdis déclare : « Quant à moi, je l'ai [la langue grecque] plutôt oubliée pendant les années de mon absence » (55).

çaise et les distances qu'il a prises avec la langue grecque. Il est intéressant de souligner que, comme Grigoris, Nicolaïdis a eu une histoire
d'amour avec une grecque, Vaguélio, qui, bien que s'étant soldée par
un échec, lui a permis d'amorcer un réapprentissage de la langue
maternelle : « J'aurais sûrement plus de mal encore à écrire les choses
insignifiantes que je raconte […] si ma liaison avec Vaguélio, qui a
duré deux ans, ne m'avait pas permis de renouer avec le grec » (55).
C'est donc une femme grecque qui a poussé le narrateur à commencer
à lutter contre son aliénation et à (re)prendre en main son destin linguistique, ce qui bien sûr rappelle le personnage d'Éléni dans *Talgo*.
Malgré le rôle bénéfique de Vaguélio sur le plan linguistique, Nicolaïdis est tout de même décrit comme incapable de faire un avec sa
langue maternelle.

Il se sent coupable de signer ses dessins « Pol » car ce pseudonyme renvoie plus à la version française de son prénom, Paul, qu'à sa
version originale grecque, Pavlos (30). De plus, il indique parler « le
grec des émigrés, qui contient un fort pourcentage de mots étrangers », ce qui implique que chaque fois qu'il prend la parole, il est
perçu en termes de différence linguistique et de non-appartenance
(188). Ainsi, la non-maîtrise de la langue maternelle s'accompagne
d'un sentiment de non-appartenance identitaire. Nicolaïdis souligne
lui-même son statut à part lorsqu'il livre les impressions qu'il avait
eues à un vernissage auquel il assistait et où tout le monde s'appelait,
ce qui est la coutume en Grèce, par son prénom : « J'ai été jaloux de
ces démonstrations d'amitié comme si je ne faisais pas partie de la
même société, comme si j'étais un intrus » (85). Son séjour prolongé
en France l'a rendu inapte à la fois linguistiquement mais aussi culturellement et lui confère donc un statut en marge.

Enfin, l'aliénation linguistique de Nicolaïdis ne se limite pas à
l'influence du français, mais se joue aussi au sein même de la langue
grecque. Il illustre à de nombreuses reprises les effets négatifs de
l'imposition de la *catharévoussa* dans sa jeunesse et de l'obstination
des professeurs, qui persiste aujourd'hui, à enseigner les classiques
grecs en grec ancien plutôt qu'en démotique :

> Il est étrange que le dogme de la ressemblance du grec ancien avec le grec
> moderne reste en vigueur alors que l'État a rejeté entre-temps la langue
> archaïsante et a reconnu le grec courant comme langue officielle. Je suppose
> que cette décision accélérera l'évolution de la langue et que les élèves de

demain comprendront encore moins Platon que je ne le comprenais. (210-11)

Chez le narrateur se joue une double aliénation linguistique : celle causée par la langue française qui l'éloigne de sa langue maternelle et celle causée par le purisme linguistique grec qui rend culpabilisante l'utilisation du démotique. On comprend pourquoi Chatzidimitriou, dans son essai sur le roman, estime que, pour Nicolaïdis, une « langue étrangère [...] déplace la langue maternelle et, se faisant, déstabilise toutes ses présuppositions, en même temps que ses mythologies »[45] (« Negotiating Language » 111).

Le retour de Nicolaïdis en Grèce déclenche chez ce dernier une réflexion poussée sur des questions linguistiques variées. En plus de ses pensées sur la *catharévoussa* et l'usage du grec ancien en classe, le narrateur se met à comparer les usages linguistiques du grec et du français et à s'interroger sur les dialectes et noms de lieux grecs. Nicolaïdis compare par exemple la spontanéité du tutoiement grec à la rigidité du vouvoiement français. Il indique d'ailleurs sa satisfaction lorsque des amies de son ami Théodoris le tutoient lors de leur première rencontre, « Elles m'ont tutoyé. Cela m'a fait plaisir », ce qui confirme l'idée que c'est à travers la langue et ses usages que passe le désir de Nicolaïdis de renouer avec son pays et son identité grecque (20).

Le narrateur s'interroge aussi sur les noms des couleurs en grec et en français. Il se demande quelles sont les conséquences sur l'imaginaire du fait que les Grecs parlent de « vert poireau » quand les Français parlent de « vert gazon » : « J'ai lu dans l'encyclopédie que l'adjectif vert, *prassino*, vient de *to prasso*, le poireau. Il me semble que les Français pensent plutôt au vert gazon quand ils utilisent ce mot » (48). Plus loin, le narrateur se rend chez un marchand de couleur pour acheter de la peinture bleue, et compare, ici aussi, la perception de cette couleur dans les deux langues :

> On emploie le même mot en grec – on dit *blè* –, mais je ne suis par sûr qu'on pense à la même couleur. Le bleu qu'il [le marchand] a choisi pour moi avait la couleur foncée de la mer. En France, on m'aurait plutôt présenté un bleu ciel. (202)

---

[45] « A foreign language [...] displaces the native language and in so doing challenges all its assumptions – its mythologies included »

Ce servant indirectement de la symbolique de la couleur bleue comme représentant la Grèce dans l'imaginaire collectif, l'auteur suggère ici une lecture culturelle et identitaire. Nicolaïdis, à travers sa réflexion sur les couleurs, indique que la manière de délimiter la réalité varie d'une langue à l'autre et que, par extension, si les couleurs ne peuvent pas correspondre exactement dans deux langues données, il existe peut-être aussi un décalage au niveau identitaire.

Les pensées du narrateur au sujet des langues touchent aussi à la toponymie grecque. Dès la deuxième page du roman, le narrateur s'interroge sur la signification d'un nom de lieu : « Nous sommes allés à Stamata. -Curieux nom, ai-je dit. Stamata signifie 'Arrête-toi' » (10). Tout au long du roman, Nicolaïdis se pose des questions sur différents dialectes locaux ou sur la signification de certains prénoms et surnoms (301). L'intérêt porté aux noms de lieux et de personnes indique que la redécouverte de la langue maternelle et de l'identité grecque du narrateur est fortement liée à une exploration de la géographie du pays. Ceci explique pourquoi l'enquête linguistique qu'entreprend Nicolaïdis se double d'un périple géographique et pourquoi le narrateur visite des lieux importants tels que Delphes, le village de sa mère et Jannina, la ville où habite son frère. Ainsi, langue (à travers l'epsilon), géographie et famille sont superposées, comme si ces trois éléments identitaires constituaient la réponse à la quête du narrateur.

C'est chez Vaguélio, ce qui renforce l'importance du lien entre femmes et langue dans les écrits d'Alexakis, que le narrateur découvre l'énigme de l'epsilon delphien : « J'ai appris par hasard, en feuilletant un guide chez Vaguélio, que cette lettre renferme un mystère » (31). Le désir de résoudre cette énigme, d'établir la raison de la présence de cette lettre au-dessus du temple d'Apollon, pousse Nicolaïdis à tenir un journal retraçant les différentes étapes de son itinéraire linguistique. La quête pour interpréter la présence de l'epsilon permet en effet indirectement au narrateur de se réapproprier sa langue maternelle à travers l'acte d'écrire. En plus de faire des recherches à une bibliothèque archéologique, de lire Plutarque, qui avait lui aussi tenté de comprendre la signification de la lettre, et de rencontrer un célèbre archéologue, Nicolaïdis se livre à des exercices sur la langue, tous inspirés par l'epsilon. Il se met par exemple à écrire des phrases dont tous les mots commencent par epsilon[46] et décide de faire une collection de quarante mots commençant par cette lettre auxquels il consacre une page chacun dans un carnet destiné à cet effet[47].

C'est donc à travers ses recherches, l'écriture et les jeux linguistiques auxquels il se livre que Nicolaïdis redécouvre sa langue maternelle, comme l'indique cette déclaration : « Je respire tout près de la langue, voilà ce que je suis en train de faire » (63). Cette enquête linguistique porte assez rapidement ses fruits. Chatzidimitriou confirme cette idée en soulignant que nous « assistons à la renaissance de la langue maternelle de Nicolaïdis »[48] (« Negotiating Language » 103). Cette renaissance devient en effet palpable puisque le narrateur décide par exemple de signer un dessin que lui a commandé un journal grec de son nom complet, « Pavlos Nicolaïdis », au lieu du pseudonyme « Pol » qu'il avait utilisé jusqu'alors (151). Cette réappropriation de son nom sous sa forme grecque témoigne du fait que la reconquête concrète de la langue permet à l'auteur d'effectuer en même temps un parcours identitaire le menant vers une réappropriation de sa grécité. De même, l'écriture du journal intime permet à Nicolaïdis de concrètement se refamiliariser avec les règles grammaticales de sa langue maternelle et de la refaire progressivement sienne : « Je crois que mon grec s'est amélioré depuis que j'ai commencé à écrire » (188).

C'est la mort de la mère qui est en fait le déclencheur de la quête linguistique et de la production du journal intime. Dans *La Langue maternelle*, l'écriture de ce journal permet au narrateur de faire le deuil de la mère mais aussi de maintenir, grâce à un genre de pèleri-

---

[46] Par exemple : « *Erpéton échon énochlissin ex éntonou ellipséos édesmaton éphagen étéron erpéton* : reptile souffrant d'un manque intense de nourriture dévora un autre reptile » (64) Chatzidimitriou s'étonne que ces phrases loufoques aient été écrites en *catharévoussa* plutôt qu'en démotique. Elle souligne que la *catharévoussa* n'a pas la faveur des écrivains contemporains et que le démotique comporte assez de mots commençant par epsilon pour se livrer à cet exercice (« Negotiating Language » 105). Selon elle, l'usage très ponctuel de la *catharévoussa* par Alexakis pour ces phrases aurait pour but de déstabiliser le mythe culturel grec de la langue pure et de marquer le caractère diachronique de l'évolution des langues au sein de la prose. On pourrait ajouter que l'auteur veut peut-être tourner cette langue pure en dérision en l'utilisant pour des phrases absurdes ou bien qu'il veut marquer de manière palpable dans son texte l'aliénation linguistique créée par l'imposition de la *catharévoussa*.
[47] « J'ai décidé d'acheter un carnet et de noter tous les mots commençant par epsilon qui attirent mon attention, un à chaque page » (98).
[48] « We witness the rebirth of Nikolaides' native language »

nage linguistique, le lien avec la langue grecque mis en péril par l'exil et la disparition de la mère. Comme le note Chatzidimitriou, l'absence de la mère menace elle aussi la survie de la langue maternelle pour le narrateur : « Il n'avait pas peur de perdre sa langue maternelle du vivant de sa mère : sa voix garantissait la possibilité d'un recouvrement linguistique imminent »[49] (« Negotiating Language » 106). Ce n'est qu'à la toute fin du roman que Nicolaïdis établit consciemment le lien entre sa quête pour l'epsilon et la mort de sa mère, alors qu'il retrouve l'abécédaire de son enfance à l'aide duquel elle lui avait appris à lire et dans lequel figure, à la première page, l'epsilon : « Je n'ai pas trouvé l'alpha, comme je m'y attendais, au milieu de la première page, mais, entouré d'un éléphant, d'une église et d'un sapin – *élato* – l'E majuscule » (372). À ce stade de la quête linguistique, l'epsilon s'incarne comme un genre de cordon ombilical entre la mère et le fils puisqu'il relie directement le narrateur à son enfance grâce à l'image de l'abécédaire. C'est d'ailleurs ce que Nicolaïdis finit lui-même par conclure : « Le texte que j'écris n'est qu'un exercice sur ma langue maternelle [...] Nous sommes les enfants d'une langue... C'est cette identité que je revendique » (371).

Même si la quête pour la signification de l'epsilon delphien se solde par un échec puisque le narrateur ne parvient pas à élucider la raison de sa présence à Delphes, l'intérêt de la recherche n'apparaît pas être dans le résultat final mais plutôt dans le processus de recherche lui-même. Nicolaïdis conclut en déclarant que la valeur de l'epsilon réside dans son silence, dans la promesse interminablement différée de faire sens : « L'epsilon désigne le silence qui l'accompagne [...] L'epsilon aurait eu exactement le même sens s'il avait été un alpha, un lambda ou un thêta. Le silence aurait été le même » (330). Chatzidimitriou compare d'ailleurs le rôle de l'epsilon dans le roman à celui mis en avant par Lacan de la lettre volée dans la nouvelle d'Edgar Alan Poe :

> L'epsilon delphien est une métaphore évidente pour deux choses en même temps : la promesse de savoir et le refus de parole. Similairement à la lettre volée lacanienne, la signification de l'epsilon delphien n'a aucun intérêt

---

« He had no fear of losing his native language while his mother was still alive : her voice was the guarantee of imminent linguistic retrieval »

pour l'histoire. Ce qui importe c'est sa valeur symbolique, celle du désir de ce qui est absent[50]. (« Negotiating Language » 104)

Dans cette perspective, l'absence de la mère et l'absence du pays induite par l'exil ont toutes les deux déclenché la quête de l'epsilon et ainsi restauré, rendu présent, le lien linguistique du narrateur à son pays. L'epsilon suggère l'importance d'événements ou de sentiments qui ne sont pas directement décrits dans le roman. Il permet de laisser libre cours à l'affect du narrateur, en témoigne la symbolique des mots collectionnés dans le carnet : « *ekpatrisménos*, expatrié » (290) ou « *ellipsi*, le manque » (393) par exemple. Ainsi, l'epsilon force Nicolaïdis à identifier les raisons exactes de sa peur de la perte linguistique, raisons qui s'incarnent clairement dans la collection de mots par l'exil (*ekpatrisménos*) et le manque de la mère (*ellipsi*).

Si l'on compare la quête linguistique présentée dans *La Langue maternelle* à celle de *Talgo*, on peut dire que celle de Nicolaïdis produit un résultat plus positif. Ce dernier, grâce à ses recherches sur l'epsilon et grâce à l'écriture, réussit à rétablir un lien avec sa langue maternelle. Nicolaïdis, contrairement à Grigoris, prend clairement son destin linguistique en main de manière active. Le schéma narratif renforce aussi cette idée puisque Nicolaïdis, à travers le « je », prend la parole et redécouvre ainsi directement sa langue alors que Grigoris dans *Talgo* était présenté comme un personnage sans voix dont les propos devaient être rapportés par Éléni.

Il y a donc une évolution au niveau du traitement des langues entre ces deux œuvres. Alexakis semblait d'abord suggérer avec *Talgo* l'impossibilité pour l'exilé de faire un avec sa langue maternelle alors qu'avec *La Langue maternelle* il présente une vision plus clémente de la question linguistique chez la personne exilée. L'auteur met en effet en scène un narrateur qui évolue d'un statut en marge de sa langue maternelle vers une redécouverte et une réappropriation de cette dernière. Il faut souligner toutefois que les trois conditions à cette réappropriation de la langue dans le roman sont la redécouverte géographique du pays, la rencontre avec une femme et l'écriture. L'évolution dans le traitement des langues que nous venons de mettre en avant se

---

[50] « The Delphic Epsilon is the obvious metaphor for both, at the same time a promise of knowledge and a refusal of voice. Much like the Lacanian purloined letter, the Delphic Epsilon's meaning is irrelevant for the story. What matters is its symbolic value as desire of what is absent »

confirme-t-elle dans *Les Mots étrangers*, une œuvre plus récente de l'auteur ?

5. *Les Mots étrangers* : l'appel d'un troisième espace linguistique

Ce roman, publié en français en 2002, met en scène M. Niko-laïdès, un écrivain autotraducteur grec vivant à Paris : « le travail de traduction de mes propres ouvrages, du grec au français ou du français au grec, me prend beaucoup de temps. Ma bibliographie serait proba-blement plus fournie si je n'écrivais pas chacun de mes livres deux fois » (11-12). Ici aussi, la narration se fait à la première personne et rappelle celle d'un journal intime. Nikolaïdès, qui vient de perdre son père, raconte son deuil à demi-mot. Il livre surtout ses pensées sur son statut d'écrivain bilingue, son attirance pour les langues, les mots et l'écriture. Après la mort de son père, il se retrouve sans inspiration et décide d'apprendre une langue africaine : le sango. Suivent des mois d'apprentissage et de rencontres. Il part à Athènes vider la maison de ses parents avant de s'envoler pour Bangui en Centrafrique pour découvrir le pays de la langue qui l'attire tant. Ici aussi c'est donc une quête linguistique qui est au centre du roman et qui motive l'acte d'écriture chez le narrateur. De plus, cette quête linguistique se double d'une enquête rappelant celle de l'epsilon puisque Nikolaïdès, entre trois langues et trois pays, veut s'expliquer pourquoi le sango l'attire. Il s'interroge en effet : « Quel besoin avais-je d'une troisième lan-gue ? » (12). Est-ce un moyen de se distraire des deux langues qui l'ont occupé toute sa carrière ? de faire le deuil de son père ? ou de retarder l'ouverture d'une lettre que son père lui a laissée à sa mort ?

Une fois encore, l'itinéraire linguistique de ce narrateur rap-pelle celui de Grigoris et de Nicolaïdis. La ressemblance onomastique entre le narrateur de *La Langue maternelle*, Nicolaïdis, et celui des *Mots étrangers*, Nikolaïdès, n'est d'ailleurs sans doute pas fortuite et pousse à mettre en parallèle leurs destins linguistiques[51]. Nikolaïdès insiste lui aussi sur le fait que son exil l'a presque poussé à oublier sa langue maternelle, « j'avais failli oublier le grec dans les années qui

---

[51] L'auteur a une prédilection pour ce nom de famille puisque l'un des personnages d'*Ap. J.-C.* le porte aussi : « Nausicaa Nicolaïdis » (10).

avaient suivi mon établissement à Paris [...] Il devenait une langue étrangère » (271), et indique qu'il a dû faire un effort conscient pour se réapproprier cette dernière, « Je me suis souvenu [...] des difficultés auxquelles je m'étais heurté, dix ans plus tard, pour retrouver la maîtrise de ma langue maternelle » (13). Le motif de la peur de la perte de la langue est donc aussi présent dans cette œuvre. Un événement relaté dans le roman illustre bien l'évolution du narrateur en ce qui concerne son rapport aux langues et ce sentiment d'inaccessibilité de la langue qui semble toujours déplacée et à reconquérir.

L'éditeur de Nikolaïdès lui fait cadeau du *Grand Robert* dont il fait livrer les neuf volumes au domicile du narrateur (96-103). La réaction de Nikolaïdès lorsque le *Grand Robert* fait son entrée chez lui est révélatrice. En effet, on sent chez ce dernier à la fois de l'admiration mais aussi un sentiment de ne pas être digne de l'ouvrage. Il appelle immédiatement son éditeur pour le remercier et lui indique : « Je suis ému comme lorsque j'ai reçu le prix de l'Académie française » (97). Cette analogie entre le *Grand Robert* et l'Académie évoque une sorte de complexe face à la langue française, comme si celle-ci ne lui était pas directement accessible et qu'il devait faire ses preuves avant de pouvoir la considérer comme sienne.

Ceci ne va pas sans rappeler la relation existant entre les écrivains francophones issus de la colonisation et leur langue d'écriture qu'ils doivent sans cesse se réapproprier, faire leur, en annulant justement cette dynamique linguistique culpabilisante décrite par Alexakis. De plus, Nikolaïdès estime que le « *Grand Robert* mérite une pièce revêtue de sombres boiseries, aux portes capitonnées, au plafond orné d'angelots dodus » et entreprend donc de rendre son modeste chez lui digne du dictionnaire en achetant des nouveaux meubles et en repeignant son appartement (99). Une fois ces rénovations achevées, le narrateur indique clairement qu'il ne se sent pas digne du dictionnaire : « Lorsque le moment fut venu de l'installer, je me suis demandé si j'avais réellement le droit de me l'approprier » (100). Malgré cette insécurité linguistique qui pointe à travers les pensées de Nikolaïdès, ce dernier entreprend finalement de ranger le dictionnaire et, à chaque volume qu'il pose sur les rayons de sa nouvelle bibliothèque, il livre une étape de son parcours linguistique personnel. Il raconte son arrivée en France, ses débuts littéraires en français, son initiation à l'argot grâce aux chansons de Brassens, les désagréments de ses visites à la préfecture, l'« époque douloureuse où [il se] repro-

chai[t] sans cesse d'avoir trahi [s]a culture » (102) et enfin sa découverte de l'autotraduction et du bilinguisme d'écriture.

Le schéma de mimétisme identitaire et de culpabilité au
niveau linguistique et culturel caractéristique des écrits alexakiens est
donc encore une fois présent. En plaçant les volumes un par un et en
réfléchissant à son rapport aux langues, Nikolaïdès semble vouloir se
faire accepter par la langue française et en même temps, ce qui peut
paraître paradoxal, exorciser la culpabilité liée à son quasi-oubli du
grec. Arrivé au sixième volume, le narrateur établit une correspondance directe entre son œuvre littéraire et le dictionnaire, « j'ai compté
mes romans : ils étaient six. Sans la moindre hésitation, j'ai installé le
sixième tome également » (102). Enfin, juste avant de poser le dernier
volume, il termine en comparant le français, le grec et le sango, « J'ai
pensé aux mots grecs renfermés dans le *Grand Robert*, puis au mot
français contenu dans le dictionnaire de sango », comme s'il avait
réussi à déculpabiliser son rapport aux langues et à établir un équilibre
entre les trois langues (103). Les correspondances entre les mots français, grecs et sangos contenus dans les dictionnaires renvoient à un
rapport plus serein aux langues qui apparaissent ainsi en dialogue plutôt qu'en opposition. Nikolaïdès est bien en train de négocier et de
tenter d'évacuer une sorte d'insécurité linguistique.

À ce titre, la mise en parallèle par le narrateur de l'aliénation
linguistique propre à la Grèce engendrée par l'imposition de la *catharévoussa* à l'aliénation linguistique propre à la Centrafrique est particulièrement intéressante. Nikolaïdès rapproche en effet la dévalorisation du démotique en Grèce de la dévalorisation que connaît le sango
en Centrafrique au profit du français. Il explique que la colonisation a
imposé l'utilisation du français et déplore que, malgré l'indépendance,
le sango ne soit toujours pas enseigné dans les écoles : « Le sango est
traité par le pouvoir comme une langue subalterne, vulgaire […] Le
sango, c'est le démotique de Centrafrique » (38-39). Nikolaïdès se
reconnaît donc dans la langue étrangère qui lui renvoie l'image de sa
propre aliénation linguistique et lui permet de réfléchir à sa relation
personnelle aux langues et aux conséquences identitaires engendrées
par ses choix linguistiques.

L'apprentissage du sango est au cœur du roman. C'est encore
une fois une quête linguistique qui est le moteur principal de la narration. Nikolaïdès décide de lire le dictionnaire sango-français dans sa
totalité. Ce dernier devient un réel compagnon dans sa quête linguis-

tique et l'apprentissage de la langue finit même par régir ses journées :
« À sept heures au plus tard je suis déjà plongé dans le dictionnaire. Je
me suis promis de le lire en entier » (70). Dès la première ligne du
roman, « Le premier mot que j'ai appris en sango est *baba*, 'papa' »,
l'accent est mis sur l'apprentissage de cette langue (11). La démarche
est quasi didactique puisque le narrateur semble même vouloir
enseigner le sango au lecteur.

Toutes les étapes principales de l'apprentissage de la langue et
les règles de grammaire du sango sont présentées au lecteur qui peut
lui-même, à la fin du roman, former quelques phrases dans cette langue. Nikolaïdès explique les particularités du sango telles que les
emprunts du français[52], la formation du pluriel[53], les tournures négatives[54] et les conjugaisons[55]. L'espace textuel consacré à la description
du sango est considérable.

L'importance de cette langue dans la narration est telle qu'elle
est même personnifiée. Le narrateur la présente comme un être
pensant : « Le sango doit se demander par moment ce qu'il fait là, à
Paris, chez un Grec » (153). Il est d'ailleurs peu étonnant, vu le lien
entre langues et figures féminines (Éléni, la mère et Vaguélio) dans les
écrits de l'auteur, que le sango soit personnifié sous les traits d'une
femme désirée par le narrateur : « peut-on tomber amoureux d'une
langue comme d'une femme ? […] Je me voyais pourtant en train de
l'accueillir dans mon appartement » (25).

Que lui permet le sango ? Que veut-il découvrir grâce à cet
apprentissage ? Le narrateur semble lui-même l'ignorer : « J'espère
que le sango aura la délicatesse de m'expliquer un jour pourquoi je
l'ai appris » (88). Si les motivations de Nikolaïdès lui restent inconnues, il note au fur et à mesure de son initiation linguistique ce que
celle-ci lui apporte. Il rapproche son apprentissage du sango de celui
du français en soulignant que le sango incarne une sorte de renouveau.
Pour lui, cette nouvelle langue le rajeunit, elle l'invite au jeu. Lors des

---

[52] « Les Centrafricains ont fait subir une transformation radicale aux mots français
qu'ils ont adoptés : 'jusque' est devenu *zuska*, 'encore' *angoro* » (48).
[53] « En sango, un éléphant se dit *doli* et des éléphants *adoli*. Le pluriel est marqué par
le préfixe *a-* » (73).
[54] « Tandis qu'en français comme en grec l'adverbe de négation se place en début de
phrase, en sango on le trouve à la fin » (74).
[55] « Le sango ignore les conjugaisons. Le verbe sango reste immuable. 'Je suis' se traduit par *mbi yeke*, 'tu es', *mo yeke*, 'il est', *lo* ou *a yeke*. À l'imparfait, on dira toujours
yeke et au futur aussi » (76).

exercices auxquels il se prête, il écrit des phrases syntaxiquement simples qui sont toutefois émotionnellement chargées, et le sango lui offre
ainsi une liberté d'écriture car aucun bagage affectif initial n'y est lié.

Sur un niveau psychologique, le narrateur explique que le
sango lui permet de parler de la mort de son père en la débarrassant de
la souffrance du deuil : « Il m'est moins douloureux d'évoquer la mort
de mon père en sango qu'en grec. Je sais à présent comment ont dit
'mon père est mort' […] *Baba ti mbi a kui* » (54). La découverte de ce
troisième espace linguistique pousse aussi le narrateur à s'interroger
sur son rapport au grec et au français comme si la distance offerte par
la troisième langue lui permettait de voir ses deux autres langues de
manière plus objective :

> Apprendre une langue étrangère oblige à s'interroger sur la sienne propre.
> Je songe aussi bien au grec qu'au français : je les vois différemment depuis
> que j'ai entrepris de m'éloigner d'eux, la distance les rapproche, par
> moments j'ai l'illusion qu'ils ne forment plus qu'une seule langue. Serais-je
> en train de me servir du sango pour faire la paix avec moi-même ? (75)

Ici, Nikolaïdès explique que ses deux langues principales, la maternelle et celle d'emprunt, avaient besoin d'être mises à distance pour
être envisagées sereinement. La langue étrangère déplace effectivement les deux autres langues dans un mouvement qui vise à les débarrasser de leur bagage émotionnel respectif. Lors de son passage en
Grèce pour vider la maison familiale, activité d'ailleurs symboliquement chargée puisqu'elle suggère une volonté de purgation du passé,
et régler les détails de la succession, le narrateur se décrit comme étant
« blessé » par sa langue maternelle :

> Il ne m'était pas très agréable d'entendre parler grec autour de moi. Les
> mots me blessaient. Ils me donnaient par moments envie de me boucher les
> oreilles. J'avais le sentiment que ma langue maternelle m'avait trahie. (172)

Étant donné les sentiments de culpabilité et de rejet linguistiques
exposés plus haut, il n'est pas anodin que l'auteur crée un personnage
que la langue trahit. L'absence de tout lien parental avec la langue
maternelle engendrée par la mort du père est pour le narrateur des
Mots étrangers problématique. Ce dernier se sent en effet orphelin de
langue, tout comme le narrateur de *La Langue maternelle* s'était lui
aussi senti abandonné par le grec à la mort de sa mère.

Le sango s'incarne comme un détour linguistique bénéfique qui autorise le narrateur à évacuer progressivement ce rejet de la langue maternelle. On remarque une évolution puisque lors de son séjour en Centrafrique, il rencontre un mécanicien grec établi dans le pays et constate lors de leur conversation qu'il a fait la paix avec le grec : « J'ai constaté que les mots grecs ne m'exaspéraient pas, n'agitaient plus mes sentiments comme cela avait été le cas lors de mon séjour à Athènes » (257). Les mois d'exploration linguistique suivis de l'exploration géographique de la Centrafrique ont eu un effet cathartique chez le narrateur puisque ce dernier a pu évacuer la douleur associée à la langue maternelle grâce à l'espace créatif que l'apprentissage du sango a ouvert.

Cette idée d'exploration linguistique doublée d'une exploration géographique est renforcée par le fait que l'apprentissage du sango est décrit grâce à la métaphore du voyage : « Je sais à présent que le sango me conduit quelque part – peut-être à un endroit où je constaterai avec joie mon absence ? j'évite de songer à notre destination. Je me contente de le suivre à la trace » (73). Nikolaïdès se présente ici dans un rôle passif et donne le contrôle de sa destinée au sango comme s'il désirait en quelque sorte prendre temporairement congé de lui-même et se laisser porter par les effets bénéfiques de cette langue. Le sango lui permet donc de mettre entre parenthèses ses douleurs personnelles, linguistiques et familiales, et de se concentrer sur autre chose. Ici aussi, tout comme avec l'epsilon de *La Langue maternelle*, ce n'est pas tant le résultat qui importe que la quête en elle-même.

Le fil conducteur du roman dont le narrateur parle peu, mais qui motive pourtant l'acte d'écrire chez le narrateur, est une lettre léguée à Nikolaïdès par son père au moment de sa mort. Le père avait lui-même reçu cette lettre après la mort de son propre père mais n'avait jamais réussi à l'ouvrir. Le fils se retrouve donc gardien de cette lettre qui se passe de père en fils depuis trois générations sans être ouverte. Le narrateur paraît vouloir éviter de penser à la lettre et même utiliser le voyage en Centrafrique comme une distraction qui lui permet de retarder son ouverture. Ici aussi, il y a donc une lettre mystérieuse, même s'il ne s'agit plus d'une lettre de l'alphabet mais d'un courrier, dont la signification est sans cesse différée alors que le narrateur en repousse l'ouverture.

Ainsi, dans *La Langue maternelle* comme dans *Les Mots étrangers*, le récit suit une lettre dont le sens est à découvrir mais qui se dérobe toujours. Il n'est d'ailleurs pas étonnant qu'à la fin du roman Nikolaïdès décide de ne pas ouvrir la lettre, comme s'il était nécessaire de préserver une dose d'inconnu et de mystère pour pouvoir continuer à aller de l'avant : « Je ne lirai pas ta lettre […] Cela te ressemble bien, en fin de compte, de me laisser une lettre muette pour me consoler de ton absence » (294). Tout comme l'absence de signification de l'epsilon permet à Nicolaïdis de renouer un dialogue avec sa langue maternelle, la découverte sans cesse différée du contenu de la lettre ouvre un intervalle de liberté dans lequel Nikolaïdès fait l'expérience d'un troisième espace linguistique. En fait, ce que ces deux lettres, l'epsilon et le courrier, permettent et motivent, ce sont des quêtes linguistiques cathartiques.

Comme le suggère l'épisode du *Grand Robert*, *Les Mots étrangers* met donc en scène un narrateur en proie à un malaise linguistique lié à une multitude de facteurs tels que le bilinguisme ou la peur de la perte de la langue maternelle engendrée à la fois par l'exil et par la mort du père. Nikolaïdès a atteint un stade, dans son évolution linguistique, où sa langue maternelle et sa langue d'emprunt le frustrent car elles ont perdu, même si ce n'est que temporairement, leur capacité à exprimer et à évacuer ses émotions. C'est par la mise à distance de ces deux langues que Nikolaïdès peut trouver, dans la découverte du troisième espace linguistique neutre qu'est le sango, un autre moyen de dire la culpabilité linguistique qui le hante et d'aborder la douleur du deuil.

Alexakis semble ainsi vouloir démontrer que la multiplication des espaces linguistiques et la mise en dialogue des langues qui s'en suit, loin de pousser à la schizophrénie comme le soutiendrait sans doute Todorov, permet, à travers le déplacement alterné des langues en question, à la fois de dédramatiser le rapport aux langues de la personne bilingue mais aussi de désamorcer des situations pénibles et potentiellement conflictuelles. Dans ce roman, l'apprentissage de la troisième langue a incontestablement les mêmes effets qu'une thérapie puisqu'il aide le narrateur à faire le deuil du père mais aussi la paix avec ses interlocutrices privilégiées : la langue grecque et la langue française.

6. Résonances et ramifications du déplacement linguistique

Dualité, insécurité, perte et quêtes linguistiques sont donc des thèmes clés. Les personnages, souvent dépossédés de leur langue maternelle, se lancent dans des quêtes linguistiques visant à effectuer les ajustements rendus nécessaires par leur statut d'exilé ou d'orphelin de langue. La « surconscience linguistique » de l'auteur s'exprime donc effectivement dans ses écrits fictionnels à travers ce motif de la perte et du déplacement de la langue et de la tentative de (ré)appropriation de cette dernière. Pourtant, les considérations linguistiques de l'auteur ne se limitent pas à celle de l'aliénation identitaire créée par l'exil et la mise à distance de la langue, mais concernent une multitude de questions à travers lesquelles on sent poindre une véritable fascination et une attitude progressiste de l'auteur en ce qui concerne les langues. Alexakis propose en effet un réquisitoire contre la rigidité linguistique sous toutes ses formes.

Il est établi que l'auteur, à travers ses personnages, critique l'opposition binaire entre la *catharévoussa* et le démotique. Il dénonce le degré de paralysie identitaire créé par cette diglossie. Nikolaïdis dans *La Langue maternelle* et Nikolaïdès dans *Les Mots étrangers* expliquent tous deux les dommages engendrés par l'imposition de la *catharévoussa* et par le prestige associé au grec ancien aux dépens du démotique. Le peuple grec, comme les personnages d'Alexakis, est en effet présenté comme dépossédé de sa propre langue et sans cesse amené à se sentir coupable de trahir, à travers sa pratique linguistique, les illustres ancêtres de la mythologie grecque :

> Les Grecs n'avaient pas le droit d'utiliser, ni à l'école ni dans leurs rapports avec l'administration, la langue qu'ils parlaient, le démotique (de *démos*, le peuple). L'État grec avait érigé en langue officielle un idiome savant, la *catharévoussa* (de *catharos*, pur), qui était censé prouver l'indéfectible continuité de l'hellénisme à travers les siècles. (ME 38-39)

Alexakis suggère que cette imposition de l'idiome archaïsant est allée de pair avec une attitude réactionnaire de glorification culturelle démesurée du passé. Dans *Le Cœur de Marguerite*, le narrateur déplore ce phénomène : « Je suis consterné par l'exaltation provinciale qui nous gagne lorsque nous parlons de nos ancêtres. Nous cherchons à nous persuader que nous sommes restés un peuple d'exception »

(252). À travers sa prose, Alexakis pose donc un regard critique sur les débats linguistiques et culturels propres à la Grèce. L'attitude de ses personnages suggère une réelle frustration face à la rigidité linguistique et à cette attitude culturelle passéiste.

Une autre question linguistique de taille abordée par l'auteur dans ses écrits est celle de la suprématie du français dans les anciennes colonies. Alexakis fait preuve d'esprit critique dans ce domaine, sans doute parce que l'imposition de la *catharévoussa* sur le peuple grec est, sous certains aspects, comparable à l'imposition d'une langue dans le cadre de la colonisation. Dans *Les Mots étrangers*, le narrateur explique l'étendue du phénomène en Centrafrique en s'attachant à faire le portrait d'intellectuels centrafricains aux prises avec ce monolithisme linguistique destructeur. Lors d'un débat auquel le narrateur est invité, un étudiant l'apostrophe :

> Avez-vous oublié que le français a été l'instrument de notre asservissement ? Que cette langue n'a cessé de nous susurrer que notre culture ne valait pas grand chose, que nous étions des moins que rien ? [...] Je ne peux pas aimer une langue qui m'impose le silence. (236-37)

Alexakis, à travers Nikolaïdès, manifeste un vif intérêt pour ce débat postcolonial et plaide pour l'enseignement du sango dans les écoles centrafricaines. Il pousse même ce débat plus loin en décrivant la situation des écrivains centrafricains qui sont condamnés à écrire en français pour toucher un plus grand lectorat : « Qui me lira en sango ? Le français me donne accès à un véritable public » (234). En fait, l'ampleur de la problématique des littératures francophones qui se développent aux dépens de littératures en langues locales faute d'un lectorat éduqué dans ces langues est disséquée par Alexakis qui se pose ainsi en défenseur des langues menacées et en détracteur du monolithisme culturel et linguistique engendré par la colonisation.

Cet intérêt pour la question du lectorat ne lui est pas étranger. Alexakis, lui-même issu d'un pays ayant une langue de petite diffusion, comprend l'appel que constitue le plus grand lectorat de langue française. Bien qu'il ait deux lectorats et qu'il soit connu dans les deux pays, sa carrière a une plus grande ampleur en France[56]. Alexakis occupe une position privilégiée pour comprendre la problématique du lectorat des écrivains centrafricains, car comme eux, il est habitué à ce

---

[56] Voir par exemple Oktapoda-Lu (« Identité » 397).

que ses performances littéraires soient analysées et mises à l'épreuve sous l'angle de son statut d'étranger. Ainsi, la publication récente de l'ouvrage collectif *Âtënë tî Bêafrîka. Paroles du cœur de l'Afrique*, un recueil de « [n]ouvelles en français et en sango présentées par Vassilis Alexakis », illustre bien le désir de l'auteur de tenter de remédier au problème du lectorat en Centrafrique mais aussi dans les anciennes colonies en général (1). Dans la préface, Alexakis raconte les origines de la publication du recueil : « un atelier d'écriture organisé par l'Alliance française de Bangui et l'Association des écrivains centrafricains » auquel il a participé en mars 2004 (10). Son explication des difficultés liées à l'écriture des nouvelles témoigne une fois encore de son degré de sensibilité linguistique et culturelle :

> Créer un livre bilingue n'est pas une petite affaire. Certains des auteurs qui ont pris part à ce travail n'avaient jamais rien écrit en sango. Ils se sont en quelque sorte réappropriés leur langue [...] [Le volume] se propose de mieux faire connaître la littérature centrafricaine non seulement dans le grand monde francophone mais aussi dans son propre pays. Il inaugure une nouvelle voie, il lance un dialogue inédit entre les cultures. (10)

Cette attitude linguistique progressiste s'exprime aussi dans une critique acerbe du purisme linguistique hexagonal. Le statut d'Alexakis, celui d'un étranger en France, lui permet de poser un œil particulièrement critique sur les pratiques linguistiques françaises. Dans un entretien où il confirme son admiration pour les langues, Alexakis explique d'ailleurs :

> La langue est pour moi la chose essentielle. Celle des Bretons, Corses, gens de Toulouse, mais aussi de tous les étrangers. La France est coupable d'un écrasement culturel proprement criminel. Pourquoi tant de gens dans ce pays font la moue dès qu'ils entendent une autre langue ? (Leauthier)

Ceci explique que, dans deux de ses romans, l'auteur, à travers les propos de ses personnages, regrette le statut inférieur des langues régionales par rapport au français. Il fait par exemple dire à un personnage : « Les langues qu'on n'enseigne pas deviennent bêtes. La croisade de l'État français contre le corse ou l'occitan, qui dure depuis 1880, me paraît aberrante » (ME 163), puis au narrateur de *Je t'oublierai tous les jours* :

Je n'aime pas les idiomes qui aspirent à monopoliser la parole. [...] Je ne crois pas que le refus obstiné de la France à reconnaître les langues régionales ait été bénéfique au français. Il l'a au contraire privé de la possibilité d'un dialogue qui l'aurait sûrement enrichi. (239)

En faisant directement allusion au refus farouche de la France de ratifier la Charte européenne des langues régionales ou minoritaires, Alexakis critique ici la politique linguistique française et prône, par opposition, le dialogue entre les langues. Cette attitude linguistique positive se confirme d'ailleurs au niveau du traitement du français par l'auteur. En effet, dans *Les Mots étrangers*, le narrateur a une attitude dynamique en matière linguistique puisqu'il déplore par exemple que les enseignants français freinent l'évolution naturelle de la langue qu'ils envisagent plus comme une entité figée que comme une matière dynamique sujette au changement[57]. Il critique aussi le ministre centrafricain de l'éducation qui s'oppose à la pratique de la féminisation des noms de métiers et enfin, il se moque de ceux que le phénomène franglais inquiète[58].

L'attitude d'Alexakis envers les langues dans son œuvre romanesque, que ce soit le français, le grec, le sango, les langues régionales de France, les différents dialectes grecs, ou la langue aborigène, peut être interprétée comme un véritable appel à la tolérance linguistique. On voit aussi, à travers ce réquisitoire contre la rigidité et le purisme linguistiques, un message visant à promouvoir l'acceptation des différences fussent-elles linguistiques ou culturelles. L'auteur, en s'opposant à la domination du français ou de la *catharévoussa* sur d'autres idiomes, accomplit une critique efficace des monolithismes linguistiques, culturels et identitaires sous toutes leurs formes et défend la diversité culturelle.

---

[57] « les professeurs sont hostiles à l'évolution de la langue. Ils sont trop attachés au passé simple et à l'imparfait du subjonctif pour accepter leur déclin. Ils font de l'acharnement thérapeutique. Ils essaient désespérément de maintenir en vie un mot aussi déliquescent que réfrigérateur, sous prétexte que frigidaire a été inventé par un industriel. Ils sont présomptueux, car ils estiment savoir mieux que la langue elle-même ce qui est bon pour elle » (ME 223). Ici aussi, la langue est personnifiée et présentée par l'auteur comme une entité vivante et indépendante.

[58] « Je suis très attaché à la langue classique, m'a-t-il confié. Je refuse d'employer le mot 'ministre' au féminin. 'Madame la Ministre' me paraît tellement plus élégant ! [...] Et que dire des mots anglais que le français adopte sans rime ni raison ? est intervenu Adrien. Savez-vous que *songwriter* est couramment utilisé dans *Le Monde* ? » (ME 274).

La pensée linguistique d'Alexakis, dans la mesure où elle prône le dialogue des langues et s'oppose à la suprématie d'un idiome sur les autres, rappelle les écrits théoriques d'Édouard Glissant, particulièrement le *Traité du tout-monde*. Dans cet ouvrage, Glissant rejette toute idée de domination linguistique en affirmant qu'une langue existe dans sa relation aux autres langues qui participent secrètement à sa propre construction. Alexakis, comme Glissant, en mettant l'accent sur le dialogue des langues, semble donc vouloir « courir à la rencontre des langues du monde sans se cantonner à [sa] seule voix » (Glissant 224). Ce parallèle entre les théories de Glissant et l'œuvre romanesque d'Alexakis explique sans doute pourquoi l'auteur a reçu en 2003 le Prix Édouard Glissant de l'Université Paris 8 Vincennes St-Denis qui vise à « promouvoir une personnalité militant en faveur de l'émancipation humaine et de la diversité culturelle »[59]. La sensibilité linguistique d'Alexakis est établie. Celle-ci joue un rôle au sein du projet littéraire pris dans son ensemble et transmet des messages de tolérance.

C'est avec une certaine dose d'humour qu'Harang résume le contexte linguistique de l'œuvre alexakienne : « Alexakis a plus d'un tour dans son sac, plus d'une langue dans sa trousse […] Vassilis Alexakis a fini par écrire des livres entiers pour savoir enfin sur quelle langue danser » (« Dernier sango »). Il est indéniable que les considérations linguistiques sont au centre de l'œuvre de l'auteur car ce dernier multiplie les espaces et les problématiques linguistiques dans sa thématique mais utilise aussi une variété de stratégies linguistiques originales au niveau de son écriture. Pour résumer, on peut affirmer qu'Alexakis met en place une stratégie de déplacement linguistique aussi bien au niveau structurel des écrits avec la création d'une œuvre jumelle au sein de laquelle les textes, à travers les différentes versions grecques et françaises ainsi que les révisions effectuées par l'auteur, sont en mouvement permanent, mais aussi au niveau du projet littéraire lui-même qui s'incarne dans une volonté de faire coexister différentes langues orbitant les unes par rapport aux autres.

Une des questions primordiales abordée par Alexakis dans ses écrits fictionnels et autobiographiques est celle de l'instabilité linguistique et identitaire liée aux situations d'exil. L'auteur décrit le senti

---

[59] Voir le programme « Prix Édouard Glissant. 10 juin 2003 » disponible en ligne : <http://recherche.univ-paris8.fr/glis_pres.php?GLIAN=2003&1>

ment de scission identitaire que peuvent engendrer l'exil et le bilinguisme. Il tente de simplifier et de rendre positive la coexistence des deux langues pour justement désamorcer cette dualité identitaire paralysante si bien décrite ainsi par Esteban :

> La diglossie est une rude épreuve, pour la conscience car elle détourne celle-ci de son cheminement naturel pour la transplanter, d'une manière contraire et concomitante, en deux territoires mentaux qui s'excluent. Il s'ensuit pour l'individu qui la pratique une espèce d'incessant va-et-vient, non pas seulement entre deux systèmes de signes, mais, plus gravement, entre deux modes d'être qu'il lui faut épouser, conjoindre en lui, sans pouvoir presque jamais les unir. (109)

Les personnages exilés créés par Alexakis, personnages qui éprouvent exactement les sentiments décrits ci-dessus et qui se font donc l'écho du vécu de l'auteur, participent au projet de tolérance linguistique alexakien. Ces derniers ont en effet un statut d'entre-deux, ils sont devenus inadaptés à leur milieu d'origine et ne se sentent pas non plus adaptés à leur milieu d'adoption, la dualité les définit. Ils se caractérisent par leur non-appartenance et font l'expérience de traumatismes identitaires classiques chez le sujet exilé tels que le mimétisme identitaire initial et son rejet ultérieur, la culpabilité linguistique, la peur de la perte de la langue maternelle et un sentiment général d'inaccessibilité de la langue.

Cette problématique identitaire se tient derrière les choix linguistiques et thématiques de l'auteur et son œuvre entière est motivée par un projet personnel d'autodéfinition identitaire. Le désir de l'auteur d'établir un équilibre entre sa francité et sa grécité s'exprime à travers la stratégie d'alternance de langues d'écriture élaborée par Alexakis au fil de sa carrière. Cette solution a en effet été le fruit d'une longue réflexion comme le souligne lui-même l'auteur : « Je crois que ma fatigue est liée aux efforts continuels pour garder les deux langues » (Kroh 175). En choisissant d'abord d'écrire en français, de retourner ensuite vers le grec, de s'autotraduire, d'alterner les langues d'écriture, de se tourner vers une troisième langue, pour finalement, en ce moment, reprendre le grec comme langue initiale d'écriture tout en utilisant l'autotraduction vers le français pour préparer son texte à la parution, Alexakis s'installe dans une instabilité linguistique qui semble motivée par un besoin de dialogue des langues et une recherche permanente de l'altérité.

L'auteur aurait besoin, pour mener à bien son projet d'auto-définition personnelle et son projet littéraire, d'une distanciation linguistique inhérente et d'une non-coïncidence langue/identité qui s'incarneraient dans sa volonté de rendre la/les langue(s) étrangère(s) en repoussant et renégociant sans cesse les marges sensées la/les définir. La coexistence de différentes langues d'écriture dans l'œuvre et la multiplication des espaces linguistiques au niveau thématique expriment la volonté d'Alexakis de faire du dialogue interlinguistique, et donc interculturel, une caractéristique majeure de son projet littéraire. C'est d'ailleurs ce que souligne G. Fréris :

> il a conscience de vivre une expérience unique, de saisir et de créer quelque chose qui échappe à la multitude, parce que cela suppose un effort, l'effort du dialogue. Cette situation de profonde incertitude l'oblige à recourir à l'altérité, à continuer le dialogue interculturel entamé avec soi-même. (« Le dialogue » 397)

Puisque la langue semble toujours échapper à l'auteur et à ses narrateurs c'est bien dans le dialogue que s'incarne l'instabilité linguistique salvatrice tant recherchée. Pour ne plus se sentir coincé entre deux langues, l'auteur fait en effet dialoguer le grec et le français dans l'espace textuel créatif qu'est l'autotraduction et fait aussi dialoguer ses deux langues avec une troisième : le sango.

L'écriture alexakienne illustre bien la thèse derridienne selon laquelle on ne peut jamais posséder complètement la langue que l'on parle. On peut pousser cette idée plus loin avec Alexakis en disant qu'il ne veut pas posséder complètement ses langues mais plutôt s'inscrire en permanence dans l'altérité linguistique et la découverte. En effet, même si on a montré une évolution entre Grigoris qui, dans *Talgo*, ne parvient pas à se réapproprier la langue maternelle, Nikolaïdis qui, dans *La Langue maternelle*, arrive à renouer un certain lien avec le grec et Nikolaïdès qui, dans *Les Mots étrangers*, est appelé par un troisième espace linguistique, le rapport des personnages aux langues ne va pas de soi et ces derniers sont présentés comme menant la quête d'une plénitude linguistique inaccessible.

La figure de l'échec amoureux, présente dans la plupart des écrits de l'auteur, suggère elle aussi, si l'on garde à l'esprit la corrélation entre femme et langue chez Alexakis, cette impossibilité de tout sentiment d'unité linguistique. Comme le souligne Robin, l'instabilité linguistique se double d'une affirmation du caractère instable inhérent au concept d'identité :

> Impossible pour l'écrivain de se situer tout à fait dans sa ou ses langues, de faire corps avec sa langue natale ou maternelle, d'habiter complètement son nom propre ou sa propre identité, impossible de coïncider avec soi-même ou avec quelconque fantasme d'unité du sujet, impossible peut-être même d'occuper une place de sujet autrement que dans l'écriture. (*Le Deuil* 10)

En repoussant toute possibilité de monolinguisme linguistique et textuel, Alexakis rejetterait aussi l'idée d'une identité monolithique. L'écriture alexakienne refuse de se laisser paralyser par une dualité linguistique ou identitaire et célèbre au contraire cette instabilité en habitant de manière dynamique un espace linguistique scriptural pluriel.

Si c'est dans l'écriture que l'auteur trouve remède à ses maux, on peut affirmer que c'est aussi le cas de ses personnages. Ces derniers, grâce au pouvoir de l'écrit (l'epsilon, la lettre du père, les journaux intimes, où encore la grille de mots-croisés que le narrateur fait avec sa mère morte dans *Je t'oublierai tous les jours*) élaborent des stratégies qui leur permettent sans cesse d'analyser et désamorcer, même si jamais de manière définitive, leurs douleurs linguistique et identitaire. Il est d'ailleurs peu surprenant que l'auteur avoue : « c'est toujours le même genre d'histoire que je raconte », puisque la répétition des thèmes et les ressemblances entre les histoires des personnages peuvent être interprétées comme participant à un projet littéraire plus large, axé sur le déplacement (PA 18). En effet, de par le déplacement des mêmes obsessions d'un écrit à l'autre, l'œuvre entière finit par devenir l'incarnation de l'instabilité identitaire et linguistique mise en avant par Alexakis. Ce dernier a en effet affirmé : « Je ne souhaite pas me fixer » et il semble bien que son œuvre non plus ne le veuille pas puisque ses thèmes clés se réincarnent d'une œuvre à l'autre (PA 272). Le nomadisme linguistique d'Alexakis se double donc d'une sorte de nomadisme textuel.

Cette importance du mouvement et du déplacement dans les textes suggère une vision originale de l'espace. En conséquence, il importe d'étudier le traitement de l'espace dans les œuvres d'Alexakis en tentant de déterminer s'il existe des ressemblances entre les considérations linguistiques et géographiques de l'auteur. Langues et lieux semblent en effet intimement liés comme le suggère cette citation tirée de la nouvelle « La Montgolfière » : « Il me semble distinguer, à l'autre bout de la mer, des mots grecs. Ça doit être des noms d'îles » (P 186-87).

Chapitre trois

Lieux et espaces : pérégrinations alexakiennes

La carrière littéraire d'Alexakis, entre deux pays et entre deux langues, suggère un rapport au monde bien particulier. Certains soutiennent que l'auteur est apatride[1], alors que d'autres, comme Vanessa de Pizzol, estiment que l'auteur est « déchiré[s], entre deux pays » (293). Alexakis est aussi souvent décrit comme un « étranger », en témoigne le titre de l'article de Meunier, « Vassilis Alexakis : Profession étranger », ou les propos de Richard Kopp : « Alexakis se voit comme un étranger contemporain »[2] (1067). De plus, on souligne souvent son attirance pour l'ailleurs. Ces commentaires pêle-mêle, ces étiquettes que l'on vient apposer à l'auteur, sont-ils fondés ?

Il est maintenant évident que l'œuvre d'Alexakis relève du parcours identitaire et qu'elle est teintée par l'exil. Peut-on pour autant affirmer sans autre procès, comme on le fait encore aujourd'hui, que l'auteur est un étranger apatride qui panse incessamment les plaies de son exil et se trouve donc « déchiré »[3] ? Ces affirmations ont bien sûr du vrai puisqu'elles rejoignent, dans une certaine mesure, les considérations de l'analyse du fait linguistique alexakien effectuée plus haut. Pourtant, beaucoup de ceux qui ont écrit sur l'auteur évitent de se pencher franchement sur la question et ne prennent pas en compte l'œuvre littéraire dans son ensemble. Ils généralisent en se basant sur les œuvres les moins récentes plutôt que d'envisager l'évolution propre à une carrière littéraire qui a commencé il y a plus de trente ans. C'est la raison pour laquelle il importe ici d'effectuer une étude de l'évolution du traitement de l'espace chez Alexakis. L'analyse des lieux et du fait géographique, tels qu'ils sont mis en présence dans l'œuvre par

---

[1] C'est ce qu'affirme M. Orphanidou Frèris dans deux articles : « Vassilis Alexakis et l'écriture 'apatride' » et « L'Identité apatride de Vassilis Alexakis ».
[2] « Alexakis sees himself as a contemporary stranger »
[3] Voir par exemple l'article de Vanessa de Pizzol : « L'Identité déchirée de Vassilis Alexakis : *La Langue maternelle* et *Les Mots étrangers* ».

l'auteur, permettra d'arriver à de nouvelles conclusions sur la stratégie littéraire et identitaire alexakienne.

L'élément principal qui incite à l'étude des lieux chez Alexakis est le fait que les personnages sont toujours en route, en chemin, attirés par un autre lieu. Oktapoda-Lu et Lalagianni estiment en effet que l'œuvre est « [m]arquée par l'exil et l'errance » qu'elle « évoque des traversées […] d'espaces continuellement réinventés » (114). La situation dans l'espace des personnages est très précise ; elle incarne une sensibilité spatiale toute particulière et se caractérise par le noma-disme. Quelle est la raison d'être de ces pérégrinations alexakiennes ? Pourquoi l'écriture se place-t-elle sous le signe du déplacement géo-graphique ? La constante négociation de l'espace dans l'écriture est-elle un outil d'exploration identitaire ? L'importance de la métaphore du voyage et du déplacement suggère une fascination pour les expéri-ences qui mettent en question les attaches et rendent « étranger ». L'espace chez Alexakis ne va pas de soi et semble avoir besoin d'être disséqué. Cette idée rejoint celle avancée par Georges Perec dans *Espèces d'espaces* où il indique que nous « vivons dans l'espace, dans ces espaces, dans ces villes, dans ces campagnes, dans ces couloirs, dans ces jardins. Cela nous semble évident. Peut-être cela devrait-il être effectivement évident. Mais cela n'est pas évident » (13-14). L'œuvre d'Alexakis conteste, comme le fait Perec, que le rapport des êtres à l'espace aille de soi et demande donc à être étudiée à travers un prisme analytique que l'on pourrait qualifier de géographique.

La présente analyse du traitement de l'espace se base sur la conviction que le lieu en littérature est porteur de sens et mérite atten-tion. Wesley A. Kort, dans son ouvrage, *Place and Space in Modern Fiction*, indique que le « langage du lieu et de l'espace fait toujours partie du discours narratif et peut être l'endroit principal où s'incarne la force et le sens d'un texte »[4] (11). De même, Leonard Lutwack, dans *The Role of Place in Literature*, souligne : « Comme tout autre matériau littéraire, le lieu a une valeur littérale et symbolique qui sert à la fois des fins géographiques et des fins métaphoriques »[5] (31). Le choix des lieux, la description des espaces et l'exploration géogra-

---

[4] « The language of place and space is always a part of narrative discourse and can be a principal locus of a narrative's power and significance »
[5] « As with all literary materials, place has a literal and a symbolical value, a function serving both geographical and metaphorical ends »

phique que l'on peut trouver en littérature sont donc loin d'êtres anodins et peuvent faire l'objet d'études littéraires révélatrices.

Avant d'analyser le traitement de l'espace chez Alexakis, il importe de définir trois termes clés. L'« espace » désignera une étendue, abstraite ou non, où se forme une expérience sensible. Le terme « lieu » renverra lui à un endroit précis, à une localité, c'est-à-dire à une portion de l'espace. Il pourra s'appliquer à des entités aussi diverses que, par exemple, une ville ou une pièce. Enfin la notion de géographie, dont l'étymologie renvoie à l'étude de la surface de la terre, sera à prendre dans un sens large en tant que tentative de description de l'espace physique. Ici, ce commentaire géographique pourra par exemple se faire à travers la présence de cartes dans la prose ou bien de discours sur ce qu'est une île ou la mer.

Un tour d'horizon rapide des théories ayant trait à l'espace et à la conceptualisation des lieux peut fournir les pistes à suivre pour l'étude du traitement de l'espace chez Alexakis. Les théories issues de la phénoménologie, se basant sur le concept heideggérien qui définit l'être humain comme un « être au monde », expriment le caractère profondément spatial de l'existence et des expériences humaines. Ainsi, le propre de l'homme est qu'il s'inscrit dans, et interagit avec, un environnement géographique, un espace qui l'entoure et dont il fait partie. Par conséquent, pour Augustin Berque, géographe spécialiste de l'Orient, « l'être de l'humain est géographique » (*Écoumène* 10). De même, pour le philosophe Jean-Luc Nancy, « l'être est topologique » (129). Cette idée d'un être humain profondément géographique, fortement lié à son environnement, sera utile à l'étude du traitement de l'espace chez Alexakis puisque ce dernier met en scène des personnages géographiquement hypersensibles.

Une autre idée clé dans la conceptualisation de l'espace est intimement liée à l'affect avec lequel l'être humain appréhende son environnement. Gaston Bachelard, dans son ouvrage *La Poétique de l'espace*, s'attache à montrer le lien entre lieux, imagination et sensibilité en étudiant le rapport de l'être humain à des lieux intimes tels que la maison ou la chambre. Il déclare que l'espace « saisi par l'imagination ne peut rester l'espace indifférent livré à la mesure et à la réflexion du géomètre. Il est vécu. Et il est vécu, non dans sa positivité, mais avec toutes les partialités de l'imagination » (17). L'espace n'est donc pas une entité neutre et inerte, mais il est bien au contraire investi par notre subjectivité. Michel Foucault souligne aussi cette qualité subjective et intime de l'espace dans « Des Espaces autres » :

> L'œuvre – immense – de Bachelard, les descriptions des phénoménologues nous ont appris que nous ne vivons pas dans un espace homogène et vide, mais, au contraire, dans un espace qui est tout chargé de qualités, un espace qui est peut-être aussi hanté de fantasme ; l'espace de notre perception première, celui de nos rêveries, celui de nos passions détiennent en eux-mêmes des qualités qui sont comme intrinsèques. (754)

Étant donnée la charge émotionnelle inhérente à notre rapport au monde décrite ici par Foucault, il est inévitable que chaque être investisse l'espace d'une manière personnelle et unique. Notre rapport au monde et notre façon d'interagir avec notre environnement sont des actes profondément subjectifs.

Ce principe est l'un des fondements de ce que l'on appelle aujourd'hui la « géographie humaniste » dont Yi-Fu Tuan est l'une des figures de proue. Son concept de « topophilie », développé dans l'ouvrage *Topophilia : a Study of Environmental Perception, Attitude, and Values* vise à mettre en évidence les connexions émotionnelles entre les êtres humains et leur environnement physique. Il soutient que notre manière de structurer le monde est profondément égocentrique : « Puisque que la conscience est affaire d'individu, on ne peut échapper à l'égocentrisme inhérent à notre façon de structurer le monde »[6] (30). L'un des buts de ce chapitre étant d'analyser la nature des interactions entre les personnages alexakiens et leur environnement, il importe de garder en mémoire l'importance du lien émotionnel entre lieux et personnes. Ainsi, on illustrera les effets produits par la description des lieux dans l'œuvre pour finalement montrer qu'il existe une topophilie typiquement alexakienne.

Une autre contribution à l'étude des lieux et de l'espace doit ici être mentionnée : celle du sociologue marxiste Henri Lefebvre. Dans son texte clé, *La Production de l'espace*, ce dernier démontre que l'espace est un produit social : « tout dispositif spatial repose sur la juxtaposition dans l'intelligence et sur l'assemblage matériel d'éléments dont on **produit** la simultanéité »[7] (xxii). L'espace est une construction sociale complexe qui affecte le rapport humain à l'envi-

---

[6] « Since consciousness lies in the individual, an egocentric structuring of the world is inescapable »
[7] En gras dans le texte.

ronnement physique. La pensée spatiale de Lefebvre a engendré de multiples ramifications théoriques sur, par exemple, l'urbanisme, le capitalisme ou même la globalisation, qui n'ont pas, à première vue, de lien direct avec la présente analyse. Toutefois, ce qui est particulièrement intéressant chez Lefebvre, c'est l'idée que l'espace est un produit. Ce concept est en effet applicable à l'acte d'écrire. L'écrivain, lorsqu'il décrit des lieux, lorsqu'il met en présence des espaces réels ou abstraits, lorsqu'il fait se déplacer ses personnages, ne produit-il pas un espace géographique propre à ses écrits ?

Chez Alexakis, l'espace apparaît comme un processus. D'écrit en écrit, l'auteur élabore et peaufine une géographie personnelle. Il met en avant, à travers ses personnages, un rapport au monde demandant à être décrypté. Notre démarche pour étudier le traitement de l'espace s'inspire de l'ouvrage *Countries of the Mind : The Meaning of Place to Writers* où Gillian Tindall note :

> Je m'intéresse aux usages littéraires des lieux, aux significations qu'on leur fait porter, aux rôles qu'ils jouent quand ils sont re-créés dans une fiction, aux parcours psychologiques dont ils sont les destinations. De vrais pays deviennent pays de l'imaginaire, leur topographie se transformant en cartes psychologiques, en mondes privés[8]. (9)

Ainsi, en littérature, l'espace est un produit textuel dont la construction participe à l'élaboration d'un discours géographique et d'un itinéraire psychologique[9]. Afin d'illustrer cette dimension géographique et

---

[8] « I am concerned with the literary uses to which places are put, the meanings they are made to bear, the roles they play when they are re-created in fiction, the psychological journeys for which they are the destinations. Actual countries become of the mind, their topography transformed into psychological maps, private worlds »

[9] Mary Pat Brady souligne, elle aussi, la corrélation qui existe entre production de l'espace et subjectivité : « Les processus de production de l'espace, qu'ils soient banals ou exceptionnels, cachés ou visibles, ont une influence énorme sur la formation du sujet – sur les choix que les personnes peuvent faire et sur la façon dont elles se conceptualisent ou dont elles conceptualisent les autres et le monde. Les interactions avec l'espace ne sont pas simplement schématiques mais aussi chargées d'affect : on ressent et on fait l'expérience des lieux, les processus qui produisent l'espace donnent donc aussi forme aux sentiments et aux expériences » – « The processes of producing space, however quotidian or grand, hidden or visible, have an enormous effect on subject formation – on the choices people can make and how they conceptualize themselves, each other, and the world. Interactions with space are not merely schematic but also highly affective : places are felt and experienced, and the processes producing space therefore also shape feelings and experiences » – (7-8).

spatiale de l'œuvre, nous commencerons en décrivant l'« écriture spatiale » alexakienne. Nous explorerons aussi la problématique liée à l'instabilité et à la mobilité inhérentes aux écrits. Deux pôles géographiques privilégiés seront ensuite étudiés : Paris et Athènes. Puis, nous montrerons qu'Alexakis diversifie les lieux en s'intéressant à l'histoire de l'émigration grecque et à l'Afrique. Enfin, nous tenterons de déterminer pourquoi l'œuvre a aujourd'hui tendance à se « gréciser »[10].

1. Une écriture spatiale

Chez Alexakis, aussi bien dans ses écrits autobiographiques que fictionnels – n'oublions pas que la plupart des narrateurs alexakiens sont des narrateurs-écrivant mis en situation d'écriture – l'acte d'écrire est présenté comme une activité liée à l'espace. Dans *Paris-Athènes*, le narrateur avoue que le manque de place et le désir de faire le vide autour de lui sont les raisons principales qui le poussent à écrire :

> Écrire permet d'éliminer des tas de papiers, notes, imprimés, livres, et même des objets. Il me semble qu'on peut jeter les objets qui ont trouvé leur place dans un texte, qui ont dit ce qu'ils avaient à dire, qui ont accompli leur destin [...] Je ne dispose pas d'assez de place, dans mon studio parisien, pour laisser les choses s'accumuler à l'infini [...] Une des raisons qui m'incitent à écrire est certainement le manque de place[11]. (51-52)

Ainsi, l'écriture est un processus qui permet, selon Alexakis, de créer plus de place, d'agrandir l'espace et de procéder à un renouveau spatial. Il existe ici une relation entre environnement physique et création littéraire. On remarque aussi, grâce aux réflexions de ses narrateurs-écrivant, cette même mise en valeur d'un lien entre espace et écriture

---

[10] Bien que le verbe « gréciser » renvoie généralement à la production d'une version grecque d'un mot d'une autre langue, nous souhaitons l'utiliser dans le cadre de notre étude du traitement de l'espace. Le mot « gréciser » décrira ici la tendance de l'écriture alexakienne à mettre en présence de plus en plus de lieux et de sujets relevant de la Grèce.

[11] On perçoit, dans *Je t'oublierai tous les jours*, le même désir de débarrasser l'espace du superflu : « Je ne vois rien à jeter autour de moi. J'éprouve une certaine satisfaction chaque fois que j'ai l'occasion de soustraire quelque chose à mon environnement [...] Les objets superflus brident mon imagination, ils réduisent ma liberté » (18).

au sein de ses œuvres de fiction. Basile Hennart, dans *Avant*, raconte
comment, sur le pont d'un bateau lors d'une traversée, il n'avait pu
s'arrêter d'écrire à cause du vent : « c'était impossible d'arrêter
d'écrire : dès que le stylo se détachait de la feuille de papier, le vent
menaçait de la déchirer. Le vent m'obligeait à poursuivre mon texte.
J'écrivais en quelque sorte sous sa dictée » (20). Ici aussi, c'est donc
l'environnement physique du personnage qui incite à la création littéraire. De même, dans *La Langue maternelle*, Pavlos Nicolaïdis indique que c'est sa visite à Stamata, près d'Athènes, qui a déclenché son
envie d'écrire : « J'ai commencé à écrire en rentrant de Stamata, ai-je
pensé. Stamata m'a donné l'envie d´écrire. Voilà ce qui s'est passé
d'important là-bas » (193). L'écriture est définie en termes spatiaux,
puisque les espaces, comme l'espace maritime du premier exemple, et
les lieux, comme la ville de Stamata du deuxième exemple, peuvent
servir de déclencheur à l'acte d'écriture lui-même.

Ce parallèle entre spatialité et écriture peut même être poussé
plus loin. Certains narrateurs comparent l'acte d'écrire à des structures
architecturales telles qu'une pyramide[12], une maison[13] ou encore une
esplanade[14]. Le but avoué de l'écriture est parfois de raconter un lieu
ou d'explorer un espace. Dès les premières pages du *Cœur de Marguerite*, le narrateur se donne en effet comme objectif créatif d'évoquer la mer et une île : « J'aimerais bien pouvoir parler à un moment
ou un autre de la mer, si je trouve le moyen de poursuivre ce texte […]
J'aimerais également pouvoir parler d'une île » (10). L'influence de
l'espace géographique s'imprime donc bien de manière scripturale au
sein de l'œuvre.

Dans la prose alexakienne, la description des lieux où les personnages sont mis en présence prévaut souvent sur l'action. Les lieux
sont évoqués avec une extrême précision. Ils sont situés topographi-
quement grâce à de nombreux noms de rues, de monuments, de maga-

---

[12] C'est le cas du narrateur du *Cœur de Marguerite* : « J'écris à la lumière d'une
lampe à pétrole. L'ombre de ma main qui se projette sur le mur blanc est énorme,
comme une montagne, ou plutôt comme une pyramide. Les pyramides sont peut-être
des mains en train d'écrire » (163).

[13] Eckermann, toujours dans *Le Cœur de Marguerite*, estime que tout écrivain débu-
tant devrait « assister à la construction d'une maison, des fondations à la pose du toit »
pour apprendre à écrire (194).

[14] Dans *Je t'oublierai tous les jours*, la page blanche est comparée à une esplanade :
« La page sur laquelle je suis penché me paraît aussi étendue qu'une esplanade. Je
couvre une esplanade immense de petits cailloux noirs » (11).

sins, d'hôtels ou de restaurants (PA 268). Le narrateur explique même parfois en détail le trajet de métro qu'il a effectué pour se rendre à destination (CI 14). Souvent, au lieu de participer activement à la conversation qu'il a avec un autre personnage ou aux événements qui le touchent, le narrateur se concentre sur son environnement, lui conférant ainsi une qualité de refuge, d'échappatoire. Par exemple, le narrateur du *Cœur de Marguerite* scrute la mer et évoque uniquement son rapport personnel à cet espace alors que son amie s'emporte, frustrée par l'échec de leur relation (234)[15]. De même, le regard du narrateur dans *Ap. J.-C.* se perd en contemplation devant les affiches de la cafétéria de son université alors qu'il est en train de s'entretenir avec son professeur (32). L'action du roman et l'évocation des événements constitutifs de l'histoire sont mis temporairement entre parenthèses et presque envisagés comme prétexte à la mise en présence de lieux et à leur description.

Cet aspect de l'écriture se traduit aussi dans l'œuvre par la beauté des descriptions. Il y a chez l'auteur un véritable plaisir à évoquer les lieux. Les descriptions prennent souvent la forme de visions brèves, tels des instantanés, rappelant le cliché photographique. La qualité furtive des descriptions alexakiennes est bien visible dans cette évocation de l'île de Santorin :

> Le plus modeste pot de fleurs posé sur un muret blanc est aussi beau qu'un tableau de Magritte. Cela tient au fait qu'il n'y a rien derrière, hormis le bleu du ciel et celui, tout aussi lointain, de la mer qui se confondent à l'horizon. La mer prolonge le ciel, elle en fait partie. (PA 113)

Les descriptions alexakiennes sont aussi caractérisées par le fait qu'elles s'incarnent à travers le regard du narrateur et permettent ainsi de peindre l'expérience sensible qu'imprime le paysage sur les personnages. La précision géographique et topographique est parfois poussée à l'extrême comme dans cette évocation de Delphes :

> Cet endroit est situé à égale distance du ciel et de la terre. Son altitude n'est que de cinq cent soixante-dix mètres, mais sous le village et le site archéologique la déclivité du terrain est si forte qu'on a l'impression de se trouver loin de la terre. Le regard dévale la pente qui est déjà chargée d'oliviers,

---

[15] La fuite face à la confrontation au profit d'une observation spatiale extrêmement détaillée rappelle la technique narrative employée par Alain Robbe-Grillet dans *La Jalousie*.

s'arrête au pied de la montagne d'en face où passe une rivière, suit son cours vers la droite, toujours en descendant, et aboutit à l'immense oliveraie qui va jusqu'au fond de l'horizon. Là, d'autres montagnes forment de jolies courbes. La mer est masquée par la montagne d'en face. On n'en aperçoit qu'un petit bout, qui scintille aux confins de l'oliveraie : enserré par le paysage de tous les côtés, il ressemble à un lac [...] Des cyprès surgissent un peu partout au milieu des oliviers. On les distingue aisément car ils sont très sombres. On dirait que le paysage est émaillé de points d'exclamation. Contrairement à la terre, le ciel est tout proche. (LM 317)

Le lecteur est ici invité à suivre le regard du narrateur et à faire l'expérience de la découverte du lieu à travers cette description réaliste et précise qui transmet la grâce et la beauté de ce moment d'observation du paysage delphique.

L'omniprésence du lieu chez l'écrivain prend aussi forme dans la description des personnages qui sont évoqués en termes spatiaux : « Mon père est un espace clos. Il vit à l'intérieur de lui-même » (PA 119), « Marguerite enveloppe mon esprit de toutes parts, comme la mer encercle les îles » (CM 80) et « Les ombres de son visage ressemblaient à des îles » (CM 182). Dans *Talgo*, le corps d'Éléni est comparé à une pièce et l'acte sexuel est évoqué métaphoriquement par l'ouverture des portes et des fenêtres :

Mon corps était devenu comme ces vieux salon bourgeois tristes et paisibles, aux volets perpétuellement clos, où les meubles sont recouverts de tissus blancs, ces vieux salons qui ne semblent habités que par des fantômes de meubles. Tu as ouvert la porte et les fenêtres, et j'ai senti un vent très doux me traverser. (135)

La métaphore spatiale est sans aucun doute un outil littéraire privilégié de l'écrivain. Elle permet de faire passer des images fortes, porteuses de sens. Si les personnages sont décrits en référence à l'espace, l'inverse est aussi vrai : de nombreux lieux sont personnifiés. L'écrivain leur prête même des émotions, telles que la nostalgie et l'amour, ou des fonctions, telles que la respiration, qui sont propres aux êtres humains : « Lisbonne se souvient encore d'avoir été un village » (CI 178), « Je crois que je suis quand même devenu amoureux de la ville » (CI 180) et « On n'entendait que le vent qui soufflait à intervalles réguliers. 'C'est la respiration de la montagne', ai-je pensé » (AJC 367). Les personnages ont donc des qualités spatiales alors que les lieux ont des qualités humaines. Cette correspondance permet de rendre manifeste l'importance du lien entre lieux et subjectivité. Si l'on suit la pensée de Michel Collot, c'est-à-dire que « le paysage exprime le sujet, mais il le déborde, et l'ouvre ainsi à une dimension inconnue de lui-même et du monde », on peut estimer qu'Alexakis utilise l'espace dans un but d'exploration de la subjectivité de ses personnages (*Paysage et poésie* 45). L'auteur, en présentant des lieux et des personnages qui interagissent, puisque ces derniers sont projetés sur l'espace et inversement, fait bien coïncider explorations géographique et identitaire.

Pour prolonger cette idée, il est nécessaire de montrer la nature des interactions sensibles qui existent entre lieux et personnages. L'espace, nous le verrons plus loin, joue parfois des tours aux personnages mais il a aussi souvent un pouvoir positif et thérapeutique. C'est par exemple une interaction spatiale qui parvient à aider des personnages à se remettre d'une rupture et qui donnent forme à la guérison sentimentale. Dans *Talgo*, les toutes dernières lignes du roman montrent comment le paysage athénien apaise Éléni :

> Athènes avait une couleur dorée qui virait au rose, chaude et paisible, qui m'a paru magique. J'ai eu l'impression que cette douceur se glissait en moi, qu'elle prenait progressivement possession de mon corps et de mes pensées. Et je me suis sentie soudain si légère, si libre, si émue. (191)

De même, dans *Contrôle d'identité*, c'est au moment où il traverse un pont parisien que Stabilo Boss se rend compte qu'il n'est plus amoureux de la femme qui l'a quitté :

> Sa passion s'était éteinte brusquement alors qu'il était en train de traverser le pont Alexandre-III en direction de la rive droite. Soudain, il s'était immobilisé, vivement ému : ce bourdonnement lancinant, qu'il entendait depuis des mois et qui l'empêchait de réfléchir à quoi que ce soit, venait de s'arrêter. (118)

Ces exemples, parmi beaucoup d'autres, montrent bien que l'interaction lieux/personnages et l'expérience sensible que cette interaction crée est un outil littéraire privilégié de l'auteur dont l'écriture, en conséquence, s'incarne dans un traitement original de l'espace.

Le fait que certains personnages soient préoccupés par des questions conceptuelles et philosophiques liées à l'espace place, une fois encore, les considérations spatiales au centre de l'œuvre. En effet, deux personnages sont fascinés par les théories du philosophe Zénon d'Élée selon lesquelles l'espace, étant divisible en sections illimitées, est infini (CM 253 et AJC 134). Le narrateur d'*Ap. J.-C.* est doublement habité par cette question de l'espace, puisqu'il fait référence à de nombreuses reprises, en plus de Zénon d'Élée, à la méthode ingénieuse que Thalès avait trouvée pour mesurer la hauteur des pyramides[16]. Même si ces références aux pensées de Zénon et de Thalès sont presque anecdotiques au sein de l'œuvre prise dans son ensemble, on mesure mieux leur portée une fois mise en avant l'importance que l'auteur assigne à l'espace.

Il est donc clair que les personnages ont un rapport exacerbé à l'espace et qu'ils font preuve d'une sensibilité spatiale intense. Alexakis met en scène des protagonistes désireux de s'inscrire dans et de faire corps avec l'espace et les lieux dans lesquels ils sont mis en présence. Ceci permet à l'auteur de recréer et d'explorer dans sa prose l'expérience sensible qui lie les êtres humains à leur environnement. L'écriture peut bien être qualifiée de spatiale. Elle s'attache à montrer les liens entre subjectivité et espace en accumulant de belles descriptions au caractère fugace sur un mode et lyrique. L'œuvre alexakienne se révèle être, par conséquent, sous le charme du lieu.

2. Problématique d'une instabilité géographique

L'œuvre d'Alexakis se place donc bien sous le signe du déplacement géographique. Une mise en évidence de l'instabilité et de la mobilité géographiques inhérentes à l'œuvre s'impose. En plus du personnage de l'exilé et des scènes de départs dont nous avons déjà montré la récurrence, une multitude d'autres personnages se caractérisent par leur mobilité géographique. Alexakis consacre une grande partie de l'espace textuel à décrire et à disséquer, dans les moindres détails, les déplacements de ses personnages, comme l'illustre ce passage :

> Je pars demain, mon bagage est prêt. J'ai mis un pull-over dans mon sac. La
> dame du consulat qui m'a délivré le visa m'a dit qu'il fait relativement froid

---

[16] « L'ombre des objets est tantôt plus grande, tantôt plus petite qu'eux, ai-je commencé comme si je m'adressais à une enfant. Il arrive nécessairement un moment où la longueur de l'ombre égale la hauteur de l'objet [...] pour déterminer ce moment Thalès a planté son bâton dans le sable et a attendu [...] que la projection du bâton sur le sable soit égale à sa taille. À cet instant précis, l'ombre de la pyramide indiquait fatalement sa hauteur » (AJC 382).

en Australie à cette époque. C'est l'hiver, semble-t-il, là-bas. Je ne lui ai pas demandé combien de temps il faut pour y aller, tant je craignais d'être accablé pas sa réponse. Derrière elle, il y avait une carte du monde. La distance entre la Grèce et l'Australie m'a paru considérable. Je préfère entrer dans l'avion sans connaître la durée du voyage. Je poserai la question à l'hôtesse, mais seulement lorsque nous aurons fait une partie du trajet. (CM 53-54)

Cette description des préparatifs avant le voyage en Australie comporte de nombreux éléments caractéristiques de l'écriture alexakienne : le déplacement géographique, l'opposition d'un ici à un ailleurs, la fascination pour l'espace géographique, la présence de cartes, l'appel d'un autre lieu ou encore le déplacement en avion. Ces éléments textuels demandent à être décryptés afin de mettre en avant une problématique de la mobilité et de l'instabilité géographique alexakienne.

Les trois premiers romans d'Alexakis mettent en scène des personnages déambulant dans Paris. Ils rendent compte précisément de leurs itinéraires dans la ville. Dès *Le Sandwich*, le lecteur a affaire à un narrateur qui a la bougeotte. Celui-ci note en effet :

Ayant repéré l'appartement, d'aspect sordide, j'ai poursuivi ma route, j'ai tourné à gauche, j'ai mangé une glace, j'ai loué un vélo, j'ai fait un tour à la campagne, j'ai cueilli quelques fleurs, j'ai poursuivi un voleur, j'ai renversé un vieux, pauvre vieux, j'ai rendu le vélo, j'ai acheté un journal, j'ai regardé à droite, j'ai regardé à gauche, j'ai sonné. (70)

L'accumulation des déplacements a ici un effet comique, mais elle souligne aussi que, dès les écrits de jeunesse de l'auteur, la préférence va à des personnages qui ne tiennent pas en place. *La Tête du chat* relate la prise en filature d'un riche écrivain dans Paris. Pendant plusieurs semaines, celui-ci est suivi dans les rues de la capitale par son futur meurtrier. L'écrit se place sous le signe de la traque et l'emphase est donc mise, une fois de plus, sur la mobilité.

Le roman *Talgo*, dont le titre fait directement référence à un moyen de transport, se base aussi sur une multitude de déplacements géographiques puisque le lecteur y suit à la fois les aller-retours de Grigoris entre Paris et Athènes, mais aussi le voyage des amants qui mène Éléni d'Athènes à Barcelone, en passant par Paris[17]. Avec

---

[17] « Ce train s'appelle le Talgo. Par curiosité j'ai écrit aux chemins de fer espagnols pour leur demander le sens de ce mot [...] Il est composé des initiales des mots *Tren*,

Contrôle d'identité, ce sont une fois encore des errances parisiennes qui sont au centre de l'œuvre. On commence aussi à remarquer dans cet ouvrage que les références à une variété de moyens de transports (train, métro et avion) deviennent caractéristiques de la prose. *Paris-Athènes*, avec son titre révélateur, raconte les allées et venues du narrateur entre les capitales grecque et française, mais aussi les impressions d'un voyage au Canada et aux États-Unis. Bien que l'action d'*Avant*, confinée à un souterrain parisien, semble condamner à l'immobilité, la mémoire du narrateur est chargée des souvenirs de séjours dans une île et de traversées maritimes.

Depuis le milieu des années quatre-vingt-dix, on remarque une amplification des déplacements chez les narrateurs alexakiens. La narration s'incarne de plus en plus souvent dans le récit d'un voyage ou d'une quête nécessitant le déplacement géographique du personnage. Dans *La Langue maternelle*, pour effectuer son enquête sur l'epsilon de Delphes, Pavlos Nicolaïdis quitte Athènes, se rend à Jannina, puis à Amphissa et enfin à Delphes avant de rejoindre la capitale grecque. Le narrateur du *Cœur de Marguerite* ne tient pas non plus en place puisqu'il se rend d'Athènes en Australie, rentre très brièvement à Athènes, part pour l'île de Tinos, passe par l'île d'Andros, retourne à Tinos, et finit par rejoindre la capitale grecque. La double quête de Nikolaïdès dans *Les Mots étrangers* – faire le deuil de son père et apprendre le sango – le conduit à effectuer deux aller-retours consécutifs : Paris-Athènes-Paris puis Paris-Bangui-Paris. Dans *Je t'oublierai tous les jours*, le narrateur relate une fois de plus ses allées et venues entre Paris et Athènes mais aussi ses voyages au Pérou et en Afrique du Sud. Enfin, pour terminer ce survol du déplacement des personnages principaux avec *Ap. J.-C.*, on note que le phénomène de quête géographique se confirme puisque le narrateur-héros, qui enquête sur les moines du mont Athos, quitte lui aussi momentanément Athènes pour se rendre dans différentes localités grecques : l'île de Tinos, l'île de Syros, Thessalonique et enfin le mont Athos.

L'extrême mobilité ne se limite pas aux personnages principaux. L'auteur met aussi en scène des personnages secondaires dont la caractéristique principale est le déplacement et l'absence d'attaches à un lieu précis. Ces sortes de figurants de la mobilité apparaissent sou-

---

Articolado, Ligero, Guycochea, Oriol, c'est-à-dire train articulé léger de Guycochea (c'est lui qui l'a inventé) et Oriol (il l'a financé) » (129).

vent en éclairs brefs : « Il était une fois un marchand de tapis […] fatigué de marcher toute la journée sous le soleil » (S 49), « elle s'était évadée de Bulgarie cachée dans l'étui d'une contrebasse » (CM 185) ou « C'était un ancien marin qui avait fait plusieurs fois le tour du monde et connaissait tous les ports et tous les îlots des océans » (CM 265). Nombreux sont les narrateurs-héros alexakiens qui ont un ami proche dont le métier l'a amené à parcourir le monde, à s'exiler ou à résider temporairement à l'étranger : un architecte qui a construit une école d'infirmière au Burkina Faso (A 93), deux ethnologues spécialistes de la jungle amazonienne (LM 20 et ME 26), un linguiste centrafricain vivant à Poitiers (ME 127) ou bien encore une professeur grecque qui a fait ses études à Glasgow (AJC 22).

On note aussi une prédilection pour les personnages sans domicile fixe tels que Monsieur Beau qui vit dans la gare de l'Est (CI 58) ou deux vieilles femmes qui errent sur l'île de Tinos (CM 209). De nombreuses références sont faites aux pèlerins de l'île de Tinos ou du mont Athos ainsi qu'aux Tsiganes, plaçant ainsi une fois encore l'accent sur des personnes dont la caractéristique principale est le déplacement. Il y a aussi chez Alexakis une réelle fascination pour des itinéraires géographiques originaux : celui de Syméon, un moine péruvien qui a vécu en Angleterre, en France et en Inde avant de s'installer en Grèce (AJC 361), ou bien encore celui d'André Bérémian, le grand-oncle défunt du narrateur, « un Arménien de Marseille » qui vivait à Bangui (ME 22).

Enfin, les narrateurs alexakiens font souvent référence à des récits relatant des itinéraires géographiques exceptionnels. Le père de Nicolaïdis raconte chaque mercredi aux femmes de son quartier les aventures d'un héros qu'il a inventé : « J'ai appris que les parents de Pim, des forains italiens installés à New York, ne sont pas ses véritables parents, ils l'ont enlevé au cours d'une tournée en Europe. -Il nous a promis que le jeune homme ferait le tour du monde ! » (LM 73). De même, le narrateur du *Cœur de Marguerite* fait référence à un roman retraçant « l'odyssée d'un hémiplégique qui s'enfuit de Moscou à l'époque de l'effondrement du régime soviétique » (9). L'importance du déplacement et la prédilection pour la mise en scène d'itinéraires géographiques sont donc soulignées intratextuellement par de multiples mises en abyme, à travers l'insertion, au sein d'œuvres qui se caractérisent par la mobilité des personnages, d'autres récits évoquant aussi ce type de mouvements.

La palette des types de déplacements mis en présence par Alexakis dans sa fiction est impressionnante. En effet, exil, nomadisme, pèlerinages, traques, déambulations, errances, enquêtes, ou fuites, se relaient au sein de l'œuvre et mettent en avant une propension au déplacement compulsif chez les personnages. Le lecteur assidu s'est en effet habitué à voyager en compagnie de ses personnages, à les accompagner de lieu en lieu, de pays en pays, de ville en ville, à, en somme, effectuer les déplacements virtuels auxquels la prose alexakienne l'invite.

Quelles sont les conséquences de cette ultra mobilité des personnages ? Pourquoi leur est-il, selon les dires du narrateur du *Cœur de Marguerite*, impossible de « rester à un endroit au-delà de cinq minutes » (240) ? Certes, on peut affirmer, comme Lutwack, que le déplacement géographique en littérature est un outil littéraire permettant de donner un cadre à de multiples aventures et de diversifier l'action :

> Le mouvement fréquent entre des lieux est toujours un des motifs les plus utilisés parce que les voyages garantissent au moins vie et action […] Un nouveau lieu implique une nouvelle aventure, de nouvelles rencontres pour le héros, de nouveaux objets à soupeser, de nouvelles idées à contempler. La liberté de mouvement ouvre la porte à un monde comportant une variété d'intérêts[18]. (58)

Il est en effet indéniable que les déplacements alexakiens servent de trame narrative et de base aux différentes péripéties qui constituent l'action des romans. Mais, que révèle cette compulsion au déplacement sur la psychologie des personnages ?

La mobilité inhérente aux écrits alexakiens fait que les personnages sont toujours en partance, à cheval sur plusieurs lieux, incarnés dans une instabilité spatiale. Selon Harel, quitter un lieu est « être condamné au déplacement. Certes, cette écriture *en souffrance* d'un lieu s'apparente sur ce point à de nombreux textes contemporains faisant valoir la perte des points de repère » (« Lieux trahis » 50). Cette impossibilité de l'immobilité se traduit logiquement par un sentiment de désorientation chez les personnages et l'accent mis sur le

---

[18] « Frequent movement between places is always a most popular motif because journeys at least promise life and action […] A new place means new adventures, new people for the hero to encounter, new objects to handle, new ideas to contemplate. Free movement opens up a world with a variety of interests »

déplacement matérialise par conséquent la perte de repères identitaires. La multiplication des lieux pourrait donc incarner un sentiment d'être partout étranger, de ne pas appartenir aux lieux en même temps qu'une sorte d'oscillation entre un désir de renverser cette dialectique et un besoin d'étrangeté. Il s'en suit que les personnages sont extrêmement indépendants et solitaires. Ils semblent tenter, à travers leur rapport aux lieux, de se définir ou bien, pour reprendre la métaphore spatiale, de se faire une place à eux.

Si les personnages sont caractérisés par leur mobilité géographique, on peut aussi dire des lieux alexakiens qu'ils sont instables. Les multiples références aux tremblements de terre de l'île de Santorin attirent l'attention sur le caractère mouvant des lieux et sur la non-fixité de la spatialité[19]. L'île est décrite comme un lieu en mouvance permanente : « il ne reste plus de cette île, qui fut ronde et pleine dans l'Antiquité, qu'un maigre croissant » (PA 102) et « Les éruptions de son volcan et les secousses sismiques qu'elle subit périodiquement lui volent des parcelles de terre, lui ajoutent des îlots, la multiplie et la divise à l'infini. Santorin est une île perpétuellement réinventée » (CM 140). De nombreuses descriptions insistent sur le fait que les lieux évoluent et ne peuvent s'incarner dans une vision unifiée : « Le mont Athos change constamment de forme, comme change la crête des montagnes quand on se déplace autour d'elles » (AJC 139).

En se penchant sur un événement relaté dans *Le Cœur de Marguerite* qui, à première vue, pourrait simplement faire sourire mais qui, à la réflexion, fait s'interroger sur les intentions spatiales d'Alexakis, le fait que cette idée de mouvement géographique est caractéristique des écrits devient évident. En effet, les deux vieilles femmes qui errent sur l'île de Tinos se disputent parce que l'une estime que l'autre, en jetant des cailloux dans la mer, altère le paysage :

> Arrête, a dit la grande. Chaque fois que tu jettes un galet, tu diminues l'île […] Tu la rapetisses, si tu préfères […] Non ! a dit de façon catégorique la plus petite, qui poursuivait tranquillement son jeu […] Je la déplace ! Je porte l'île plus loin. Je la décale, tu as compris ? (209)

---

[19] Dès *Le Sandwich*, l'auteur fait référence à un tremblement de terre au cours duquel l'immeuble d'un ami du narrateur est détruit (65). De même, dans plusieurs écrits, Alexakis mentionne que le tremblement de terre de l'île de Santorin en 1956 a détruit la maison des étés de l'enfance du narrateur (PA 109, CM 140 et JTO 181).

Ce débat spatial entre les deux femmes met une fois de plus l'accent sur la mobilité du lieu qui, chez Alexakis, apparaît donc comme une entité vivante et changeante.

Le fait que les lieux soient souvent comparés à des bateaux en train de faire naufrage insiste sur cette même instabilité géographique tout en matérialisant la qualité élusive des lieux[20]. L'auteur montre souvent des personnages qui ont du mal à appréhender l'espace comme si le mouvement associé au lieu compromettait la possibilité de le faire sien : « Il n'arrive pas à se souvenir de la ville » (CI 10) et le lac « s'éloignait à mesure que je m'en approchais » (ME 244). Le mouvement spatial s'exprime aussi par une perméabilité des lieux. L'auteur se plaît à établir des correspondances géographiques inattendues qui servent de lien entre différents espaces. Dans *Je t'oublierai tous les jours*, la poussière qui s'accumule sur la table de travail du narrateur à Paris est décrite comme due aux travaux de réfections qu'il fait faire dans sa maison de Tinos (11). De même, le narrateur du *Cœur de Marguerite* note sa surprise de voir des eucalyptus pousser à Tinos après que des graines aient été accidentellement semées en secouant un tapis ramené d'Australie (250). Ces jolies images de correspondances géographiques questionnent donc l'herméticité spatiale et revendiquent l'idée que les lieux sont en dialogues[21]. Chez Alexakis, l'espace est bien une matière mobile, instable, vivante, élusive et perméable.

Malgré l'insistance sur la mobilité des personnages et de l'espace, les lieux exigus et sombres, comme la chambre de bonne dont la récurrence a été soulignée plus haut, ont la prédilection d'Alexakis. L'auteur enferme souvent ses personnages dans des espaces clos. Éléni se cloître pendant plusieurs mois pour écrire son texte ;

---

[20] Jean-Louis Dubourg, saoul et paniqué à l'idée d'être tué par la personne qui le traque, a l'impression que Paris est en train de faire naufrage : « Imperceptiblement la ville s'était mise à bouger. Elle dansait maintenant comme un bateau sur une mer agitée […] comment les gens pouvaient-ils dormir par un temps pareil, rester tranquillement dans leur lit alors que la ville était en train de couler » (TC 116-17). De même, Barcelone et Santorin sont aussi comparées à un bateau : « progressivement Barcelone s'éloigne de moi, en vain j'essaie de l'attacher, elle brise une à une les amarres » (T 145) et « Nous avions conscience de passer nos vacances sur une épave dont seule la proue se maintenait encore hors de l'eau » (JTO 185).
[21] La communication entre espaces est souvent soulignée : « Le désert qui s'étend le long des côtes du Pérou constitue dans ma mémoire le prolongement de celui que j'avais aperçu en Egypte » (JTO 229).

Nikolaïdès ne quitte pas son appartement pendant son apprentissage du sango ; Basile Hennart s'enferme lui aussi pour écrire. Beaucoup de personnages s'imaginent séquestrés dans des lieux exigus et obscurs tels que des puits (S 22), des caves (GCB 115) ou des cercueils (TC 109 et T 178)[22]. Contrairement à ce que pourrait suggérer l'ultra mobilité des personnages, l'isolement est donc aussi une caractéristique de l'œuvre, en témoigne l'intérêt tout récent de l'auteur pour la vie monastique du mont Athos : « le Mont Athos est un *abaton*, un lieu interdit d'accès » (AJC 62). Cette prédilection pour l'enfermement serait-elle une réaction, un acte de résistance, à l'instabilité spatiale ?

La mise en avant d'une sorte d'étouffement spatial pourrait matérialiser une volonté de ralentir, ou même de tenter d'annuler, le mouvement inhérent à l'espace, de faire une pause pour désamorcer l'instabilité. Les lieux clos décrits par Alexakis sont en effet des lieux de création (écriture d'un texte, apprentissage d'une langue, etc.) qui laissent libre cours à l'imagination. Les narrateurs soulignent eux-mêmes cette idée : « L'obscurité nous permet d'oublier momentanément où nous sommes, elle agrandit l'espace » (A 31) et « Les espaces réduits on l'imagination fertile » (JTO 23). Chez Alexakis, mobilité spatiale et claustration vont de pair, mais sans que l'enfermement soit pour autant vécu de manière négative puisqu'il permet la mise en présence d'autres lieux (la Centrafrique par exemple) à travers un acte créatif ou imaginaire.

La prose alexakienne donne forme à une fascination pour le vide. À de nombreuses reprises, les narrateurs y font référence et s'interrogent sur cette entité spatiale : « Savez-vous ce que c'est que le vide, rien que le vide ? » (S 42), « Je constate que je marche dans le vide » (T 16), « je suis le chargé de mission du vide, l'ambassadeur du vide, l'envoyé spécial du vide ; mon véritable pays est le vide » (T 105), « J'ai peur du vide » (CI 77) « J'ai le sentiment que le vide me guette » (PA 104), ou encore « Une sorte de vide douloureux s'installait en moi » (A 129). De même, les personnages se trouvent souvent au sein de lieux déserts, qui se caractérisent par le fait qu'ils sont

---

[22] L'obscurité caractérise souvent ces lieux clos, particulièrement dans *Avant* dont l'action, prouesse littéraire, se déroule dans le noir : « L'obscurité est totale, compacte. J'ai par moments l'impression qu'elle forme un moule autour de mon corps, qu'elle me colle à la peau » (9).

comme vidés de leurs occupants et de leur substance[23]. Cette domination du vide et des lieux désolés exprime une peur de l'absence du lieu et de l'inconnue géographique. La mobilité inhérente aux lieux crée une sorte de panique spatiale, de tension dynamique, qui s'incarne dans cette récurrence du vide. L'interaction entre l'hypersensibilité spatiale des personnages, leur ultra mobilité, l'instabilité inhérente au lieu, la claustration et la récurrence du vide dans l'œuvre suggèrent une peur de la perte de repères et de la non-appartenance. Ceci explique pourquoi les personnages sont souvent perdus[24] ou bien encore définis en termes de non-appartenance[25].

Alexakis, auteur déplacé vivant à cheval sur deux pays, met donc un point d'honneur à mettre en scène dans son œuvre des espaces qui se caractérisent pas leur mobilité et leur instabilité et qui induisent une perte de repères chez les personnages. Cet aspect de l'œuvre rappelle une fois encore les écrits de Perec qui affirme :

> J'aimerais qu'il existe des lieux stables, immobiles, intangibles, intouchés et presque intouchables, immuables enracinés ; des lieux qui seraient des références, des points de départ, des sources : Mon pays natal, le berceau de ma famille, la maison où je serais né [...] De tels lieux n'existent pas, et c'est parce qu'ils n'existent pas que l'espace devient question, cesse d'être évidence, cesse d'être incorporé, cesse d'être approprié. L'espace est un doute : il me faut sans cesse le marquer, le désigner ; il n'est jamais à moi, il ne m'est jamais donné, il faut que j'en fasse la conquête. Mes espaces sont fragiles : le temps va les user, va les détruire : rien ne ressemblera plus à ce qui était. (179)

---

[23] Alexakis accumule les lieux déserts : « dans une station de métro complètement déserte, je me souviendrai de ce moment » (A 61), « Soudain je me suis rendu compte que la rue était vide » (CM 61), « L'immeuble était vide » (CM 153), « La nuit, toutes les salles d'attentes sont vides » (CM 215), « Les rues, désertées par la population, ressemblent à des terrains vagues » (ME 204), « je me suis assis sur la terrasse où il n'y avait absolument personne » (AJC 160), « Il n'y avait aucun client quand j'y suis entré » (AJC 314), « L'université était encore plus déserte qu'elle ne l'est d'habitude » (AJC 28) et « J'ai poussé la porte d'un petit immeuble des années 50 dont le hall était complètement désert » (AJC 88).

[24] « Je ne sais pas où je suis » (A 36) ou « Il se sentait comme égaré dans une ville étrangère, oui, c'était bien ça, il n'arrivait pas à retrouver son chemin, alors il allait un peu dans tous les sens » (TC 103-04).

[25] « Il y a plusieurs semaines déjà qu'il ne vit plus là où il habite » (TC 134) ou « Je n'ai pas de maison » (CI 24).

Chez Alexakis, l'espace est aussi un doute, une matière élusive difficile à appréhender. Les personnages font l'expérience de ce doute – à travers leur propre mobilité, leur enfermement ou leur peur du vide – et tentent sans cesse de « marquer », de « désigner » l'espace à travers leur propre subjectivité. Ceci renforce une fois encore l'idée d'une quête d'identité par l'espace, comme si les narrateurs tentaient de trouver leur place propre en explorant incessamment leur environnement physique, en faisant de l'interaction spatiale un processus identitaire.

Une des conséquences de la mobilité spatiale propre aux écrits de l'auteur est la récurrence de figures d'exploration géographique. Les personnages s'enfoncent dans des lieux où aucun chemin n'est préalablement tracé, « j'ai coupé à travers champs, j'ai franchi des murets sans nombre et pris quelques risques en sautant au pied de terrasses élevées », et leur préférence pour étudier leur environnement va à la marche (CM 250). Michel de Certeau, dans son ouvrage *L'Invention du quotidien*, décrit la marche comme « un procès d'*appropriation* du système topographique par le piéton » et « une *réalisation* spatiale du lieu » (148). On voit bien chez Alexakis ce processus d'appropriation du lieu à travers la marche puisque beaucoup de personnages sont des marcheurs invétérés : « Il allait errer dans les rues, comme il le faisait toujours quand il avait besoin de réfléchir » (TC 63), « Je fais souvent de longues promenades à pied, toute seule. Un jour, j'ai fait le tour du Pirée, un autre de Kallithéa » (T 186), « Certains matins, je faisais un tour dans le quartier avant de me mettre à écrire » (A 90), « J'ai beaucoup marché dans la ville » (CM 61), et « Je me suis promené au hasard » (CM 97). Les personnages aiment à déambuler.

Parfois ces pérégrinations pédestres n'ont pas de but apparent. On suit par exemple dans *Contrôle d'identité* deux personnages qui traversent Paris à pied (CI 195), les multiples déplacements de Nicolaïdis à travers la capitale grecque dans *La Langue maternelle* (112), ceux du narrateur du *Cœur de Marguerite* (82-99), ou encore ceux de Nikolaïdès de part en part de la capitale centrafricaine dans *Les Mots étrangers*. On remarque bien chez ce dernier l'« *appropriation* du système topographique par le piéton » mise en avant par de Certeau :

> A huit heures, alors que le soleil achève d'effacer la grisaille du ciel, je vais au Phenicia, en emportant mon cahier et le téléphone. J'emprunte toujours le même itinéraire, j'éprouve un certain plaisir à retrouver les mêmes com-

merçants sur mon chemin et à les saluer [...] J'ai vite pris des habitudes pour oublier que je ne suis ici que pour peu de temps. Je m'efforce de me glisser dans la peau d'un vieux citadin qui a une vie bien réglée. (207-08)

Même si son séjour à Bangui est bref, il ressent le besoin de mettre en place une routine pédestre, de s'approprier la topographie de la ville par la marche. Si, comme de Certeau l'affirme, marcher « c'est manquer de lieu », la fréquence de la marche chez Alexakis est une manifestation palpable de la privation de lieux dont les personnages font l'expérience (155). Leur pratique de l'espace met en valeur à la fois leur manque de prise sur les lieux mais aussi leur volonté de s'approprier et de réaliser le lieu de manière performative grâce à divers processus d'appropriation tels que la marche. Éléni, qui visite Barcelone à pied, indique par exemple : « j'avais le plan de la ville en main, je le consultais à chaque carrefour comme si je voulais m'assurer que toutes les rues étaient bien à leur place » (T 145). La volonté du personnage d'imprimer une immobilité au lieu de manière à pouvoir l'appréhender est ici évidente.

Ce désir de maîtrise de l'espace est illustré par d'autres pratiques spatiales chez les personnages. Par exemple, l'intrigue principale du roman *Avant* est fortement spatiale puisqu'elle se résume à creuser un tunnel pour s'échapper du souterrain où les personnages sont enfermés. Cette tâche, digne de Sisyphe, souligne le fait que les personnages semblent condamnés à explorer l'espace (24). Beaucoup effectuent des travaux dans leur appartement, repeignent des murs et démolissent des cloisons (LM 39, P 108, CM 31, ME 99, et JTO 30). Ils rendent l'espace malléable, l'agrandissent, ou tout au moins font l'expérience d'un renouveau spatial.

La volonté de maîtrise de l'espace s'incarne aussi dans un désir de se situer géographiquement de manière très précise. Dans *La Langue maternelle*, Nicolaïdis est localisé sur un plan parisien à l'aide d'une croix :

L'été qui a suivi mon installation à Paris j'ai apporté à ma mère un plan de la ville. -C'est ici que j'habite lui ai-je dit. Elle a marqué l'endroit d'une croix et a affiché le plan dans la chambre à coucher. Chaque arrondissement avait une couleur différente. Le mien était rose. J'ai déménagé ensuite dans le treizième, qui était vert, puis dans le seizième qui était grenat. A chaque déménagement, ma mère ajoutait une croix sur le plan. [...] Elle a été bien ennuyée lorsque je me suis installé en banlieue, comme si je l'avais privée

de la possibilité de me suivre. -Tu es où maintenant ? m'a-t-elle dit. J'ai fait
un point sur le mur avec mon stylo, dix centimètres au sud du plan. (45-46)

Les croix que la mère et le fils tracent sur le plan et sur le mur incarnent bien une volonté de localisation et d'inscription spatiale précises.
Les personnages alexakiens ont un besoin compulsif de se situer, ce
qui manifeste un désir d'appartenance spatiale. Ce désir est parfois
évoqué de manière légère, comme quand le père de Nicolaïdis, qui n'a
plus toute sa tête, fait des offrandes à une table en laissant divers petits
objets précieux dans le tiroir car il est persuadé que ses meubles
veulent l'agresser (LM 382), ou encore de manière ethnographique
lorsque Nikolaïdès éprouve le besoin, avant de quitter Bangui,
d'essayer, mais sans succès, de reproduire le son que les enfants
centrafricains réussissent à émettre en tapant la surface du fleuve (ME
287).

    La tentative d'appropriation spatiale semble en général se sol-
der par un échec. Les lieux demeurent élusifs et les personnages sont
condamnés au déplacement et à la non-appartenance. Ceux-ci expriment d'ailleurs extrêmement souvent leur désir d'être « ailleurs »[26]. La
capacité à s'imaginer dans un lieu autre est caractéristique de tous les
personnages principaux : « J'ai imaginé que j'étais dans ma maison de
Tinos et que je marchais pieds nus sur la véranda » (CM 74) ou encore
« J'imagine que je me trouve dans le salon d'une grande maison de
campagne » (T 27). Ces échappées imaginaires se font souvent sous la
forme de flashs qui contrastent avec le lieu où le personnage se trouve
ou avec les événements relatés à ce moment-là de la narration.

    Les personnages sont aussi parfois présentés en train de dis-
cuter mentalement avec des personnes qui se trouvent dans d'autres
lieux (CM 214 et AJC 390). Ils sont donc tous enclins à la fuite
qu'offre l'imaginaire pour lutter contre la perte de repères qui découle
de l'instabilité spatiale. Ainsi, l'hypersensibilité spatiale des personnages se manifeste par de multiples tentatives d'exploration et

---

[26] L'attirance pour l'ailleurs est prépondérante dans l'œuvre : « Je voulais être
ailleurs. Loin, très loin. J'avais envie de me cacher sous la table du restaurant » (S
60), « J'avais très envie, comme toujours, le soir, quand il fait doux, d'être ailleurs »
(GCB 15), « Où aller ? Aller me promener ? Aller au cinéma ? Aller chez les putes ?
Aller à la gare, partir le plus loin possible ? » (GCB 166), « Il représente un paysan en
train de manger son casse-croûte au pied d'un chêne. Il aimerait entrer dans le tableau,
prendre sa place » (TC 89-90), ou encore « J'imagine que je me trouve dans un lieu
étranger, qu'aucun objet ne m'est familier » (AJC 121).

d'appropriation à travers différentes pratiques telles que la marche, la localisation précise des personnages sur des cartes ou même l'évasion imaginaire et l'appel de l'ailleurs.

Il importe maintenant de regarder de plus près un type de lieu bien particulier : ce que Foucault a appelé des « hétérotopies » (756) ou ce que Marc Augé a plus tard nommé « non-lieux » (48). Dans « Des Espaces autres », Foucault définit un néologisme formé à partir du grec ancien *heteros* (autre) et *topos* (lieu) pour exprimer l'idée d'un type de lieu relevant d'un autre ordre : « des lieux qui sont hors de tous les lieux, bien que pourtant ils soient effectivement localisables [...] ils sont absolument autres que tous les emplacements qu'ils reflètent et dont ils parlent » (755-56). Les hétérotopies sont en marge de l'espace social et politique, des sortes de contre-lieux où s'incarne physiquement une utopie. Foucault donne comme exemple de ces lieux à part les maisons de repos, les cliniques psychiatriques, les prisons, les cimetières ou encore les bateaux.

L'ethnologue Augé pousse plus loin cette réflexion sur ces lieux autres dans son ouvrage *Non-Lieux : Introduction à une anthropologie de la surmodernité*. Ce qu'il appelle un « non-lieu » est un espace anonyme « qui ne peut se définir ni comme identitaire, ni comme relationnel, ni comme historique » (100). Selon lui, l'époque contemporaine, qu'il définit comme l'ère de la « surmodernité », se caractérise par une multiplication de ces non-lieux qui peuvent être :

> aussi bien les installations nécessaires à la circulation accélérée des personnes et des biens (voies rapides, échangeurs, aéroports) que les moyens de transport eux-mêmes ou les grands centres commerciaux, ou encore les camps de transit prolongé où sont parqués les réfugiés de la planète. (48)

Cette prolifération de non-lieux participerait à l'uniformisation de l'espace car elle engendrerait une diminution de la quantité de lieux réellement anthropologiques qui « intègrent [des] lieux anciens » (100). Le non-lieu est un espace que l'on n'habite pas, c'est un lieu de transit et d'errance qui se caractérise par la non-appartenance et le mouvement ; on y est toujours présent de manière provisoire[27].

---

[27] Augé cite aussi comme exemples de non-lieux « les chaînes d'hôtels et les squats, les clubs de vacances, les camps de réfugiés, [et] les bidonvilles » pour bien mettre en avant le caractère « provisoire » de ces « points de transit » (100).

Paradoxalement, Augé estime que le quotidien de l'être humain se joue, de plus en plus souvent, dans ces lieux à part où le rapport lieu/personne est à la base contractuel (régit par un billet, un ticket ou une carte) et définit par un but (atteindre une destination). Il note en effet que c'est « dans l'anonymat du non-lieu que s'éprouve solitairement la communauté des destins humains » (150). De plus, étant donné l'uniformisation spatiale caractéristique du non-lieu, celui-ci ne crée pas une « identité singulière [...] mais solitude et simi-litude » (130). La qualité mobile insufflée aux personnages et aux lieux dans l'œuvre alexakienne ainsi que l'idée avancée par Augé que l'« espace du voyageur serait ainsi l'archétype du non-lieu » mon-trent que l'analyse des lieux chez Alexakis peut être éclairée par les théories de Foucault et d'Augé sur ces lieux à part (110).

Les écrits de l'auteur mettent en effet en présence une multi-tude de non-lieux de transit et d'errance. Les personnages prennent le train pour Barcelone, utilisent le métro parisien ou athénien, s'envo-lent pour l'Australie, la Centrafrique, le Canada, Jannina ou même Thessalonique. On les retrouve dans un car pour Delphes ou pour Athènes, dans un ferry à destination des îles de Tinos, Syros, Andros, Santorin ou Cythère. Sans vouloir constituer une liste exhaustive des scènes se déroulant dans un moyen de transport, une gare ou un aéro-port, il ne fait pas de doute que ces non-lieux de transit occupent une place centrale dans l'œuvre. Bien sûr, Alexakis utilise ces non-lieux dans le but de matérialiser la mobilité spatiale inhérente à son œuvre. Mais, on retrouve également dans les descriptions de ces lieux de pas-sage beaucoup d'idées avancées par Augé dans sa conceptualisation du non-lieu.

Chez Alexakis aussi, le non-lieu est un endroit que l'on ne peut pas vraiment habiter. C'est un espace qui finit toujours par expul-ser ses utilisateurs. Monsieur Beau, le sans domicile fixe installé dans un local de la gare de l'Est, indique en effet : « J'emporte toutes mes affaires quand je sors, je mets tout dans ma valise » (CI 94), souli-gnant ainsi qu'il ne peut pas réellement s'installer et résider dans ce lieu ou même le faire sien. Le non-lieu est aussi chez Alexakis un espace d'anonymat. Dès les premières pages de *Contrôle d'identité*, l'action se déroule dans un train à destination de Paris où le person-nage principal, simplement nommé « le voyageur » vient de perdre la mémoire (9). Alexakis matérialise ici doublement, par l'absence de nom et par l'amnésie, l'anonymat propre aux lieux de transit. On remarque aussi chez l'auteur une volonté de freiner la mobilité associée au non-lieu. En suivant l'idée de Kristeva, soit que l'« espace de l'étranger est un train en marche, un avion en vol, la transition même qui exclut l'arrêt », cette volonté d'imprimer au lieu une certaine immobilité fait bien sens (*Étrangers* 18).

Basile, qui tourne un documentaire dans une gare de Lisbonne, souligne que « les trains ne partaient pas, n'arrivaient pas, il n'y en avait que deux ou trois, immobiles. On se serait cru dans une gare désaffectée » (CI 179). De même, il indique souhaiter que l'avion qui doit le ramener à Paris ne décolle pas : « il s'est mis à espérer que l'avion ne partirait pas, que le vol serait annulé » (CI 178). Dans ces deux exemples, l'auteur met en avant une résistance au mouvement. L'immobilité des trains et de l'avion suggère une volonté d'annulation du départ et de suppression de l'instabilité spatiale. Il y a donc une mise en présence de non-lieux figeant ponctuellement le déplacement, ce qu'Augé qualifierait sans doute d'impossible ou de paradoxal puisque le non-lieu est censé se caractériser par le mouvement.

Dans l'œuvre, les moyens de transport sont associés à la tristesse, ce sont en effet des lieux de séparation et de déception amoureuse. Le lieu lui-même enregistre l'état d'esprit de son utilisateur et le reflète, telle la pluie sur les vitres d'un train : « la pluie s'est mise à tomber. Son visage, qu'il voyait dans la vitre, a été couvert de larmes » (CI 75). Les aéroports sont eux aussi présentés comme des lieux de séparation et d'impasse. Au moment où l'avion de Grigoris quitte Barcelone, Éléni, essaye désespérément de trouver un endroit d'où voir le décollage : « j'ai monté un escalier, mais à l'étage du dessus, à la place de l'immense baie vitrée que je pensais trouver, il y avait un mur » (T 13). Le mur matérialise bien la rupture d'attaches et l'exclusion propre au non-lieu.

L'auteur pousse encore plus loin cette vision négative du non-lieu puisqu'il est parfois décrit comme un espace de cauchemar et de mort[28]. De nombreux personnages s'imaginent mourir dans un non-lieu de transit. C'est le cas de Beau qui estime qu'il mourra à la gare de l'Est, « je dormirai là, sur les rails, et je me ferai écraser par le pre-

---

[28] Le narrateur de *La Langue maternelle* raconte en effet un cauchemar qui se déroule dans un aéroport : « Je suis à l'aéroport, je traverse en courant la piste, on a déjà retiré la passerelle. On m'explique que je ne pourrai accéder à l'appareil qu'en prenant place sur un monte-charge […] Pour échapper au vertige, je me couche dessus, je me recroqueville, je me fais tout petit » (366).

mier train du matin » (CI 97) et d'un immigré grec qui se réveille après le long trajet qui le conduit en Australie, « J'ai eu la plus grande peur de ma vie : j'ai cru que j'étais mort » (CM 64-65). L'avion, le train et le métro sont associés à la mort. Parfois de manière inattendue, comme quand le narrateur de *Je t'oublierai tous les jours* raconte sa rencontre avec un homme qui transporte les cendres de son père dans le métro athénien : « J'ai pensé qu'il serait content de voir le métro avant de quitter définitivement Athènes » (163). Parfois de manière émouvante, comme quand le narrateur du *Cœur de Marguerite* décrit son retour à Athènes par le train à l'annonce de la mort de sa mère (17). Les non-lieux de transits inspirent donc des visions morbides aux personnages : « Lorsque nous avons atteint une altitude considérable et que les premiers nuages ont fait leur apparition, j'ai songé à ma mort » (AJC 196)[29]. Comment peut-on expliquer ce phénomène ? Pourquoi chaque départ semble-t-il assimilé à une mort ? L'auteur laisse peut-être, à travers cette pratique littéraire, poindre sa propre nostalgie d'exilé. Il est en tout cas indéniable qu'au sein de l'œuvre les non-lieux de transit exacerbent une peur de la disparition qui se traduit par la récurrence d'images morbides.

Toutefois, il faut noter que le non-lieu alexakien n'est pas uniquement un espace stérile de mort, de séparation et de tristesse. Les traversées maritimes ou aériennes, les trajets effectués en train ou en car, sont souvent associés à un acte créatif puisque de nombreux narrateurs utilisent ces non-lieux pour écrire[30]. Ce lien entre non-lieux et écriture est d'ailleurs aussi évoqué par Augé : « La médiation qui établit le lien des individus à leur entourage dans l'espace du non-lieu passe par des mots, voire des textes » (119). Le non-lieu se transforme

---

[29] La mort apparaît aussi en filigrane dans d'autres non-lieux tels que des hôpitaux et des cimetières. Dans pratiquement chaque texte, un personnage fait un séjour dans un hôpital. Les narrateurs ont souvent un parent ou un ami hospitalisé (CI 176, A 19, P 108, P 133, ME 42, JTO 39, JTO 42 et AJC 159). De même, les cimetières sont très présents dans les écrits (S 22, A 137, LM 393, CM 127, ME 170, AJC 111 et 188). Cette abondance de non-lieux associés à la mort souligne une angoisse latente de la disparition et de la séparation.

[30] Les non-lieux de transit sont des lieux de prédilections pour l'acte d'écriture chez les personnages : « L'une de mes lettres est rédigée dans le métro » (JTO 75), « Je poursuivrai la narration de cette journée dans le car » (AJC 278) ou encore « J'ai écrit la fin de mon aventure dans le train, en rentrant à Athènes » (AJC 347). Les personnages écrivent aussi à bord d'un bateau (PA 88, CM 142, A 20), dans l'avion (AJC 197) ou dans la salle d'attente d'un aéroport (AJC 175).

alors en un lieu propice à la réminiscence comme le prouve la fréquence des remémorations s'y effectuant (LM 24 et AJC 197).

Dans *Le Cœur de Marguerite*, le narrateur prend refuge sur l'île de Tinos pour tenter d'oublier ses soucis sentimentaux. Au lieu d'expliquer les raisons de sa déception, qui restent donc dans un premier temps inconnues du lecteur, le narrateur préfère se dégager de la narration linéaire de son texte en se concentrant sur la description du bateau : « je l'ai inspecté comme si je comptais l'acheter » (139). La description est en effet très détaillée, elle rend compte de l'état de corrosion du navire et des activités des touristes sur le pont. Ici, le bateau, qui est d'ailleurs décrit par Foucault comme « l'hétérotopie par excellence » car c'est « un morceau flottant d'espace, un lieu sans lieu, qui vit par lui-même, qui est fermé sur soi », est utilisé à des fins narratives (762). La longue description du navire et de la traversée est entrecoupée de deux analepses qui permettent au lecteur de finalement comprendre les raisons du départ précipité d'Athènes.

Le non-lieu maritime permet à Alexakis de faire avancer le récit de manière détournée. Le bateau fournit en effet au narrateur une fuite mentale et physique qui lui offre la possibilité de désamorcer la crise sentimentale qu'il subit. Dans l'œuvre, le bateau est donc un lieu de réminiscence et d'écriture qui permet la mise en présence d'autres lieux dans la prose grâce aux analepses qui s'y insinuent. Chez Alexakis, les non-lieux de transit permettent donc la multiplication des lieux, non seulement parce qu'ils participent à un déplacement physique, mais aussi parce qu'ils donnent corps à des souvenirs qui mettent en présence d'autres lieux.

Contrairement à l'uniformisation spatiale avancée par Augé au sujet des non-lieux, on peut dire que, chez l'auteur, l'espace est éclaté et multiple. La topophilie alexakienne qui prend graduellement forme d'écrit en écrit souligne le caractère instable et mobile des lieux et des personnages. Cette compulsion au déplacement induit une perte d'attaches identitaires qui se traduit chez les personnages par une difficulté à appréhender leur environnement physique et une volonté affirmée d'effectuer des expériences performatives de l'espace à travers différentes pratiques d'inscription spatiales. La récurrence des déplacements a aussi pour conséquence de mettre en présence dans les textes une quantité importante de lieux qui participent à un éclatement de l'espace. La peur face à la possibilité de la rupture d'attaches géographiques ou de la disparition du lieu est aussi caractéristique des personnages, comme le montre l'exemple suivant :

> Je serais curieuse de revenir un jour dans cette ville. On me dirait : -Mais elle n'a jamais existé, madame ! Ce n'était qu'un décor, les façades des maisons étaient en carton-pâte. Quand vous êtes partis, nous avons tout démonté, et nous avons entassé les panneaux dans un entrepôt. Barcelone se trouve aujourd'hui dans un entrepôt. (T 151)

On voit donc bien que les lieux alexakiens sont élusifs : ils échappent au contrôle des personnages qui semblent condamnés à errer de non-lieu en non-lieu, comme dans un mouvement de transit permanent.

La prédilection de l'auteur pour la mise en scène d'itinéraires géographiques marquant la non-appartenance s'explique par son propre parcours. En reprenant les propos de Kristeva, une « blessure secrète, souvent inconnue de lui-même, propulse l'étranger dans l'errance », on peut affirmer que l'œuvre est elle aussi propulsée dans l'errance et qu'elle se fait ainsi le catalyseur de craintes spatiales et identitaires (*Étrangers* 13). L'auteur, qui a déclaré avoir « passé énormément de temps à faire et à défaire [s]es bagages » et n'avoir pas cessé de s'« en aller des lieux où [il] vit », éprouve le besoin de déployer en de multiples échos dans sa prose son propre déplacement géographique et les conséquences identitaires qu'il a eues (PA 227 et 234). Maintenant que l'existence d'une topophilie propre à l'œuvre est claire, il faut regarder de plus près les pôles géographiques mis en présence par Alexakis, plus particulièrement le traitement littéraire de Paris et d'Athènes, en tâchant de déterminer s'il existe une évolution au sein de l'œuvre quant à la description de ces lieux symboliquement très chargés.

3. Deux pôles antagonistes : Paris et Athènes

La place faite à la France et à la Grèce évolue au fil des publications de l'auteur. En regardant la première moitié de ses écrits, on peut décrypter les sentiments associés à Paris et à Athènes pour déterminer s'il y a bien chez l'auteur une déchirure entre ces deux lieux. Alexakis a souvent souligné dans des entretiens la tension psychologique liée au fait qu'il vit à cheval entre la Grèce et la France : « Cela signifie une course permanente entre deux pays. Il faut vraiment avoir

l'âme d'un voyageur. C'est une joie, c'est un enrichissement considérable, mais ça fatigue » (Kroh 175). Il paraît intéressant de voir
comment cette « course permanente » s'incarne dans les écrits. Des
romans de jeunesse où transparait une assimilation à l'espace parisien
à la bipolarité géographique créée par l'introduction de l'espace athénien dans l'œuvre en passant par la nostalgie associée à la capitale
grecque, le traitement littéraire des deux pôles géographiques identitaires de l'auteur évolue au fil des ans. De plus, la métaphore spatiale
qui fait de Paris un lieu de mort dans le roman *Avant* est aussi révélatrice et doit être analysée. Enfin, il faut déterminer si le traitement de
l'espace parisien et les descriptions de la société française sont généralement positifs ou négatifs.

    On peut qualifier les trois premiers romans d'Alexakis de pro-
fondément parisiens. Les personnages vivent et travaillent à Paris, s'y
déplacent, prennent le métro, empruntent des rues bien précises, men-
tionnent des monuments, et décrivent la ville. La narration est
implantée dans l'espace de la capitale et s'y déploie, que ce soit à
travers les déambulations du narrateur dans la ville (S), la recherche
d'un emploi dans un journal parisien (GCB) ou enfin la prise en
filature d'un écrivain (TC). C'est donc Paris qui sert, dans un premier
temps, de pôle littéraire privilégié et qui offre ainsi à l'auteur l'arrière-
plan aux itinéraires qu'il souhaite dépeindre.

    Dans ces œuvres de jeunesse, certains éléments de la descrip-
tion de Paris peuvent surprendre car ils illustrent un désir palpable de
s'approprier l'espace français. Ainsi, dans *Le Sandwich*, l'auteur
effectue, sur une dizaine de pages, une description très précise de la
ville. Il est frappant que le narrateur soit propulsé dans un rôle de
guide touristique. Ce dernier fait en effet un genre de visite guidée de
Paris pour le lecteur qui le mène du quartier latin aux Champs-Ély-
sées, en passant par la Tour Eiffel et le Louvre :

> Attention ! Il y a probablement des lecteurs qui ne connaissent pas Paris. Je
> vais donc décrire cette ville où se passe la majeure partie de mon roman.
> Dieu me garde de prétendre inventorier ici méthodiquement toutes les
> richesses de la capitale ! [...] La place Saint-Sulpice où Françoise et moi
> avons pris la décision de nous marier se trouve au cœur même du quartier
> latin [...] On peut accéder au Louvre par le métro [...] Que dire de la tour
> Eiffel ? [...] Si on a le temps, on peut faire, le soir, un tour du côté de la
> butte Montmartre, qui est pleine de contraste. (79-86)

En faisant ainsi du lecteur une personne qui ignore à quoi ressemble Paris, en mentionnant les monuments les plus connus de la ville et en les décrivant en détail, le narrateur démontre sa connaissance de la ville. Une page entière est même dédiée à l'explication du métro :

> Le train souterrain qui traverse Paris dans tous les sens s'appelle le métro. Il passe même sous la Seine, ce que certains étrangers ignorent [...] Une des lignes de métro que je connais le mieux est certainement celle qui va de la porte de Clignancourt à la porte d'Orléans. Je connais par cœur presque toutes les stations de cette ligne. (88)

Il est évident ici que le narrateur désire fournir, sur un ton que l'on sent malicieux, la preuve de sa maîtrise de la ville[31].

Comment peut-on expliquer ce phénomène ? Non seulement Alexakis implante l'action de ces trois romans dans la capitale française, mais il laisse transparaître la volonté de montrer qu'il connaît la ville, qu'il l'a faite sienne. En effet, le lecteur peut être interpellé par le fait qu'un auteur grec, qui s'adresse à un lectorat français, mette en scène un narrateur qui s'approprie Paris et contraste son expérience de la ville avec celle des « étrangers ». Alexakis réussit ainsi un retournement de situation : l'auteur grec se fait guide touristique de la capitale française pour le lectorat français. Il y a là un véritable pied de nez à son propre statut d'étranger.

L'auteur a plusieurs fois insisté sur le fait que l'espace géographique grec est absent de ses premiers écrits : « La Grèce était quasiment absente de mes premiers livres » (PA 226) et « La Grèce n'est jamais évoquée dans ce texte [S] » (JTO 96). Cela n'est pourtant pas tout à fait vrai. On remarque, dans ces trois romans, que des éléments grecs font des apparitions furtives[32]. Le narrateur du *Sandwich* a

---

[31] La connaissance du métro revient plus tard dans l'œuvre comme preuve de la maîtrise de la ville. Beau, dans *Contrôle d'identité*, se vante de connaître toutes les correspondances nécessaires à n'importe quel itinéraire parisien : « Je connais toutes les correspondances, toutes ! » (65). De même, dans *Avant*, un personnage grec raconte un cauchemar qu'il fait de manière récurrente où on lui demande « de citer toutes les stations entre Mantes-la-Jolie et Bécon-les-Bruyères » (223).

[32] Dans *Le Sandwich*, on trouve quelques références indirectes faites au pays de l'auteur. Le narrateur mentionne des objets ou des lieux qui font penser à la Grèce : la boisson Xérès, la statue « La Victoire de Samothrace », la vierge Marie, une icône et une île. Dans *La Tête du chat*, il est fait référence à des chandeliers ramenés de Grèce et à une tradition grecque : « En Grèce, paraît-il, on met parfois trois feuilles de

même une vision soudaine qui contraste avec son environnement parisien et fait fortement penser à la Grèce :

> Je vois un âne à l'ombre de la petite église blanche. Il ne doit pas être bien loin de 9 heures. De l'autre côté de l'église il y a un pommier. Le café sent bon. L'eau est fraîche. Le ciel est bleu. La mer est calme. Un petit bateau passe au loin. (93)

La prééminence des lieux parisiens est ainsi brièvement interrompue, par des sortes de flashs, par ces quelques éléments grecs ou par cette vision furtive d'un paysage aux qualités grecques (église blanche, âne, ciel bleu, mer et bateau). La prédominance de l'environnement parisien dans les œuvres de jeunesse n'est pas remise en cause. Il est toutefois important de souligner que des éléments géographiques s'apparentant à la Grèce sont bien présents mais d'une manière détournée, voire refoulée.

Comment peut-on interpréter l'implantation géographique parisienne, la volonté affirmée des narrateurs de s'approprier l'espace parisien et le refoulement de l'espace géographique grec dans les œuvres de jeunesse de l'auteur ? Plusieurs éléments d'explication viennent à l'esprit. On peut estimer, dans un premier temps, qu'Alexakis a fait ces choix spatiaux pour incarner son refus de faire dans l'exotisme. Ainsi, il se pose en opposition au principe qui réduit les écrivains étrangers s'exprimant en français à un statut d'émissaire culturel de leur pays d'origine. G. Fréris souligne précisément ce dilemme littéraire découlant de l'idée reçue définissant

> tout écrivain francophone comme le représentant d'une autre culture et non pas comme un créateur original, ne voyant pas en sa personne un auteur à part entière mais attendant de lui une dose d'exotisme, convaincu qu'il s'agit d'un ambassadeur occasionnel d'un pays plus ou moins charmant. (« Le Dialogue » 391)

La pratique alexakienne de l'espace dans les premiers écrits vise à refuser ce rôle d'ambassadeur qui le contraindrait à embrasser une base littéraire folklorique et exotique afin d'assurer le dépaysement de son lectorat français.

---

citronnier sous la tête du mort » (TC 108-09). Ces éléments grecs éparpillés dans les romans font apparaître la Grèce en filigrane dans ces textes très parisiens.

Les raisons qui poussent l'auteur à implanter ses narrateurs dans Paris peuvent être aussi expliquées par les même facteurs qui ont poussé l'auteur à entamer sa carrière littéraire en langue française. L'influence de l'environnement physique de l'auteur qui vit et travaille à Paris est en effet un facteur commun au choix de la langue française et à la prééminence des lieux parisiens dans la prose à cette époque. Enfin, on peut, à travers la volonté des personnages de démontrer leur connaissance de Paris et l'apparition furtive de lieux grecs, estimer que l'auteur matérialise son désir de se faire accepter par sa terre d'accueil.

L'attirance des écrivains étrangers pour la capitale française et l'utilisation de l'espace parisien dans leurs créations littéraires a une longue histoire et n'est pas en soi originale[33]. Cette volonté de s'approprier l'espace parisien qui transparaît grâce aux pratiques spatiales de ses narrateurs place pourtant le cas d'Alexakis à part. Les concepts deleuziens de déterritorialisation et de reterritorialisation peuvent aider à comprendre ce phénomène littéraire. Deleuze et Guattari, dans *Mille Plateaux*, définissent la déterritorialisation comme « le mouvement par lequel on quitte le territoire » (634). Ils soulignent que cette déterritorialisation « peut être recouverte par une reterritorialisation qui la compense » (634). Ainsi, l'assimilation à l'espace français des œuvres de jeunesse d'Alexakis serait un processus de reterritorialisation engendré par la déterritorialisation initiale de l'auteur causée par son exil.

Alexakis, dans sa prose, se referait un nouveau territoire, se « reterritorialiserait » sur l'espace géographique français pour compenser la perte de l'espace géographique grec. Deleuze et Guattari estiment que n'« importe quoi peut faire office de reterritorialisation, c'est-à-dire 'valoir pour' le territoire perdu, on peut en effet se reterritorialiser sur un être, sur un objet, sur un livre », et pourquoi pas, voudrions-nous ajouter, par un livre ou par une pratique littéraire spatiale visant à l'assimilation à un territoire géographique donné (634). Il est clair que les œuvres de jeunesse de l'auteur se concentrent sur l'espace parisien afin de permettre à l'auteur de s'inscrire dans son environnement géographique d'exilé et de se retérritorialiser sur la capitale française. Cette assimilation à l'espace géographique parisien

---

[33] Sur ce sujet, voir par exemple : *Paris dans la littérature française après 1945* (Bancquart), « City for Expatriates » (McMahon) ou bien encore *Paris en France et ailleurs* (Siwka).

et le refoulement initial de l'espace géographique grec deviendront bien vite problématiques pour l'auteur qui modifiera en conséquence sa pratique littéraire de l'espace.

Après avoir refoulé l'espace grec dans ses écrits de jeunesse, Alexakis, dans les années quatre-vingts, décide d'ouvrir la porte à Athènes et de laisser se déployer son espace géographique dans sa prose. L'auteur n'abandonne pas pour autant Paris, qui reste à cette époque un pôle géographique privilégié. Pendant cette période, deux ouvrages, le roman *Talgo* et le récit autobiographique *Paris-Athènes*, mettent en scène la construction d'un espace géographique caractérisé par une bipolarité identitairement problématique. En décrivant son propre itinéraire d'exilé (PA) et celui d'un double autofictionnel (T), l'auteur utilise Paris et Athènes comme de véritables protagonistes.

Ces deux ouvrages relatent les rapports changeants de l'auteur et de Grigoris face à leurs deux pôles identitaires depuis leur enfance jusqu'au moment présent. Dans les deux cas, l'auteur évoque l'enfance athénienne du protagoniste, le départ pour la France à la fin de l'adolescence, les retours ponctuels pour les vacances, le mal du pays, l'intensification des aller-retours entre la France et la Grèce et l'installation progressive d'un dilemme géographique. Ces deux écrits se ressemblent tellement thématiquement, que l'on peut bien dire que *Paris-Athènes* est une version « autobiographisée » de *Talgo*. À ce moment de sa carrière, l'auteur ressent le besoin d'avouer que « Paris [lui] fit oublier Athènes » et d'expliquer les conséquences de cette amnésie géographique (PA 224). L'apparition d'Athènes dans les écrits de l'auteur et la remise en cause de l'identification à l'espace parisien crée un déséquilibre qu'Alexakis illustre de manière spatiale dans sa prose.

L'opposition géographique entre Paris et Athènes est incarnée métaphoriquement par l'échec de la relation amoureuse entre Éléni et Grigoris. Chaque personnage est en effet associé à un pôle géographique : Éléni à Athènes et Grigoris à Paris. Leur impossibilité à fonctionner ensemble sereinement et de manière durable matérialise bien l'installation d'une opposition géographique entre les deux pays. De plus, le fait que Grigoris n'envisage pas vraiment de se séparer de sa femme et ne considère Éléni que comme une maîtresse temporaire illustre aussi ce déséquilibre géographique entre Paris (Françoise, la femme de Grigoris) et Athènes (Éléni, la maîtresse)[34]. L'auteur décrit aussi l'incapacité des protagonistes à faire cohabiter les deux espaces géographiques. Grigoris est choqué quand on lui demande à Athènes des nouvelles de sa vie parisienne : « Comment va la vie à Paris ? Tu m'as dévisagée comme si tu essayais de deviner pourquoi je te posais cette question ou comme si tu n'en comprenais pas très bien le sens » (T 57). De même, Alexakis souligne qu'il n'aime pas entendre parler français en Grèce (PA 190). Ces deux réactions montrent bien que Paris n'a pas sa place à Athènes et que les deux espaces sont vécus spatialement de manière antagoniste.

Dans ces deux ouvrages, il y a aussi une peur panique de la perte du territoire d'origine puisque la Grèce y est décrite comme un bateau en train de couler : « la Grèce elle-même s'effaça. J'eus l'impression que la mer avait englouti mon pays, que je ne pourrais pas revenir en arrière » (PA 128). Dans *Talgo*, c'est encore une fois la métaphore de la relation amoureuse qui permet à Alexakis de mettre en forme cette peur de la disparition de la Grèce. Eléni compare en effet la perte de l'être cher à l'anéantissement pur et simple de la Grèce et à la crise identitaire en découlant :

> Imagine, Grigoris, ce que tu aurais éprouvé à cette époque si la boîte aux lettres était restée vide pendant des semaines entières. Si tu avais appris qu'un terrible tremblement de terre avait tout anéanti dans ton pays, que la Grèce elle-même, comme un bateau qui fait naufrage, s'était penchée d'un côté et avait brusquement coulé à pic. Un trou immense se serait formé un bref instant à la place du pays, mais les mers environnantes n'auraient pas tardé à le remplir […] Ainsi je me sens. Comme si tu m'avais privée de mon pays. Comme si tu m'avais retiré ma nationalité, comme si tu m'avais exilée. Les rues me blessent, les toits des immeubles et les cyprès que je vois de ma fenêtre me blessent. Je suis devenue une étrangère dans Athènes, dans ma propre maison. (T 78-79)

On retrouve dans ce passage fort le recours récurrent aux images de naufrage et de tremblement de terre caractéristiques de la prose. Éléni exprime ici en termes géographiques la blessure créée par l'abandon de Grigoris. Son état psychologique est comparé à celui d'un exilé en perte de repères identitaires qui ne peut accepter l'absence de son pays

---

[34] L'attribution du prénom « Françoise » à la femme de Grigoris et sa ressemblance phonétique avec « France/Française » participe à la métaphore spatiale filée dans ce roman. De même le choix du prénom Grigoris n'est sans doute pas fortuit puisque ses sonorités rappellent celles du mot « Grèce ».

d'origine en même temps que le sentiment de s'y sentir étranger et rejeté. Ces images d'une Grèce annulée par un tremblement de terre et des naufrages sont particulièrement puissantes et incarnent bien, de manière extrêmement visuelle, la peur de la perte du territoire d'origine.

On remarque que l'identification émotionnelle des personnages se fait avec Athènes et la Grèce. Ces lieux sont évoqués de manière plus sensible que les lieux parisiens[35]. Le ton se fait lyrique et la nostalgie domine lorsque les lieux grecs sont évoqués. Le fait que la « Grèce reste constamment présente » à l'esprit de l'auteur transparaît en effet dans les écrits sous la forme d'une sensibilité géographique exacerbée (PA 112). L'environnement athénien déclenche des réponses physiques chez les personnages qui deviennent attentifs aux moindres détails de la vie de la ville, jusque dans ses odeurs : « Le soir, l'air d'Athènes devient plus respirable. Sur les petites places on sent l'odeur épicée des brochettes grillées. Certaines rues sentent le jasmin » (PA 195). Y a-t-il ici une tentative de restauration du lien psychologique avec la Grèce de la part de l'auteur ? Le processus l'amène en tout cas à se rendre compte qu'il voudrait se trouver à Athènes au moment de sa mort (PA 240). Il arrive aussi à la conclusion qu'il a choisi d'intituler son récit « Paris-Athènes » plutôt qu'« Athènes-Paris » pour « indiquer dans quel sens ce voyage [lui] était le plus agréable » (PA 182). On assiste bien à une tentative de réappropriation de l'identité grecque de l'auteur à travers l'identification répétée à Athènes. Après avoir laissé de côté la capitale grecque, l'auteur compte bien ici s'y réimplanter par le biais de l'écriture.

Dans les deux écrits, Athènes et la Grèce sont liées à l'enfance. Au fil de l'évocation de différents lieux athéniens (école, rues, maison d'enfance, bordel, etc.) Alexakis démontre sa volonté de se (re)construire une géographie personnelle à dominante grecque. Mais cette stratégie spatiale se révèle problématique car elle cantonne la Grèce au passé et rend fausse l'expérience du pays qu'en font Alexakis ou Grigoris au présent. Dans *Talgo* et *Paris-Athènes*, transparaît le sentiment qu'en Grèce le temps s'est arrêté au moment du départ puisque les deux protagonistes se sentent comme rajeunis à

---

[35] Ceci transparaît aussi quantitativement puisque Jouanny estime que dans *Paris-Athènes*, « la Grèce est au premier plan dans 118 » pages et la France dans seulement 72 (« Le Vertige » 58).

chaque fois qu'ils rentrent au pays[36]. Mais, même si tout paraît plus intime à Athènes, l'expérience que les protagonistes font de la ville est celle d'un « paradis perdu » habité « de souvenirs d'enfance, des personnages rarement rencontrés [et] des habitudes de moins en moins pratiquées » (G. Fréris « Le Dialogue » 395). L'image d'Athènes dans ces deux ouvrages est celle d'une ville idéalisée. Alexakis refuse par exemple d'admettre que la capitale est polluée ou de reconnaître les multiples problèmes liés à la vie athénienne dont lui parlent ses amis.

À Athènes, les protagonistes mènent une vie sociale intense qui les mène de taverne en taverne, de rencontre en rencontre, dans un état de manque palpable : « J'ai l'impression que je cherche à vivre en quelques jours ce que je n'ai pas vécu en vingt ans d'absence, à faire tout ce que je n'ai pas fait, à connaître tous les gens que je n'ai pas connus » (PA 187). À cette vie sociale exacerbée, s'oppose l'image d'une France froide et pragmatique qui est symbolisée par le mariage raté de Grigoris et Françoise. L'auteur se sert en effet plusieurs fois de cette comparaison matrimoniale pour exprimer la différence dans ses rapports aux deux villes : « Je suis aussi sévère pour Paris qu'on peut l'être à l'égard d'une épouse. En revanche, j'ai pour Athènes l'indulgence qu'on réserve à une maîtresse » (PA 187). Cette idéalisation du lieu d'origine est souvent soulignée chez les personnes qui ont dû quitter leur pays : « la violence du déracinement contribue à sceller l'idéalisation secrète du lieu intime abandonné. En somme, l'émigrant, lors de son départ, rejoue l'investissement pulsionnel de son attachement au lieu natal » (Harel, « Lieux trahis » 59). Il importera de déterminer si cette idéalisation est remise en question dans les œuvres plus récentes de l'auteur.

Il est maintenant évident, comme l'a d'ailleurs souligné Chatzidimitriou, qu'Alexakis met en place, pendant les années quatre-

---

[36] On peut mettre en parallèle : « Athènes me rend l'âge que j'avais quand je l'ai quittée. Comment ne pas être amoureux d'une ville qui vous fait pareille faveur ? […] À Paris, j'ai mon âge, bien sûr. J'ai même, probablement, quelques années de plus » (PA 188) et « tu étais malheureux en France non pas tant à cause du pays mais parce que tu avais commencé à penser sérieusement que tu vieillirais un jour, que le temps, en fin de compte, ne ferait pas d'exception pour toi. C'est peut-être cette crainte de la vieillesse qui t'a incité à revenir en arrière. Tu as eu la nostalgie de ton enfance » (T 104).

vingts, une « géographie de sa dépossession »[37] identitaire. Cette géographie personnelle se caractérise par une opposition entre Paris et
Athènes, une idéalisation de la capitale grecque et une perception nostalgique de la ville qui incarne son manque d'attache aux lieux. Géographiquement, les protagonistes rejettent Paris et ne parviennent pas
à faire une expérience réelle du pôle géographique dont ils se réclament : « L'idée que je me fais d'Athènes est fausse, pensé-je. L'idée
que je me fais de Paris est fausse également. Où ai-je donc passé
toutes ces années ? » (PA 190). Athènes devient un lieu tenant plus du
mythe que de la réalité, un lieu qui semble exclure la possibilité d'un
vrai retour. Avtar Brah, dans son étude sur les identités diasporiques,
souligne cette qualité mythique du lieu d'origine et l'impossibilité du
retour : « le lieux d'origine est un lieu mythique de désir dans l'imagination diasporique. C'est pour cela que c'est un lieu de non-retour,
même s'il est possible de se rendre sur le territoire géographique perçu
comme celui d''origine' »[38] (192).

Une fois encore, c'est grâce à la métaphore du couple
qu'Alexakis fait passer son sentiment de paralysie géographique et
l'idée de l'impossibilité d'un vrai retour. En effet, lorsque Grigoris
demande à Éléni s'ils peuvent rester amis, il montre son incapacité à
embrasser pleinement leur relation (à se recentrer définitivement sur la
Grèce, à effectuer un retour) et son désir de maintenir un contact uniquement amical (se rendre dans le pays de manière ponctuelle)[39]. Le
fait qu'Éléni rejette cette proposition symbolise bien à la fois la difficulté de faire Athènes sienne pour Grigoris mais aussi l'impasse géographique caractéristique des écrits de l'auteur à cette époque. La
binarité Athènes-Paris, si elle constitue tout d'abord une matière première littéraire pour l'auteur, s'avère ensuite paralysante. Au niveau
géographique, *Talgo* et *Paris-Athènes* ne proposent donc pas de solution mais établissent un constat. L'impasse spatiale qui s'incarne alors
dans les écrits de l'auteur sera suivie par un genre de défoulement

---

[37] Celle-ci note en effet : « dans *Paris-Athènes*, Vassilis Alexakis crée une géographie
de la dépossession » – « in *Paris-Athènes*, Vassilis Alexakis creates a geography of
dispossession » – (« Language(s) of dispossession » 113).
[38] « 'home' is a mythic place of desire in the diasporic imagination. In this sense it is a
place of no return, even if it is possible to visit the geographical territory that is seen
as the place of 'origin' »
[39] Cette analogie est suggérée dans le texte : « Je ne doute pas que tu veuilles sincèrement qu'on reste amis, comme tu veux sincèrement travailler en Grèce aussi, un ou
deux mois par an, pas plus » (T 183).

géographique, c'est-à-dire par l'exacerbation d'une vision négative de Paris.

En 1992, soit à peu près au milieu de sa carrière littéraire, Alexakis publie *Avant*, roman frisant le fantastique, qui relate la vie d'un groupe de personnes dans un souterrain se trouvant sous un cimetière parisien. Les habitants de ce lieu, plongés dans l'obscurité perpétuelle, se refusent à admettre qu'ils sont morts et ne s'expliquent pas leur présence dans le souterrain. Ils se raccrochent au souvenir élusif de leur vie antérieure et échafaudent de multiples scénarios expliquant leur présence sous le cimetière. Certains ne s'y trouvent que depuis quelques années, d'autres depuis des décennies voire même depuis le siècle précédent. Ils se sont simplement un jour réveillés dans leur cercueil et ont ensuite pris part aux activités des autres pensionnaires. Leurs principales préoccupations sont la crainte d'être devenu aveugle, leur ignorance de ce qui se passe dans le monde extérieur et leur désir de s'échapper du souterrain. Le lecteur est plongé dans leur quotidien grâce au récit qu'en fait Basile Hennart sur un carnet trouvé dans sa poche.

Alexakis choisit donc ici, une fois de plus, un lieu à part qui se caractérise par l'isolement et l'obscurité, un lieu de mort qui s'oppose au monde extérieur. Pourquoi l'auteur a-t-il construit cette hétérotopie ? Le lieu dans lequel les personnages évoluent matérialise à la fois une coupure entre un avant et un après, mais aussi une annulation des attaches identitaires. Leur portrait psychologique rappelle celui des exilés et des immigrés. Ils sont d'ailleurs comparés à des « voyageurs » (56). Dans ce roman, l'espace cimetière/souterrain peut être interprété comme une métaphore de l'exil qui est ainsi comparé à la mort. Il est significatif que l'espace parisien, et la France par extension, soit limité à celui de ce cimetière. Léon Bordes, l'un des pensionnaires du souterrain, suggère cette analogie entre le souterrain et l'espace français :

> La France n'est pas une simple croûte terrestre, elle se prolonge dans la terre... Elle a une dimension verticale ! Elle descend bien au-delà de la racine de ses arbres, de ses puits les plus profonds, de ses grottes. Je ne sais pas jusqu'où elle va, jusqu'au centre de la terre, peut-être ? (175)

Il faut aussi noter que le roman relate en détail l'arrivée toute récente d'un nouvel occupant, Yannis, qui se trouve être grec (139). Alexakis, en construisant une hétérotopie qui lui permet de lier Paris à la mort et à l'exil et en y faisant évoluer un personnage grec semble en effet vouloir donner forme à son propre exil et explorer, une fois de plus, la blessure psychologique créée par son éloignement de la Grèce. Mais comment l'espace cimetière/souterrain s'incarne-t-il comme une analogie de l'exil ?

Comme les immigrés, les habitants du souterrain ont la nostalgie d'autres lieux. Ils évoquent sans cesse les espaces de leur vie antérieure et ressassent des souvenirs qui s'effacent graduellement de leur mémoire : « J'ai essayé de me souvenir des numéros que portaient les maisons où j'ai habité. La première, qui était la plus grande, portait le numéro 102. J'ai aussi résidé au 131 d'une rue étroite, peu fréquentée » (14). Il y a chez eux le désir de lutter contre l'oubli et de se raccrocher au passé, à cet « avant » que le titre du livre évoque. Il y aurait donc bien une analogie entre « avant la mort » et « avant le départ du lieu d'origine » dans ce texte.

Un autre élément qui permet de renforcer la comparaison des habitants du souterrain à des immigrés ou des exilés est leur besoin de rester en contact avec le lieu (pays) d'origine. Le narrateur note à plusieurs reprises que les habitants du souterrain attendent avec impatience l'arrivée de nouveaux pensionnaires pour s'informer des derniers événements : « nous avons hâte de les connaître et d'avoir des nouvelles de l'extérieur » (39) ou encore « Tout ce qui se passe à l'extérieur, en particulier à Paris, nous intéresse » (108). Les nouveaux arrivants peuvent être comparés à une nouvelle vague d'immigrés qui permet à ceux déjà implantés dans le pays d'accueil (le souterrain) de tenter de maintenir le lien avec le lieu d'origine.

Le fait que le retour apparaisse comme élusif permet aussi de renforcer l'analogie entre mort et exil dans le texte. En effet, les habitants du souterrain essayent de percer une galerie pour rejoindre le tunnel du métro et ainsi s'échapper. Le narrateur note : « Le travail avance très lentement : nous ne progressons que d'une vingtaine de centimètres chaque jour », ce qui a pour effet de matérialiser la distance qui les sépare de l'extérieur et de rendre improbable leur retour (18). Même quand le narrateur réussit à imaginer sa sortie, celle-ci se solde par un échec puisque la vision du retour se termine sur une évocation des pierres du souterrain qui le coupent du monde extérieur :

> Je me sentirai infiniment fatigué, comme au bout d'un très long voyage. Mes jambes se souviendront soudain de toutes les distances qu'elles ont parcourues, de toutes les marches qu'elles ont gravies, de tous mes pas.

Elles fléchiront. Je m'assiérai sur le trottoir, le dos appuyé sur le mur d'un
immeuble. Je toucherai, je palperai ce mur : il sera construit en pierres de
taille, en pierres de calcaire grossier comme celles qui nous entourent ici.
(162)

Cette citation renforce aussi l'analogie avec l'exil puisque la sortie du
souterrain, le retour, y est comparée à « un très long voyage ». Tels
des immigrés ou des exilés, les pensionnaires font l'expérience d'un
sentiment de non-appartenance et se sentent étrangers à leur environnement : « on est des absents […] c'est le pays de l'absence, ici »
(63). Ce sont des êtres en attente comme s'ils étaient en transit et que
leur présence dans le lieu n'était que temporaire.

Un dernier élément du texte permet d'apporter un argument
supplémentaire à une interprétation du roman reposant sur une vision
du souterrain parisien comme métaphore de l'exil. En effet, les personnages sont comparables à une minorité perpétuellement inquiète de
son sort : « Nous avons conscience que notre existence constitue une
anomalie, une entorse au règlement de ce lieu » (103). Ils se sentent
comme des individus en marge de la société à la merci de forces puissantes qu'ils ne peuvent contrôler, ce qui ne va pas sans rappeler le
sort de certaines populations immigrées dans des lieux qu'ils ne connaissent pas et dont ils ne maîtrisent pas les usages.

Avant permet donc bien à Alexakis de mettre en scène une
situation d'exil, même si celle-ci est métaphorique. Le souterrain sous
le cimetière parisien est une hétérotopie alexakienne qui s'apparente à
un pays de l'exil. Le narrateur souligne lui-même l'analogie pays
étranger/souterrain lorsqu'il imagine comment son père a expliqué son
absence à sa mère : « Mon père a dû lui dire que je suis parti à l'étranger, que j'écris un livre sur un pays lointain, complètement coupé du
reste du monde » (236). Ce qui est particulièrement révélateur dans
cette évocation métaphorique des souffrances de l'exil, c'est que
l'auteur implante son hétérotopie dans Paris. Alexakis confère ainsi à
la capitale parisienne une valeur négative comme si, en associant ainsi
Paris à la mort dans son texte, il voulait donner forme à ses propres
frustrations d'exilé. Il en découle qu'à ce stade de sa carrière littéraire
Alexakis décrit Paris comme un lieu stérile, un lieu de mort, qui
n'offre aucun horizon d'avenir. *Avant* incarne donc un moment charnière dans le traitement de l'espace, et plus particulièrement dans celui
du pôle identitaire français, chez l'auteur.

Paradoxalement à ce qu'aurait pu suggérer l'implantation parisienne des premiers romans d'Alexakis et la description de pratiques spatiales visant à l'appropriation de l'espace parisien, la ville a toujours fait l'objet d'une certaine ambivalence. Le statut d'Alexakis, auteur étranger installé à Paris, lui permet d'appréhender la ville d'une manière originale et d'offrir un point de vue décalé sur la société française. G. Fréris souligne cette idée lorsqu'il indique que l'on peut voir dans l'œuvre une « sincère critique de la société 'française' […] par un 'étranger'. Ses remarques sont celles d'un 'émigré' qui voit d'un autre point de vue son entourage » (« Le jeu » 151). Comment cette critique sociale s'incarne-t-elle dans la description physique de Paris ?

La ville est décrite comme un lieu morose de peur et d'oppression. Plusieurs personnages font en effet mention de leurs sentiments négatifs par rapport à Paris : « nous avons très peur ma sourissette et moi de cette grande ville où le sort nous a jetés » (S 110), « à Paris, qu'est-ce que tu veux, on ne respire pas » (S 171) ou encore « Paris est une ville terriblement froide » (CI 198). La description de l'architecture parisienne se fait l'écho de l'oppression physique ressentie par les personnages. Paris est un espace urbain compact : « Les constructions deviennent de plus en plus denses, elles masquent presque entièrement la terre et une partie du ciel » (CI 12-13). Les immeubles sont sinistres, le gris et la vétusté dominent : « un vieil immeuble étroit, de cinq étages, jaunâtre, coiffé de taule grise […] La porte d'entrée s'ouvre sur un couloir long et sombre. La peinture grise des murs est tombée à un endroit » (CI 23). La morosité s'étend même jusque dans l'évocation de la banlieue : « Nous traversions la sinistre banlieue parisienne » (ME 43).

Le rythme de vie effréné de la capitale est aussi critiqué. Dans une lettre que le narrateur du *Sandwich* écrit à un ami, il note : « La vie à Paris, tu le sais très bien, est infernale. On vit comme des fous » (159). Les problèmes de circulation et la morosité des transports en commun sont aussi souvent évoqués. Le métro apparaît d'ailleurs comme un lieu catalyseur de la tristesse des Parisiens. À plusieurs reprises, l'auteur utilise ce non-lieu pour faire passer des descriptions de Parisiens déprimés et fatigués : « Il y avait un monde dans le métro, un monde ! Impossible de lire le journal, on pouvait à peine respirer. Je regardais les gens. Gueules sinistres, fatiguées. Yeux lourds, bouches amères » (GCB 127). Le métro donne libre cours à un sentiment de dégoût pour le quotidien parisien. Il est par exemple comparé à un monstre :

> Un air tout chaud, puant, sort de la bouche du métro. Il descend rapidement les marches, avec le sentiment de s'engouffrer dans la gueule d'un monstre […] Avec un bruit du tonnerre de Dieu la rame entre dans la station. Elle est bondée. En poussant avec le dos, avec le cul, Paul réussit à se faire une place dans le wagon. […] il n'y a que des types autour de lui. Il les regarde, un à un… Visages usés, sans vie, ils le font penser à des maisons désaffectées […] C'est l'impression que donne la foule du métro : celle d'une armée vaincue. (TC 54-55)

Il est intéressant de noter au passage qu'Alexakis utilise ici, une fois encore, une métaphore spatiale pour décrire ses personnages qui sont comparés à « des maisons désaffectées ». La ville change physiquement les personnages et les rend laids. Dans *La Tête du chat* Alexakis souligne par exemple que la femme de Paul Arnaud, l'homme qui souhaite tuer un riche écrivain, est méconnaissable quand elle se trouve à Paris : « En été, été quand elle est bien reposée, elle est vraiment belle. Mais à Paris… Les gens qui l'ont connue en vacances ne la reconnaîtraient pas ici » (135). La ville est une entité qui a une prise puissante sur ses habitants et les plonge dans la morosité et l'étouffement urbains.

Bien qu'Alexakis semble prendre en pitié le sort des Parisiens, il s'autorise à critiquer leur méchanceté et leur nervosité. De nombreux commentaires se glissent en effet sur leur manque d'amabilité et leur froideur. Ainsi, on peut lire dans *Contrôle d'identité* : « Vous ne trouvez pas que les Parisiens sont terriblement désagréables ? […] Les Parisiens m'épuisent. Ils me rendent nerveux […] Les Parisiens me font peur » (177-78). De même, dans *La Langue maternelle*, un Français installé en Grèce dénonce « la mauvaise humeur et l'anxiété » des Parisiens (167). Dans ce même roman, la froideur des rapports amicaux parisiens est aussi critiquée. Le narrateur explique que ses hôtes ne le raccompagnent jamais jusqu'à l'ascenseur, ce qui lui donne l'impression de se faire mettre à la porte : « Ils me saluent sans passer le seuil de leur appartement […] Ils n'attendent pas l'arrivée de l'ascenseur. La porte se ferme derrière moi au moment où j'appuie sur le bouton » (20). De plus, la société parisienne est décrite comme sans fantaisie, crispée et obsédée par la réussite : « Je crois que la société parisienne se fait une certaine idée de l'avenir et qu'elle travaille fiévreusement dans l'espoir de le réaliser » (LM 191).

En conséquence, il n'est pas étonnant que la ville soit un endroit duquel certains personnages désirent s'échapper (S 59, TC 92 et 157). On comprend aussi mieux pourquoi à deux reprises Paris est un lieu où sont mis en présence des hommes qui ont perdu la mémoire (CI 9 et P 33). Le désir d'effacer la ville et de lui donner une qualité irréelle est palpable : « Paris est un spectacle » (CI 199) et « Paris n'est qu'un trompe-l'œil » (A 165). Cette ville est en effet le lieu où ont pris forme les angoisses d'exilé de l'auteur. On ressent comme un besoin de défoulement par la description négative de la ville et une volonté réelle de fuite (départs) ou d'oubli (amnésie).

La critique de la société parisienne se double d'une critique de la société française dans son ensemble. Alexakis dénonce le racisme latent et la montée de l'extrême droite (A 196, LM 102 et JTO 147-49). Il explique en détail, à travers le sort de ses personnages, les difficultés liées au statut d'immigré en France : « En France non plus je n'ai guère commis de bêtise. J'ai compris assez vite que les écarts des immigrés suscitent des réactions disproportionnées, alarment les voisins, émeuvent la police, inspirent de longs développements à la presse » (ME 141). L'auteur s'inquiète aussi du sort des sans-papiers (JTO 145). Enfin, il dénonce la montée de la précarité en France en mentionnant la pauvreté et le problème du chômage qui « [ont] blessé les Français, les [ont] humiliés » (LM 103). Le regard de l'auteur sur la société française peut être qualifié de fataliste. Le ton se fait souvent sec quand la capitale, ses habitants et la société française sont mentionnés. Alexakis appose le regard de l'Autre sur Paris et sape ainsi l'idée d'une France heureuse, solide et intouchable. Son statut d'étranger lui permet aussi d'évoquer des événements fortement traumatiques de l'histoire française sur lesquels les Français restent souvent muets. L'auteur dissèque en effet « le choc du 21 avril » des élections présidentielles de 2002 et dénonce les crimes commis par des militants d'extrême droite (JTO 148-49).

Avec Alexakis, on est donc bien loin d'une vision stéréotypée ou idéalisée de Paris et de la France. La capitale est un espace oppressant et stérile. Pour lui, la société française porte des œillères et évite de se confronter à ses nombreux démons. Il est clair qu'Alexakis a fait du chemin depuis ses débuts. Son désir initial de s'assimiler littérairement à l'espace parisien a été renversé et remplacé par une opposition géographique entre ses deux pôles identitaires, par une vision négative de Paris et une critique de la société française.

La bipolarité géographique entre Athènes et Paris a servi à Alexakis de matière première, de moteur, littéraire, particulièrement dans les œuvres datant des années quatre-vingts. Dans ces écrits, l'auteur dissèque des itinéraires géographiques dont la caractéristique principale est l'opposition et la comparaison des deux villes. Il en ressort que les personnages vivent difficilement leur bipolarité spatiale et rejettent l'espace géographique parisien. Ils se sentent coincés entre Paris, lieu de tristesse et de multiples frustrations identitaires, et Athènes, lieu idéalisé et chargé de nostalgie. Cette paralysie géographique, cette opposition entre les deux villes, ne va pas sans rappeler le dilemme linguistique de l'auteur qui s'est en effet aussi senti, à ce stade de sa carrière, déchiré entre deux langues.

Tous ces facteurs expliquent que pour tenter de mettre fin à la bipolarité géographique et évacuer les frustrations liées à Paris, Alexakis modifie, vers le milieu des années quatre-vingt-dix, sa pratique littéraire de l'espace en s'éloignant de la France pour diversifier les espaces géographiques et entamer un retour plus franc vers la Grèce. Les commentaires qu'il glisse dans ses écrits par voie de ses personnages, « Il en aura peut-être assez de la France dans quelques années » (CI 191), « J'en ai vraiment marre de Paris, pas toi ? » (TC 136) ou encore « Il ne peut plus ignorer à présent que la France ne prendra jamais la place de son pays » (CI 206), incarnent bien une volonté de changement et de renouveau géographique tout en suggérant l'échec de la reterritorialisation sur Paris.

4. Diversification des lieux : s'inscrire dans l'ailleurs

Alexakis, à travers les propos de son narrateur Nikolaïdès, fait le constat de la bipolarité géographique inhérente à ses écrits. Celui-ci note en effet : « J'ai le sentiment d'avoir épuisé le sujet de mes allées et venues entre Athènes et Paris. Je me rends bien compte par ailleurs qu'il est devenu d'une banalité affligeante : plusieurs avions relient chaque jour les deux capitales » (ME 11). Pour contrecarrer cette bipolarité, Alexakis se tourne vers l'évocation d'autres lieux. Bien que cette fascination pour l'ailleurs soit une caractéristique commune à l'œuvre dans son ensemble, on remarque une augmentation de la présence de lieux ni grecs ni français dans la prose à partir de la fin des années quatre-vingt-dix, particulièrement avec *Le Cœur de Marguerite* qui évoque l'Australie et *Les Mots étrangers* qui donne une place centrale à l'Afrique. L'auteur montre son besoin d'implanter sa fiction dans des lieux autres, sans doute pour désamorcer la paralysie géographique induite par la bipolarité mise en avant plus haut et pour s'éloigner thématiquement à la fois de la Grèce et de la France. Ces lieux autres qui ont la faveur de l'auteur à cette époque sont les pôles diasporiques grecs et l'Afrique.

Différents facteurs expliquent la longue tradition d'émigration propre au territoire grec. Que ce soit dû à la présence de la mer qui les invite au départ, aux problèmes économiques et historiques, à la pauvreté du sol ou bien à l'esprit commercial des navigateurs, le peuple grec est habitué à vivre avec le regard tourné vers l'étranger. La figure de l'exil s'inscrit aussi profondément dans la mythologie et l'imaginaire grecs, comme en témoignent par exemple l'expédition des Argonautes, les pérégrinations d'Ulysse ou la thématique des chansons populaires[40].

Les racines de ces mouvements migratoires remontent au VIIIe siècle avant Jésus-Christ, alors que des Grecs quittent leur territoire et se mettent à coloniser les côtes de la mer Méditerranée et de la mer Noire. Au XVe siècle, la chute de l'Empire Byzantin engendre de forts mouvements de migration des populations grecques. L'intensification du commerce méditerranéen joue aussi un rôle prépondérant dans l'accélération de l'émigration. Au XIXe siècle, de nombreux négociants grecs s'exilent vers de nouveaux marchés tels que l'Égypte ou l'Asie Mineure. Paradoxalement, c'est après 1830, c'est-à-dire après la fin de la domination ottomane et la formation du premier état grec indépendant de l'ère moderne, que le pays connaît ses plus forts taux de départs.

La Grèce moderne subit deux vagues d'émigration : une première fin XIXe-début XXe et une autre après la deuxième guerre mondiale. Ainsi, entre 1900 et 1924, 420 000 Grecs quittent leur pays pour s'installer, en général, aux États-Unis ou en Égypte (Fakiolas 172). Entre 1945 et 1974, 1,4 millions de Grecs prennent le chemin du départ, soit près du sixième de la population du pays (Fakiolas 172). Le caractère massif de l'émigration grecque de l'ère moderne tient à de nombreux facteurs économiques (stagnation, manque d'opportu-

---

[40] Voir l'étude de Nancy Sultan sur la figure de l'exil dans les chansons populaires grecques : *Exile and the Poetics of Loss in Greek Tradition*.

nités et crises) et politiques (guerre civile de 1946-1949 et dictature militaire de 1967-1974). Les émigrés de la deuxième vague s'établissent en Allemagne, aux États-Unis, au Canada, en Australie ou en Afrique du Sud. Que les raisons soient économiques (ouvriers et paysans) ou politiques (communistes et intellectuels), l'émigration est une donnée de la vie grecque qui affecte, de manière directe ou indirecte, la totalité de la population.

Depuis le milieu des années soixante-dix, cette tendance migratoire a été renversée puisqu'on enregistre alors plus de retours au pays que de départs. La restauration de la démocratie, l'adhésion à l'Union Européenne en 1981 ainsi que l'amélioration de la situation économique ont fait que beaucoup d'émigrés ont décidé de prendre le chemin du retour. Toutefois, malgré le renversement du schéma d'émigration, une quantité impressionnante de Grecs vit toujours en dehors des frontières nationales. Si aujourd'hui 11 millions de Grecs vivent sur le sol grec, on estime en moyenne que plus de 4 millions de personnes d'origine grecque vivent à l'étranger[41]. La communauté grecque des États-Unis compte 2,5 millions de membres, celle d'Australie 700 000, celle d'Allemagne 380 000 et celle du Canada 300 000[42].

Ainsi, l'existence d'une diaspora grecque, soit la dispersion des personnes grecques sur la surface du globe, est une réalité qui est établie depuis des siècles et qui continue d'être d'actualité aujourd'hui. En conséquence, la littérature grecque regorge de descriptions de l'expérience diasporique et des souffrances de l'exil, que l'on nomme, en grec, *xenitiá*[43]. De nombreux auteurs grecs ont fait

---

[41] Voir les statistiques du Secrétariat Général des Grecs à l'étranger.
[42] Voir les statistiques du Ministère des affaires étrangères de Grèce.
[43] « En Grèce, l'expérience de l'absence du lieu d'origine est culturellement définie par le concept de xenitia. La xenitia, ou l'exil, occupe depuis longtemps une place privilégiée dans la tradition orale grecque. Dans le contexte de la poésie héroïque, par exemple, la xenitia renvoie à l'absence des conforts physiques du lieu d'origine [...] De manière plus générale, dans le contexte grec moderne, la xenitia est décrite comme une condition renvoyant au déplacement, à l'absence, à la mort, à la perte de liens sociaux ou à la perte d'une éthique basée sur la sollicitude perçue comme caractéristique des interactions humaines propres au lieu d'origine » – « The experience of absence from one's home is culturally elaborated in Greece under the concept xenitia. Xenitia, or exile, has a long history of commentary in Greek oral tradition. In the context of heroic poetry, for example, xenitia means absence from the physical comforts of home [...] More generally in the modern Greek context xenitia is described as a

l'expérience de l'exil et ont décrit leur propre *xenitiá* dans leurs écrits. Alexakis, en décrivant plusieurs pôles d'émigration grecque dans sa prose, se réclame de cette tradition littéraire grecque de l'exil. Ainsi, l'auteur dissèque dans son œuvre, non seulement son propre exil, mais aussi celui des communautés diasporiques grecques :

> La pauvreté de la terre et les conflits politiques expliquent que bien des Grecs ont dû s'expatrier au cours des siècles. La Grèce a toujours vécu un pied à l'étranger, un peu en dehors d'elle-même. J'étais peut-être en train de découvrir, tout simplement, la difficulté d'être grec. (PA 20-21)

Il semble en effet que l'auteur ressente le besoin de s'inscrire dans cette réalité historique et culturelle en effectuant une sorte de pèlerinage vers les multiples lieux de l'émigration grecque.

Alexakis évoque le sort des populations grecques de New York, de Montréal et d'Allemagne dans *Paris-Athènes* (45-50 et 95), celle d'Australie dans *Le Cœur de Marguerite* où le narrateur a pour projet de tourner un « film [...] sur la vie des immigrés grecs [...] une commande du secrétariat général aux Hellènes expatriés » (9) et enfin celle des États-Unis dans *Ap. J.-C.* à travers une évocation de Baltimore (161).

Mis à part ces références directes à l'expérience diasporique grecque, les textes sont parsemés de renvois indirects au phénomène. Éléni note par exemple avoir tenté d'intégrer une des troupes qui « font le tour des communautés grecques d'Australie, d'Amérique et d'Allemagne fédérale » (T 23). Nikolaïdès se demande s'il y avait « beaucoup de Grecs en Afrique à l'époque coloniale » et mentionne que sa grand-mère était originaire d'Égypte (ME 17). Beaucoup de personnages secondaires portent aussi la trace d'une expérience diasporique comme un boucher de Thessalonique originaire d'Istanbul (LM 60) ou Georgia, une bibliothécaire qui a fait ses études à Princeton (AJC 85). La fréquence des références à des bateaux et à des traversées maritimes dans les écrits souligne aussi un intérêt particulier pour le vécu diasporique grec.

Le lecteur sent que ces évocations sont chères à l'auteur et les explications du phénomène diasporique sont parfois marquées par le didactisme. On peut noter par exemple les propos qu'Alexakis prête à

---

condition of estrangement, absence, death, of loss of social relatedness, or loss of an ethic of care seen to characterize relations at home » – (Sutton).

un fonctionnaire, « Les premières communautés grecques en Afrique ont apparu au XIXe siècle. Elles ont profité de l'expansion des puissances coloniales, elles ont aussi partagé leur déclin. Il n'en reste plus qu'une seule de quelque importance, celle d'Afrique du Sud » (ME 173), ou encore l'évocation des mouvements migratoires propres à l'île de Cythère, « ses habitants n'ont jamais cessé de partir. Jusqu'au début du siècle dernier ils s'installaient à Smyrne. Au cours des dernières décennies ils émigrent plutôt en Australie qu'ils surnomment, par dérision, 'la grande Cythère' » (JTO 251). Mais, comment exactement l'auteur évoque-t-il dans ses textes la diaspora grecque et quels sont les effets produits par ces descriptions ?

L'éparpillement diasporique grec sur le globe prend forme de manière fortement visuelle lorsqu'Alexakis évoque dans *Les Mots étrangers* une collection de timbres que le narrateur faisait dans son enfance. Cette illustration spatiale participe aussi à l'éclatement de l'espace déjà défini comme caractéristique de l'œuvre :

> Grâce à ma grand-tante, je possédais plusieurs timbres de l'Afrique-Équatoriale française. Mes camarades n'en avaient pas : je suppose que peu de Grecs vivaient dans cette région. Sans doute étaient-ils plus nombreux en Égypte, au Congo belge, dans l'Union sud-africaine et en Éthiopie, car il était relativement facile de se procurer des timbres en provenance de ces pays […] Ma collection me confirmait l'importance de la présence grecque en Afrique, me renseignait sur l'ampleur du mouvement migratoire vers les États-Unis, le Canada et l'Australie […] Ceux [timbres] de l'Europe de l'Est étaient presque aussi rares. Pourtant, beaucoup de communistes grecs avaient cherché refuge, après la guerre civile, derrière le rideau de fer. Apparemment, ils ne donnaient pas souvent de leurs nouvelles […] Je n'avais que trois ou quatre timbres turcs. (21-22)

La collection de timbres permet au narrateur à la fois de localiser les différents pôles d'émigration grecs mais aussi de mettre en évidence les liens serrés entre ces lieux d'exil et la Grèce. Le pays apparaît comme le centre car c'est le point de convergence des courriers dont les timbres forment ensuite la collection qui s'incarne à son tour comme un palimpseste de l'histoire de l'émigration grecque. En effet, cette collection stimule l'imaginaire de l'enfant et lui permet d'intégrer les schémas géographiques propres à son pays. À Athènes, pendant son enfance, il intègre mentalement l'idée qu'il se trouve au centre d'un réseau intense de mouvements diasporiques qu'il tente

d'appréhender en accumulant le plus possible de timbres en prove-
nance de ces lieux qui deviennent ainsi presque mythiques.

En plus d'évoquer la place que la diaspora occupe dans
l'imaginaire grec, Alexakis rend compte des circonstances historiques
ayant motivé le départ. Ainsi, dans *Le Cœur de Marguerite*, l'auteur
décrit la vague d'émigration vers l'Australie :

> Ils avaient quitté la Grèce en bateau dans les années cinquante. Ils voya-
> geaient pendant un mois, à bord du *Patrie*, de l'*Hellène*, de l'*Australienne*.
> L'un d'eux m'a confié qu'il n'avait pu revoir la Grèce qu'après vingt-neuf
> ans d'absence. Ce sont des gens privés de souvenirs heureux. Leur enfance a
> été marquée par l'Occupation et la guerre civile. Ils évoquent sans cesse les
> drames de cette période. La seule chose que la Grèce avait à leur offrir,
> c'était un passeport. Ils sont partis avec le sentiment qu'ils étaient indésira-
> bles dans leur propre pays. (CM 63-64)

L'évocation des lieux d'émigration grecs renvoie toujours l'auteur à la
Grèce. Son désir d'explication du phénomène l'amène à décrire en
détail la situation politique instable de la Grèce au cours du XXe
siècle. L'ailleurs est donc utilisé ici comme un outil qui permet à
l'auteur d'évoquer l'histoire de son pays de manière détournée.

L'explication des incertitudes identitaires dont les Grecs de la
diaspora font l'expérience occupe aussi une place centrale. La description faite des Grecs de Montréal qui parlent « deux demi-langues »
parce qu'ils ont oublié le grec et qu'ils n'ont jamais vraiment appris le
français, est poignante (PA 48). L'auteur utilise une fois encore une
métaphore spatiale pour montrer que ces derniers sont coincés entre
leur pays d'origine qui s'efface progressivement de leur mémoire et
leur pays d'accueil auquel ils se sentent étrangers : « Ils avaient quitté
les rives d'une culture sans jamais atteindre celle d'une autre. Ils navi-
guaient vaillamment sur un radeau » (PA 48-49). La Grèce est devenue pour eux un objet de nostalgie, un lieu élusif où ils se rendent, au
mieux, tous les cinq ans. L'émigration est ici présentée comme une
véritable coupure géographique qui met en danger les attaches culturelles d'origine.

L'évocation des populations grecques des États-Unis illustre
la volonté affirmée des émigrés grecs de maintenir ou de rétablir arti-
ficiellement le lien culturel qui a été coupé. New York permet à
Alexakis d'illustrer l'importance de la présence grecque aux États-
Unis : « Les Grecs de New York sont suffisamment nombreux pour
faire paraître deux quotidiens. Ils ont leurs propres bureaux de pompes

funèbres » (PA 223). Mais c'est avec la description des pratiques culturelles de la diaspora de Baltimore dans *Ap. J.-C.* que l'on mesure
l'ampleur du vertige culturel que peuvent ressentir les émigrés grecs.
Le narrateur téléphone à son amie Myrto qui vit dans la banlieue de
Baltimore :

> Je reviens du défilé du 25 mars [...] -Qui a pris part au défilé ? -Mais toutes
> les organisations grecques, l'Église, les écoles, les associations, le club
> Pénélope dont je fais partie. Ça a duré trois heures ! Je ne savais pas que tant
> de Grecs vivaient à Baltimore [...] La plupart avait construit des chars
> comme pour le carnaval, sur lesquels étaient juchés différents personnages,
> Constantin le Grand et sainte Hélène, des combattants de la guerre d'Indé-
> pendance, et même une copie en plâtre de la Vénus de Milo [...] Sur la
> plate-forme d'un camion, des jeunes filles en minijupe dansaient au rythme
> de la chanson d'Héléna Paparizou qui a remporté le concours de l'Eurovi-
> sion. Les supporters de l'équipe de l'Olympiakos ont paradé sur des motos.
> (162-63)

L'auteur suggère ici que, dans leur désir de maintenir le lien culturel
avec la Grèce, les Grecs de Baltimore se raccrochent à des symboles
stéréotypés de la culture grecque. Leur défilé, de par son aspect folklorique et commercial, tend à être mystificateur. La culture grecque
s'est transformée en l'objet d'une quasi-frénésie culturelle qui ne va
pas sans rappeler la manière dont la fête irlandaise de la saint Patrick
est célébrée aux États-Unis. Le transfert de pratiques culturelles, et la
manière dont ce transfert s'opère, d'un espace géographique à un autre
dans le cadre de l'émigration, est porteur de sens. Avec l'exemple de
Baltimore, et la description de la façon dont l'anniversaire du début de
la guerre de libération grecque y est fêté, Alexakis montre à la fois
l'influence de l'environnent américain sur la célébration de l'événement mais aussi le fait que les immigrés grecs se réclament de leur
héritage historique sur le mode de l'excès. Cet exemple illustre bien
l'émoi culturel propre à l'expérience diasporique.
    Alexakis s'attache aussi à dénoncer les injustices dont les
émigrés grecs ont été victimes[44]. Il critique la législation allemande

---

[44] La compassion que l'on peut décrypter dans son traitement des populations diasporiques grecques s'étend aussi à d'autres populations minoritaires. En effet, son évocation de Montréal dans *Paris-Athènes* lui permet d'aborder le sort des Indiens parqués
dans des réserves sordides : « Rien ne dit peut-être mieux le mépris de la société
canadienne pour la culture indienne que cette espèce de remise à outils, située à quelques kilomètres des gratte-ciel de Montréal » (49). De même, le voyage en Australie

qui freine l'intégration des enfants d'immigrés grecs au système éducatif et qui « se réserve le droit de leur refuser sa nationalité, qu'elle n'accorde de toute façon qu'au prix du rejet de la nationalité parentale » (PA 95). L'auteur paraît particulièrement ému par le sort de ces enfants grecs nés en Allemagne qui n'appartiennent ni à leur lieu de naissance ni à celui de leurs parents. Pour exprimer la difficulté de leur situation, il les décrit d'ailleurs comme « des immigrés privés de pays d'origine » (PA 95). Une fois de plus, Alexakis montre qu'il est particulièrement sensible aux difficultés liées à ces positions d'entre-deux et aux complications identitaires ou politiques qu'elles impliquent. L'auteur dénonce aussi le racisme auquel les émigrés grecs ont dû faire face à leur arrivée, particulièrement en Australie :

> Ils ont été confrontés à un État qui rejetait les gens de couleur et ne recevait volontiers que les Anglo-Saxons. Ils appartenaient, eux, à une catégorie intermédiaire. Ce n'était pas des Noirs, mais ils étaient bruns. Les premières années, les Australiens les traitaient de *bloody wogs*, sales bêtes. (CM 64)

La *xenitiá* liée à l'expérience diasporique grecque est donc dépeinte par l'auteur comme un état de souffrance, de perte de repères culturels, d'humiliation et de nostalgie. Pour insister sur les sentiments de frustration identitaire liés à l'importance de la distance les séparant de leur pays, le narrateur du *Cœur de Marguerite* souligne que les émigrés grecs « ont sur le front une ride supplémentaire, qui n'est pas due au temps mais à la distance » (63). Ces derniers semblent en effet avoir été marqués au fer rouge par leur exil car, quand ils font un voyage en Grèce, quand ils pensent rentrer temporairement au bercail, on les y appelle « l'Américain » (PA 126) ou « l'Africain » (ME 258) ce qui les renvoie perpétuellement à leur statut d'émigré. L'impossibilité d'un vrai retour en Grèce est d'ailleurs plusieurs fois suggérée. Alexakis crée par exemple le personnage de Christos, un chauffeur de taxi grec qui a émigré en Australie et qui aimerait rentrer en Grèce mais dont la femme tient à rester en Australie pour assurer une meilleure éducation à leurs enfants (CM 66).

---

effectué par son narrateur dans *Le Cœur de Marguerite* incite à une réflexion sur le traitement des Aborigènes : « J'ai appris qu'ils étaient au moins un demi-million au début de la colonisation, et qu'il n'en restait plus, dans les années trente, un siècle et demi plus tard, que cinquante mille » (60). L'évocation de ces populations et des persécutions qu'elles ont connues marque aussi un intérêt aigu pour les injustices sociales et les positions de minorités culturelles.

La mise en présence de pôles diasporiques grecs dans l'œuvre se caractérise par la répétition de schémas de dépossessions culturelle, identitaire ou linguistique. De Sydney à Baltimore, de Montréal à New York, les membres de la diaspora grecque tels qu'ils sont décrits par l'auteur sont des êtres qui n'appartiennent en effet complètement ni à leur pays d'origine ni à leur pays d'accueil et qui, par conséquent, éprouvent un vertige identitaire que l'auteur s'attache à décrire. Alexakis, parce qu'il en a lui-même fait l'expérience, a un intérêt marqué et un don particulier pour la description de l'évolution identitaire qui accompagne les mouvements migratoires.

Il existe plusieurs raisons possibles pour expliquer la place centrale faite à l'expérience diasporique grecque chez Alexakis. Peut-être veut-il, à ce stade de son œuvre, mettre en sourdine l'évocation de son propre exil ? En effet, l'analyse d'itinéraires géographiques plus douloureux que le sien et de dépossessions identitaires plus avancées, permet de relativiser l'histoire de son propre départ. Dans *Les Mots étrangers*, Nikolaïdès, en comparant son exil parisien à l'exil centrafricain d'un garagiste grec, confirme cette idée d'une volonté de relativisation : « J'ai pensé que son installation à Bangi [*sic.*] avait dû lui poser bien plus de problèmes que je n'en avais eus pour m'acclimater à Paris » (257-58).

De plus, cette stratégie spatiale donne un cadre historique à l'exil alexakien. Celui-ci peut ainsi se réclamer d'un patrimoine culturel et historique grec dans son expérience de l'ailleurs. C'est à cette conclusion que Nicolaïdis, dans *La Langue maternelle*, arrive aussi : « On quittait donc la Grèce déjà au temps de la Pythie. Mon départ pour l'étranger n'a été que la répétition d'une très vieille scène » (214). Ainsi, en fournissant un cadre plus grand à son exil, en mettant sa propre histoire en parallèle avec d'autres histoires d'émigrés grecs, l'auteur peut reléguer l'évocation de sa *xenitiá* au second plan ou du moins se rendre compte qu'elle ne constitue pas une originalité dans le cadre historique grec. Enfin, cette pratique spatiale permet d'opérer le début d'un recentrement sur des sujets à dominante grecque qui se confirmera dans les œuvres plus récentes de l'auteur.

L'attirance pour d'autres lieux, pour des lieux qui ne sont ni grecs ni français, se concrétise en 2002 avec un roman qui a pour sujet principal la découverte d'une langue et d'un pays africain. Ce qui se présente au départ comme une aventure purement linguistique, puisque le narrateur n'envisage pas au début de se rendre en Afrique, se transforme bien vite en découverte géographique. Il importe ici d'analyser la manière dont Nikolaïdès conçoit l'Afrique avant et pendant son voyage en Centrafrique. Le narrateur part d'une construction imaginaire stéréotypée du continent et arrive, grâce au voyage, à une connaissance plus réelle de cet espace géographique. Ce voyage comporte aussi une destination surprise qui se révèle au fil des pages. L'objectif principal est ici de déterminer ce que permettent l'évocation et l'exploration géographique de la Centrafrique dans la prose.

L'une des premières choses que le narrateur exprime dans ce roman est son manque de connaissance du continent africain : « Un matin je me suis réveillé en songeant à l'Afrique […] Ce fut une nouvelle surprise, car je ne connais guère l'Afrique » (14). Il ajoute qu'il est incapable de localiser exactement les pays africains sur une carte. La référence à la carte montre bien que Nikolaïdès envisage son ignorance en termes géographiques. Sa vision de l'Afrique est en fait une projection de l'univers imaginaire créé par ses lectures d'enfance. Le narrateur fait en effet la liste des ouvrages ayant trait au continent qu'il lisait enfant : Tarzan, Gaour et les écrits de Jules Verne. Il résume ainsi les caractéristiques de l'espace imaginaire qu'il s'était construit :

> L'Afrique m'enchantait pourtant. Elle substituait au monde étriqué que je connaissais un espace libre où tout restait à inventer, où tout était encore possible. Aucun autre continent ne stimulait comme elle mon imagination. C'était une formidable cour de récréation. Je percevais le fameux cri de Tarzan comme un hymne à la liberté. Je rêvais de dormir dans un lit de feuille. (15)

Cette construction spatiale d'une Afrique idéalisée représentant une zone de liberté et d'aventures, un terrain vierge permettant au jeune Européen de s'« inventer » et de s'« imaginer » ailleurs, ne repose pas sur une réalité géographique ou culturelle.

Aucun stéréotype n'échappe à cette construction mentale de l'Afrique. En effet, le narrateur, en faisant référence à la fiancée de Gaour, le Tarzan grec, indique que l'« Afrique [le] fascinait d'autant plus qu'[il] l'imaginai[t] peuplée de femmes à moitié dénudées » (16). Le narrateur fait donc ici l'aveu de son ethnocentrisme enfantin en admettant que sa perception du continent tenait de l'objectification et du fantasme. À cette construction imaginaire initiale s'ajoute plus tard dans le développement du narrateur la perception de l'Afrique dépeinte dans un roman de Mihalis Caragatis[45] et dans *Au Cœur des ténèbres* de Joseph Conrad. Ici aussi l'Afrique apparaît comme un espace mystérieux que des Européens exploitent pour vivre des aventures, se dépayser, se faire peur ou se perdre : « Je me souviens d'une traversée d'ombres épaisses et d'un cri proféré à deux reprises, comme à la fin de certains opéras : 'Horreur ! Horreur !' » (17).

Le narrateur accumule donc les clichés ethnocentriques. Cette mise en présence d'une version imaginaire de l'Afrique reproduisant la plupart des stéréotypes associés au continent matérialise le fait que Nikolaïdès est totalement ignorant de la réalité africaine et qu'il a donc besoin d'effectuer une sorte de rééducation géographique. L'auteur attire plusieurs fois l'attention sur le fait que la construction imaginaire de l'Afrique du jeune Nikolaïdès a encore cours dans son esprit. Celui-ci imagine par exemple que son entretien avec un couple de linguistes spécialistes des langues africaines aura « lieu dans une pièce surchargée de masques terrifiants » (29). L'espace africain stimule donc pareillement l'imaginaire de Nikolaïdès adulte. Avant de commencer son initiation géographique à la Centrafrique, le narrateur envisage toujours l'Afrique comme un espace vierge, un lieu de désir que l'on peut investir de ses propres fantasmes.

Bien avant de décider de se rendre en Centrafrique, en même temps qu'il apprend la langue, le narrateur entame un apprentissage géographique du pays. Cette découverte topographique commence par l'étude de la carte de l'Afrique dans une édition du Larousse de 1948 :

> L'Afrique que j'ai eue sous les yeux était toujours dominée par les puissances européennes [...] J'ai dû me servir d'une loupe pour localiser la ville de Bangui. Elle est située sur la rive droite de l'Oubangui, la rive gauche appartenant au Congo belge [...] J'ai observé pendant longtemps le point que représentait Bangui, comme si je m'attendais à voir apparaître petit à petit une ville. (44-45)

---

[45] « Vers quinze ans je découvris une autre Afrique, bien moins exaltante que celle de Burroughs ou de Jules Verne, grâce à un roman de Mihalis Caragatsis intitulé *Amri a mugu* et sous-titré *Dans la main de Dieu*. L'auteur y retraçait les pérégrinations de deux marins grecs en rupture de ban à travers le continent noir, partis à la recherche d'un mystérieux personnage, un Allemand je crois, qu'ils ne parviennent jamais à rencontrer. Ils gagnent beaucoup d'argent mais perdent petit à petit la santé et la raison car les dieux locaux voient d'un mauvais œil leur réussite » (16-17).

La carte permet à Nikolaïdès à la fois de commencer une initiation à l'histoire du continent africain, mais aussi de matérialiser la réalité de la ville de Bangui. En conséquence, le sango se transforme, aux yeux de l'auteur, d'une langue qu'il apprend pour le plaisir en une langue liée à un espace géographique. Pour continuer son initiation, le narrateur achète une carte du pays. C'est après avoir tenté de trouver cette carte dans plusieurs librairies parisiennes que Nikolaïdès réussit finalement à en acheter une dans la boutique de l'Institut géographique national (80). Les difficultés auxquelles le narrateur fait face pour trouver la carte transmettent bien l'idée d'une quête géographique semée d'obstacles.

De plus, la présence de cette carte chez Nikolaïdès confirme son intérêt pour le pays : « La carte elle-même est si grande que j'ai dû la déplier sur le tapis. Je l'ai laissée là, depuis lors. Chaque fois que je traverse la pièce, je la regarde un peu comme si je la survolais en avion » (80). Ici, l'espace géographique centrafricain prend le pas sur l'espace de vie du narrateur en occupant une partie considérable de son salon. La comparaison à un survol du pays en avion souligne aussi le désir de connaissance géographique du narrateur. Enfin, la lecture du dictionnaire permet aussi au narrateur de se familiariser avec le pays : « Le dictionnaire m'apprend autant sur le pays que sur la langue. J'ai l'illusion de feuilleter un guide touristique » (117). Cette lecture, à travers les exemples du dictionnaire, le renseigne sur le quotidien centrafricain, les pratiques religieuses, les maladies, la pauvreté ou la colonisation. Progressivement, la construction imaginaire de l'espace africain est modifiée puisque Nikolaïdès se rend compte que le dictionnaire reflète une « image bien sombre du pays » (118).

La découverte de la Centrafrique est liée à une quête personnelle. Alexakis invente pour son personnage une lointaine filiation centrafricaine. Nikolaïdès explique que sa grand-tante Clotilde avait résidé à Bangui et que la seule photo de son grand-père qu'il ait jamais vue avait été prise à Bangui alors que ce dernier rendait visite à sa sœur (18). Le « Studio de Paris » de Bangui, où la photo avait été prise, devient un lieu mythique aux yeux de narrateur, un lieu matérialisant à la fois l'histoire familiale de Nikolaïdès mais aussi un lieu liant la Grèce à la Centrafrique. Il y a bien ici, une fois encore, une référence directe à la réalité diasporique grecque[46].

Cette insistance sur le lien Grèce-Centrafrique contraste avec le peu d'espace textuel dédié à l'espace géographique grec. En effet, le roman s'organise autour de deux pôles géographiques principaux : Paris (9-166) et Bangui (177-296). Pourtant, Nikolaïdès se rend en Grèce juste avant son départ pour Bangui afin de vider la maison de ses parents. Une dizaine de pages seulement sont dédiées à ce séjour athénien qui, nous l'avons déjà souligné, se caractérise par un rejet de la langue grecque lié à la perte du père et par un sentiment de non-appartenance (166-74). Textuellement, l'espace géographique grec est donc refoulé au profit de l'évocation de l'espace centrafricain.

Le voyage en Centrafrique permet bien au narrateur d'atteindre une connaissance plus concrète de la réalité africaine. Nikolaïdès est choqué par la précarité des conditions de vie mais aussi par le chaos économique et politique qui y règne. Les fonctionnaires ne touchent pas leurs salaires (179), les enfants mendient dans la rue (192), les constructions en dur sont rares et souvent en ruines (190), les cicatrices de la colonisation sont partout visibles (191) et les règlements de comptes sanglants sont quotidiens (241). Le narrateur arrive à la conclusion que la construction mentale qu'il s'était faite du pays était fausse : « L'image que je m'étais faite de Bangi [*sic.*] était en train de pivoter comme un décor d'opéra, me révélant son côté obscur » (242). En décrivant cette prise de conscience, Alexakis illustre donc le chemin parcouru par Nikolaïdès depuis l'évocation de Tarzan et d'une Afrique idéalisée. Le roman peut ainsi être interprété comme une tentative pour se débarrasser d'un point de vue ethnocentrique latent en faisant l'expérience de l'ailleurs. Le narrateur voit lui-même qu'il a changé puisqu'il indique : « Je crois que je suis en train de me séparer de Tarzan » (247).

Toutefois, un aspect original de l'appréhension du pays par le narrateur suggère que l'exploration géographique de la Centrafrique produit d'autres résultats que la seule remise en question de l'image mentale du pays que s'était faite Nikolaïdès avant son apprentissage de la langue. En effet, paradoxalement, son expérience spatiale du

---

[46] « Il y avait effectivement beaucoup de Grecs. Un des principaux magasins d'alimentation de la ville appartenait à un certain Dimitris. Le carrefour où se trouvait son établissement avait fini par prendre son nom, il était devenu 'le carrefour Dimitris' » (37).

pays le renvoie à la Grèce. Ce rapprochement progressif vers la Grèce se matérialise par un nombre impressionnant de comparaisons entre l'espace géographique centrafricain et l'espace géographique grec. Les références à la nourriture centrafricaine[47], aux croyances[48], mais aussi à de multiples petits détails de la vie à Bangui[49] ramènent systématiquement le narrateur à l'évocation de la Grèce.

La réponse physique que le paysage de Bangui crée en lui est assimilée à l'expérience du paysage grec : « A six heures du matin un petit vent frais souffle sur la colline. Il me donne l'illusion que je suis dans les Cyclades, sur la terrasse de la maison que j'ai fait [*sic.*] construire là-bas, devant la mer » (204). De même, l'appartement dans lequel il réside lui rappelle les spécificités de la topographie athénienne puisqu'il se trouve dans le quartier résidentiel, sur une colline : « Les riches athéniens habitent pareillement sur une hauteur, le mont Lycabette » (183). Mais, c'est le rapprochement textuel de cet appartement avec sa maison d'enfance athénienne qui suggère les raisons de ces incessantes comparaisons entre la Centrafrique et la Grèce : « J'ai surtout été impressionné par la ressemblance avec la maison de mes parents. J'ai trouvé le même salon et la même cuisine au rez-de-chaussée, les mêmes chambres au premier séparées par la salle de bains. Quant à l'escalier, il est identique à celui d'Athènes » (188). Le fait que des lieux grecs clés (les Cyclades, Athènes, et la maison d'enfance) font surface à travers l'évocation de Bangui montre comme

[47] Les plats qu'il goûte sont systématiquement comparés à la cuisine grecque : « J'ai à peine touché au python, il a pourtant le même goût que les poulpes que l'on mange en Grèce » (249) ou « sa femme nous apporte des tomates coupées en quatre, avec du sel et du poivre, comme on les sert en Grèce » (282).

[48] Certaines pratiques religieuses centrafricaines sont comparées aux croyances delphiques : « Il existe dans l'est du pays, près de Zemio, une prophétesse aussi célèbre que la pythie, qui répond aux questions des fidèles concernant l'avenir » (281) et « La divination se pratique à l'aide de cauris, qui sont des coquillages. On les jette sur une table, ensuite on examine leur position. Les vieilles femmes de la région de Delphes procèdent de la même façon pour lire l'avenir en utilisant des fèves » (118). De plus, Nikolaïdès souligne qu'aussi bien en Grèce qu'en Centrafrique les hiboux sont des « oiseaux de malheur » (281) et que dans les deux pays on a peur des chats (218).

[49] Le narrateur note par exemple que le restaurant où il a l'habitude de se rendre « est équipé de fauteuils en plastique blanc semblables à ceux qu'on voit dans les tavernes grecques en bordure de mer » (195). Il souligne aussi que les taxis lui rappellent ceux d'Athènes : « Nous avons croisé un taxi. Il avait la même couleur jaune que les taxis athéniens et il était bondé. À Athènes aussi, les taxis acceptent plusieurs passagers à la fois » (180). Enfin, il note que l'on vend « des cigarettes à l'unité, comme on le faisait autrefois en Grèce » (240).

une volonté de renouer avec l'espace intime grec et l'espace de l'enfance par le biais de l'ailleurs.

Tout comme la mort du père du narrateur avait mis en danger le lien à la langue grecque, le lien au territoire d'origine est aussi compromis. Nikolaïdès tente de maintenir mentalement ses attaches à l'espace géographique grec par ces associations d'idées. Le voyage en Centrafrique apparaît comme une sorte de pèlerinage personnel ou tout au moins comme un retour aux sources détourné. L'auteur confirme cette idée en évoquant la fébrilité de son narrateur lorsqu'il finit par trouver les ruines du « Studio de Paris » : « je me suis approché avec le tressaillement d'un pèlerin atteignant sa destination » (224). Mettre un point d'honneur à trouver le lieu exact où son grand-père s'était trouvé brièvement des dizaines d'années auparavant montre bien la volonté de l'auteur d'effectuer une sorte de pèlerinage personnel et familial. De même, les références répétées à l'espace géographique grec dans les descriptions de la Centrafrique suggèrent aussi un désir de retour aux origines par voie de Bangui. Par conséquent, il n'est pas étonnant que Nikolaïdès éprouve, à la fin de son voyage, un sentiment de renouveau : « j'ai l'impression de vivre un commencement plutôt qu'une fin, comme si mon voyage devait durer encore longtemps » (285). Ce dernier a réussi à entamer, grâce au séjour en Centrafrique, un mouvement de retour mental vers la Grèce et à annuler le blocage géographique qu'il ressentait.

Il y a donc bien une pratique de l'ailleurs caractéristique de la prose alexakienne, pratique qui concerne les pôles d'émigration grecque et la Centrafrique. Cette mise en présence d'autres lieux incarne l'éparpillement spatial si cher à l'auteur mais aussi une volonté de désamorcer la bipolarité géographique qui caractérisait ses œuvres jusqu'alors. Il est aussi maintenant établi que l'auteur se plaît à évoquer des parcours géographiques qui lui permettent de s'inscrire dans la tradition littéraire grecque de l'exil, de donner un cadre historique à son propre départ de Grèce, de relativiser l'originalité de son parcours, de décrire les changements et les difficultés identitaires liées à l'émigration et de démontrer les atouts de l'exploration géographique pour déstabiliser les stéréotypes.

Mais la conclusion principale à laquelle nous mène cette analyse des lieux ni grecs ni français mis en présence dans les écrits de l'auteur est que la pratique alexakienne de l'ailleurs permet paradoxalement d'effectuer un retour imaginaire vers la Grèce. La description des pôles diasporiques grecs se fait toujours en gardant à l'esprit le centre autour duquel gravitent ces groupes diasporiques : Athènes et la Grèce. De même, la compulsion du narrateur des *Mots étrangers* de continuellement comparer l'expérience sensible née de son interaction avec l'espace géographique centrafricain à des éléments grecs (géographiques ou culturels) témoigne aussi d'une volonté de recentrement sur le pays d'origine. Ainsi, chez Alexakis, c'est par l'évocation de lieux autres que se matérialise l'amorce d'un retour aux sources, d'un désir d'effectuer des retours imaginaires vers la Grèce.

5. De *Paris-Athènes* à Athènes sans Paris : une œuvre qui se « grécise »

Si l'on considère le schéma géographique des cinq romans publiés entre 1995 et 2007, on constate une évolution dans la pratique spatiale de l'auteur puisqu'il effectue un recentrement sur des lieux grecs et efface Paris de sa fiction. L'action de *La Langue maternelle* se passe entièrement en Grèce. C'est d'ailleurs le premier roman de l'auteur qui ne se déroule pas, au moins en partie, en France. De même, *Le Cœur de Marguerite* donne à la Grèce une place centrale. L'action se limite aux espaces géographiques grec et australien, repoussant ici encore la France hors de l'espace fictionnel. Il est établi que *Les Mots étrangers* incarne un retour détourné vers la Grèce à travers l'évocation de la Centrafrique. Bien que l'espace parisien soit présent dans ce roman, il sert en premier lieu de cadre à l'apprentissage du sango et à une exploration géographique dont la destination finale est un retour vers la Grèce. Dans *Je t'oublierai tous les jours*, même si les souvenirs du narrateur le ramènent à la France, le lieu de la narration est situé en Grèce. Ce schéma narratif matérialise l'idée que l'espace géographique français appartient maintenant au passé (souvenirs) alors que l'espace géographique grec appartient au présent (lieu de l'énonciation). Enfin, le héros du roman *Ap. J.-C.* ne quitte pas la Grèce même s'il est mis en contact, il est vrai, avec des personnages qui ont connu l'exil ou qui vivent à l'étranger.

L'un des points communs de ces cinq romans est le fait qu'ils présentent tous une exploration géographique dont le but ultime est de parvenir à une connaissance plus exacte de la Grèce. Cette volonté d'exploration et d'appréhension du territoire grec est visible très tôt dans l'œuvre de l'auteur puisqu'il a publié en 1979 un essai sur la civilisation grecque moderne intitulé *Les Grecs d'aujourd'hui*. Mais, ce n'est que relativement récemment que ce désir d'un retour vers la Grèce et un éloignement de la France se matérialisent concrètement dans la prose.

Cette reterritorialisation sur la Grèce est palpable. Elle se matérialise dans les propos des personnages : « Cela vous fera du bien de rester un peu en Grèce, ça vous renouvellera » (LM 147) ou bien « Paris me paraît si lointain que je doute d'y avoir jamais vécu » (LM 243). Elle est aussi incarnée dans les pratiques spatiales des personnages. En effet, si l'on suit la théorie de Homi K. Bhabha qui souligne que les « termes de l'engagement culturel, qu'ils soient antagonistes ou affiliatifs, sont produits sur un mode performatif »[50], on peut interpréter cette tendance au recentrement sur la Grèce dans les œuvres récentes comme un acte performatif de sa grécité pour l'auteur (31). L'enjeu est ici de créer une image du pays qui annulerait la seule vision nostalgique et élusive de la Grèce qui était caractéristique des écrits jusque-là.

À travers une « longue démarche de […] rééducation du héros romanesque » à la Grèce, Alexakis cartographie métaphoriquement son pays et se le refait sien (M. Orphanidou Fréris « L'Identité » 182). Cette interprétation de la stratégie spatiale de l'auteur s'inspire du travail d'Artemis Leontis qui souligne qu'une « patrie doit avoir une histoire dont on se souvient, une topographie que l'on décrit, une culture que l'on perçoit comme enracinée dans les profondeurs du temps. Ainsi, une patrie ne prend pas seulement forme quand elle a été habitée mais quand elle a été cartographiée »[51] (*Topographies* 3). Par conséquent, il est intéressant de mettre à jour la façon dont Alexakis dépeint une réappropriation de la topographie et de l'histoire grecque par ses personnages. Le point de vue critique et décalé des narrateurs sur la société grecque moderne demande aussi à être analysé. Enfin, il faudra se demander quelles sont les conséquences de la récente réimplantation des œuvres d'Alexakis en Grèce.

Ces romans les plus récents mettent en scène des explorations du territoire grec. Que le narrateur tente de résoudre l'énigme de

---

[50] Traduit de l'anglais par Françoise Bouillot.
[51] « A homeland must have a history one recalls, a topography one describes, a culture one envisions spreading its roots in the depth of time. In this sense, a homeland emerges not when it has been inhabited but when it has been mapped »

l'epsilon (LM), de fuir ses problèmes sentimentaux (CM), d'écrire une lettre à sa mère défunte en lui donnant des nouvelles de lui-même et de son pays (JTO) ou d'enquêter sur les moines du mont Athos (AJC), ce dernier parcourt l'espace géographique grec de long en large. Le lecteur découvre, grâce à ces pérégrinations alexakiennes, Athènes, Stamata, Jannina, Amphissa, Delphes, Tinos, Santorin, Cythère, Andros, Syros, Thessalonique, le mont Athos et bien d'autres lieux grecs. Il y a un réel désir d'enraciner la narration dans la Grèce et son quotidien. Jouanny souligne aussi cette dimension de l'écriture au sujet de *La Langue maternelle* :

> Son séjour est une ré-initiation à la Grèce, depuis longtemps perdue de vue : souvenirs nostalgiques d'une amie longtemps aimée, rencontres avec de vieux amis, échos de la vie mondaine, artistique et nocturne, lecture ironique des amours de son frère, vagabondages entre Delphes, Jannina, les tavernes athéniennes et les cafés de la Place Kolonaki, étreintes sans lendemain, souvenirs fragmentés de la mère disparue, images d'un père gentiment délirant, évocations discrètement sensuelles des fleurs, des parfums, des bruits de la Grèce. (« Le Vertige » 61)

Alexakis, au fil de ses derniers romans, met donc en scène de multiples « ré-initiation à la Grèce » et ébauche ainsi une carte personnelle de son pays. Ses narrateurs semblent avoir pour mission d'explorer le territoire et de le clamer grâce à diverses pratiques d'enracinement géographique.

Le premier élément d'implantation est que ses personnages ont tous un lieu de résidence athénien qu'ils décrivent en détail : « C'est un quartier tranquille et passablement sale qui survit en marge des modes et de l'agitation » (LM 39). On sait très précisément dans quelle rue et dans quel quartier d'Athènes se trouve leur appartement (CM 9, JTO 13, AJC 13). Le lecteur a le sentiment qu'il pourrait, à tout moment, localiser le narrateur sur une carte, tant il est situé précisément au sein de l'espace athénien : « Nous avons marché ensemble jusqu'au carrefour des rues Démocrite et Anagnostopoulos. Elle est partie par la rue Anagnostopoulos, qui aboutit à la place de Colonaki » (CM 86). Il y bien ici une volonté de la part de l'auteur d'enraciner ses personnages au sein de la topographie athénienne.

De même, on remarque que les personnages sont de plus en plus souvent placés en position de vision panoramique de la ville et du pays. Le narrateur du *Cœur de Marguerite* note que son logement « se trouve au dernier étage de l'immeuble et qu'il comprend un balcon d'où [il] voi[t] Athènes et la mer au loin » (CM 9-10). Celui d'*Ap. J.-C.* étudie la forme du pays depuis le hublot d'un avion :

> Nous nous sommes soudain trouvés dans le ciel et la Grèce a pris l'aspect de la carte de géographie que l'instituteur accrochait au tableau noir. Notre pays m'a encore paru plus fragmenté que je ne le trouvais alors. Les îles ressemblaient à des radeaux chargés de montagnes, de vallons, de maisons, de routes, de voitures, de poteaux d'électricité. (196)

Il y a bien une volonté, dans le premier exemple, d'embrasser la ville entière du regard et, dans le deuxième, de créer une carte mentale du paysage grec. On voit que, pour ces personnages, l'espace physique qui les entoure a besoin d'être envisagé dans son ensemble pour être appréhendé.

Cette idée est confirmée par le fait que de nombreux personnages passent par le dessin pour capturer l'espace grec. Nicolaïdis fait un dessin qui « représente la carte de la Grèce dessinée par un fil de barbelé » (LM 150). Plus tard, à Delphes, il fait « un petit croquis du paysage en marge de [s]on manuscrit » (LM 342). De même, le narrateur du *Cœur de Marguerite* dessine « Tinos sur une serviette en papier, en indiquant d'une croix la position du port, de Pyrgos et de la baie de Yannaki » (201). Enfin, l'éditeur de Nikolaïdès fait lui aussi un croquis de la Grèce sur la nappe d'un restaurant (ME 153). L'espace géographique grec occupe donc bien l'esprit des personnages. Le détour par le dessin matérialise le fait que le territoire grec ne va pas de soi et que les personnages éprouvent le besoin de mettre en place différentes stratégies d'appréhension spatiale de l'espace grec.

Alexakis crée des personnages qui avouent leur manque de connaissance de la géographie grecque. Que ce soit le narrateur du *Cœur de Marguerite* qui observe, sur le ferry qui l'emmène à Tinos, qu'il n'est « toujours pas en mesure d'identifier [l]es îles » (143), ou bien Nicolaïdis qui, à son retour en Grèce, constate qu'il ne connaît plus Athènes, on a bien affaire à des personnages géographiquement dépossédés. Le narrateur de *La Langue maternelle* se perd dans la ville, « Je me suis trouvé un jour sur la colline Stréphi en croyant que j'étais sur le Lycabette » (67). Il se rend compte que l'image mentale qu'il s'est faite de la ville ne correspond pas à la réalité athénienne. Pour matérialiser l'étendue de son ignorance topographique, il indique que le plan de la ville qu'il a en tête « ressemble aux très anciennes cartes où rien n'est à sa place » (67). La carte mentale de la ville se caractérise donc par son instabilité et, par conséquent, par une difficulté d'appréhension spatiale. La toponymie athénienne renvoie aussi Nicolaïdis à sa méconnaissance des lieux. Alors qu'il se promène dans le quartier de Colonaki, il remarque :

> La rue Solon croise successivement les rues Homère, Démocrite, Pindare et Héraclite. Un peu plus loin, après la place, on trouve côte à côte Hérodote, Lucien et Plutarque. Un autre quartier, Pangrati, a un faible pour les anciens Grecs mais, construit après Colonaki, il a dû se contenter des moins illustres d'entre eux, Hellanikos, Pyrrhon, Chrémonide, Astydamas. Vaguélio habite Pangrati, rue Vyraxidos : je m'étais imaginé que c'était le nom d'une hétaïre, et bien non, c'est celui d'un sculpteur. Cela m'ennuyait bien, à l'époque où j'allais souvent chez elle, de croiser à chaque carrefour deux anciens Grecs dont les noms ne me disaient pas grand-chose […] Hélas, je n'étais pas beaucoup mieux renseigné sur les célébrités réunies à Colonaki. Je ne savais pas quand avait vécu Plutarque, ni qu'il était prêtre au service d'Apollon. Je ne me souviens que de deux ou trois phrases d'Héraclite. Je ne connais que le peu de chose qu'il est vraiment impossible d'ignorer. Colonaki me rappelle l'étendue de mon ignorance, me montre ses véritables dimensions, me tire par l'oreille. (109)

Ce commentaire sur les noms de rues athéniennes – ponctué de tournures négatives telles que « Je ne savais pas », « Je ne me souviens que » ou « Je ne connais que » – matérialise un fort désir d'exploration géographique mais aussi l'état de dépossession toponymique du narrateur. Il regrette son ignorance de l'histoire qui se cache derrière les noms d'illustres Grecs anciens parce que celle-ci incarne à la fois une perte de repères géographiques mais aussi une perte de repères culturels. Le paysage athénien retourne en quelque sorte le couteau dans la plaie car il met le narrateur en face d'une double dépossession : culturelle et géographique.

    Ce constat de méconnaissance du territoire physique de la ville, et par extension du pays, pousse les narrateurs à donner forme à un désir d'exploration géographique qui, de manière idéale, leur permettrait de se sentir enfin à l'aise dans leur environnement. Nicolaïdis constate par exemple qu'il n'est « jamais allé à Delphes » et envisage d'« entreprendre la rédaction d'un dictionnaire étymologique des communes » (LM 31 et 48). De même, le narrateur *d'Ap. J.-C.* explique qu'il avait « envie de regarder plus longuement le paysage, d'apprendre le nom des îles qui s'étendaient à l'horizon, de faire une grande

promenade dans la région » (375). Les personnages déambulent et
observent leur environnement. Ils étudient des plans, des cartes et des
brochures (AJC 222). Cette volonté affirmée d'appréhension de
l'espace grec est rendue particulièrement claire dans *Le Cœur de Marguerite*. Alors que le narrateur erre dans Athènes, il fait une pause à un
carrefour :

> J'ai regardé successivement les quatre directions qui s'offraient à moi [...]
> Ma pensée s'arrêtait au bout des rues qui étaient devant moi. J'ai essayé
> d'imaginer leur prolongement au-delà des limites de la ville, en espérant
> trouver un site susceptible de m'attirer. Je savais très bien, car elle est visi-
> ble de mon balcon, que la partie basse de la rue Démocrite est tournée vers
> le Pirée. J'ai calculé, en fonction de la position du soleil, que sa partie haute
> est orientée vers le nord-est. J'ai songé à la carte de l'Attique. Sur cet axe, je
> n'ai pas trouvé d'autre localité que Marathon. (87-88)

Le personnage éprouve ici le besoin de tester sa connaissance topographique. On voit bien qu'il souhaite vérifier, en s'interrogeant sur les
lieux où mènent les quatre rues qui s'offrent à lui, si l'image mentale
qu'il a de la ville correspond à la réalité. Il semble en quelque sorte
vouloir se faire accepter du paysage en prouvant qu'il en maîtrise
l'orientation. Athènes s'incarne ainsi en rose des vents de l'identité du
narrateur[52].

L'espace géographique grec se caractérise par l'omniprésence
de la mer et des îles. Il n'est donc pas étonnant que l'espace textuel
attribué à ces deux entités géographiques occupe une place de plus en
plus importante. Dans ses œuvres les plus récentes, l'auteur élabore un
discours sur la mer à travers l'expérience que ses personnages en font.
Ces derniers, parce qu'ils passent beaucoup de temps sur des îles ou
des bateaux, sont souvent montrés en train de contempler la mer (JTO
23). Celle-ci a un pouvoir réconfortant. La baignade est en effet
décrite comme un moyen de se délester de soucis : « Chaque mouvement que je faisais allégeait un peu le poids de mon corps, donnait un
peu plus de sens à ma liberté » (CM 218). La mer amuse les narrateurs
car « elle reflète les bateaux à l'envers, comme pour se moquer

---

[52] Le désir de se situer précisément au sein du paysage grec ne se limite pas à l'espace
athénien. En effet, les descriptions des îles des Cyclades répondent au même impératif
d'enracinement géographique : « Je ne vois pas de ma maison les deux îles les plus
proches de Tinos, Andros au nord, et Mykonos au sud, mais j'aperçois Syros, qui se
trouve juste en face, et Délos. Certains matins où la transparence de l'air abolit les
distances, je distingue vaguement Naxos et Paros » (CM 165-66).

d'eux » (CM 11). Mais, l'aspect le plus important de l'espace maritime dans l'œuvre est le fait qu'il s'incarne comme une présence profondément grecque.

Le narrateur du *Cœur de Marguerite*, à son retour d'Australie,
souligne que c'est une fois que la mer Méditerranée a été visible du
hublot de l'avion que les passagers grecs se sont exclamés : « Nous
sommes arrivés ! » (75). Ici, c'est donc la mer qui définit le pays. On
comprend alors pourquoi cette dernière rassure le narrateur qui note :
« Elle me connaît depuis mon enfance » (162). On peut donc interpréter cette présence maritime en affirmant que, chez l'auteur, faire
l'expérience de la mer revient à faire l'expérience du pays et donc à
gréciser l'expérience spatiale en question.

On décèle aussi dans les romans les plus récents un discours
sur les îles. On pourrait dire que les narrateurs philosophent sur les
îles[53]. Ces dernières sont aussi utilisées pour établir un lien avec le
passé. En effet, la description des escales sur l'île de Syros permet de
lier l'expérience spatiale présente à l'enfance : « Jadis nous entrions
dans la rade de Syros à la tombée de la nuit. L'escale durait beaucoup
plus longtemps qu'aujourd'hui. Nous avions le loisir de nous promener sur le quai. Nous mangions parfois des beignets au miel » (CM
158). Ainsi, les îles sont des sortes de madeleines de Proust qui permettent au narrateur de se remémorer son passé en le liant à l'espace
géographique grec présent. L'île de prédilection de l'auteur est sans
conteste l'île de Tinos qui est utilisée à de nombreuses reprises
comme cadre géographique à l'action des romans. Le paysage, les
habitants, les pèlerins qui viennent à l'Église de l'Annonciation voir
l'icône de la Sainte Vierge, les touristes mais aussi le vent si caractéristique de l'île sont fréquemment décrits (CM 131 et 200, JTO 9, AJC
109). La précision et la récurrence de ces explications matérialisent le
désir de mettre en scène une connaissance approfondie de ce lieu grec.

Il est donc clair que les œuvres récentes de l'auteur illustrent
des tentatives d'appropriation de l'espace géographique grec. Grâce à

---

[53] Il y a en effet une accumulation de définitions poétiques de ce que sont les îles, particulièrement dans *Le Cœur de Marguerite* et *Je t'oublierai tous les jours*. Notons par
exemple : « D'après moi, les îles sont des espaces réduits, des points sur la carte, des
espèces de radeaux qui survivent grâce à l'indulgence de la mer. C'est la présence
constante de la mer qui définit l'île. C'est une terre qui s'achève continuellement »
(CM10), « Les îles se souviennent de tout » (CM 76) et « Santorin est une mémoire
qui s'éveille » (JTO 183).

différentes stratégies – explorations, observations attentives, création de cartes mentales, dessins, descriptions détaillées et discours sur la mer et les îles – les narrateurs réussissent à faire une expérience du paysage qui est plus authentique. Par exemple, grâce à la quête géographique et culturelle provoquée par les recherches sur l'epsilon, Nicolaïdis parvient à percer le mystère des noms de rues de Colonaki :

> J'ai une dette envers cette lettre. C'est grâce à elle, notamment, que je me sens désormais plus à l'aise dans les rues de Colonaki. Je sais que Pindare célébrait les vainqueurs des jeux qui se déroulaient à Delphes et qu'il disposait d'un siège au temple d'Apollon. La rue Plutarque me rappelle que nous mourons plusieurs fois au cours d'une vie, et rue Héraclite je crois entendre rouler les dés lancés par un enfant. Je descends toujours la rue Homère avec entrain. (LM 374)

Cette citation tranche avec la description de l'état de méconnaissance de la toponymie athénienne précédant l'exploration géographique déclenchée par les recherches sur l'epsilon de Delphes. Alexakis dépeint un changement dans la connaissance géographique et culturelle de son narrateur : ce dernier réussit à réapprivoiser son environnement athénien. L'angoisse toponymique dont il avait fait l'expérience avant le voyage à Delphes est ici remplacée par un « entrain », ce qui matérialise bien un soulagement identitaire. En décrivant de tels parcours où des narrateurs cartographient mentalement leur environnement grec et se le réapproprient, l'auteur manifeste bien son désir de gréciser ses écrits.

L'exploration géographique propre aux œuvres les plus récentes de l'auteur se double d'une exploration historique poussée. Les deux romans les plus caractéristiques de cette tendance sont *La Langue maternelle*, qui se concentre sur l'histoire du temple d'Apollon de Delphes, et *Ap. J.-C.*, qui retrace l'historique du mont Athos de l'Antiquité à nos jours. Il est intéressant de souligner que les deux narrateurs de ces romans, bien que différents, puisqu'on a d'abord affaire à Nicolaïdis le dessinateur (LM) puis à un jeune étudiant qui reste anonyme (AJC), aient comme guide un archéologue s'appelant Préaud. Sous le nom « Préaud » se sont aussi deux personnages différents qui se cachent puisque le premier, qui est seulement désigné par son nom de famille, est aveugle (LM 136) alors que le deuxième, qui porte le prénom « Basile », ne l'est pas (AJC 83). On n'est d'ailleurs guère étonné que, dans le dernier ouvrage, cette figure de l'archéologue soit

désignée sous le prénom « Basile ». Par cette référence autofictionnelle détournée à son propre prénom, l'auteur se confère une position
de savoir.

Tout comme les personnages font le constat de leur manque
de connaissance géographique, ils mettent aussi en avant leur manque
de maîtrise de l'histoire et des traditions grecques. L'apprentissage
s'impose comme une nécessité. Nicolaïdis est décrit comme un personnage historiquement dépossédé. Alors qu'il participe aux festivités
du dimanche de Pâques chez un ami, il explique : « En arrivant à la
maison, nous avons tracé une croix noire avec la flamme d'un cierge
sous le linteau de la porte d'entrée. J'avais oublié cette coutume. 'Je
n'ai pas d'histoire' ai-je pensé » (LM 17-18). Cette constatation, douloureuse et dramatique, pousse le personnage à entamer une sorte de
rééducation pour tenter de boucher ce vide historique qu'il ressent.

Ap. J.-C. s'ouvre sur un constat similaire puisque, dès les premières lignes, le narrateur donne forme à un sentiment d'ignorance :
« L'Église orthodoxe célèbre aujourd'hui la mémoire de Laurent de
Mégare, d'Éphraïm et d'Eugène. Je ne connais aucun des trois » (9).
De plus, lorsqu'il explique que sa logeuse lui a demandé d'enquêter
sur les moines du mont, dans l'espoir, on l'apprend plus tard, d'y
retrouver son frère disparu, il minimise une fois encore ses connaiss-
ances : « Je sais seulement que les premiers monastères ont été bâtis il
y a mille ans » (12). Ces deux romans décrivent deux apprentissages
historiques fort similaires. Les narrateurs font des rencontres, interrogent des personnages – comme par exemple les deux Préaud – et se
renseignent eux-mêmes. En somme, comme le note Michel Déon à
propos d'*Ap. J.-C.,* le narrateur « écoute, note [et] apprend ».

Ce désir d'apprentissage se matérialise par le nombre impress-
sionnant de bibliothèques, de musées et de sites archéologiques que
les narrateurs visitent. La prédilection d'Alexakis pour les « non-
lieux » transparaît encore une fois ici. Ces sites ne sont pas non plus
habitables et ont une fonction unique puisqu'ils se caractérisent exclusivement par le savoir qu'ils visent à transmettre. On comprend donc
pourquoi Alexakis se base sur une multitude de ces non-lieux que l'on
pourrait qualifier d'« hétérotopies du savoir historique grec ». Les
exemples abondent : la bibliothèque de l'École française d'archéolo-
gie (LM 126), l'Achéron, le Nécromantion (LM 296), le musée des
Arts et Traditions populaires d'Amphissa (LM 306), le musée archéologique de Delphes (LM 325) le théâtre d'Épidaure (LM 380), le

musée du chef-lieu de Cythère (JTO 251), l'ancien site du temple d'Aphrodite (JTO 255), la bibliothèque Gennadios de Colonaki (AJC 81) et le musée de Thessalonique (AJC 229). Ces sites sont tous porteurs d'un savoir historique. Certains, comme le Nécromantion, qui marquait l'entrée d'Hadès, l'Achéron, la rivière qui symbolisait la frontière avec l'au-delà, ou bien Delphes, qui était censé être le nombril du monde, permettent au narrateur d'établir une connexion explicitement spatiale avec le passé historique grec.

La mise en présence récurrente de ruines antiques dans la prose est aussi caractéristique des œuvres récentes. En plus des visites des ruines de Delphes, du Nécromantion, et des colonnes du temple d'Aphrodite, l'auteur décrit l'expédition d'un narrateur pour trouver les ruines antiques cachées et détruites par les moines du mont Athos. Il finit par découvrir des « vestiges d'habitations ainsi que les fondations d'une acropole » (AJC 333). En se basant sur les écrits de Lutwack, on peut avancer l'idée que les ruines s'incarnent comme un palimpseste de l'histoire grecque :

> Les ruines sont des balises temporelles créées par l'homme, des lieux consacrés par les grands événements de l'histoire de l'humanité qui s'y sont déroulés et qui, à leur tour, consacrent le temps car elles servent de témoins tangibles au passé. Les ruines poursuivent l'influence du passé sur le présent[54]. (55)

Par conséquent, la présence récurrente de ruines dans les écrits récents de l'auteur manifeste une volonté d'établir un lien avec le passé et de se réclamer de l'histoire grecque. Le choix de Delphes confirme cette idée puisque ce lieu est perçu comme le *topos* archétype de la topographie hellénique (Leontis *Topographies* 144).

Ces narrateurs apprentis historiens sont aussi des lecteurs passionnés. Pour étudier les mystères qui s'offrent à eux, ils consultent de nombreux ouvrages historiques, « Sur le côté gauche de mon bureau se dresse une pile de livres consacrés au mont Athos » (AJC 10), folkloriques (CM 219), encyclopédiques, « J'ai lu dans l'encyclopédie que d'énormes vagues ont anéanti le port antique de l'île » (JTO 103) et même religieux (AJC 166). Le narrateur d'*Ap. J.-C.* redécouvre en

---

[54] « Ruins are man-made markers of the passage of time, places consecrated by the great events in the history of mankind that once occurred there and, in turn, consecrating time by reason of their tangible witness of the past. Ruins continue the influence of the past on the present »

effet *L'Hymne acathiste*[55] qu'il lit à sa mère alitée et dont il ne « connaissai[t] que le début » (166). Cette lecture lui permet d'identifier les liens profonds qui existent entre religion et nationalisme en Grèce. Enfin, les narrateurs étudient aussi les œuvres d'Hérodote (AJC 54) et se plongent dans la lecture de l'Iliade (LM 111). La mise en scène de lecteurs fébriles qui vont de livres en livres pour développer leur connaissance des faits historiques grecs incarne bien la volonté de l'auteur d'illustrer un processus d'apprentissage[56].

L'une des conséquences principales de cette démarche historique propre aux romans récents de l'auteur est qu'une forte dose de didactisme s'insère dans la prose. Le lecteur a parfois l'impression qu'Alexakis utilise ses narrateurs comme porte-parole de sa propre connaissance historique et certains commentaires s'apparentent presque au cours d'histoire. Les exemples suivant illustrent bien cette qualité didactique de l'écriture : « L'epsilon était en bois, suspendu probablement au-dessus de la porte d'entrée. C'était également une offrande. Des piliers carrés, comme ceux qui indiquaient les distances sur les routes, portaient les maximes des Sept Sages » (LM 125) ou bien « La guerre sainte déclarée par Byzance contre le polythéisme au IVe siècle, et qui s'intensifie après 392 lorsque l'empereur Théodose ordonne l'exécution des païens, n'a pas seulement pour but la suppression d'une religion, mais aussi celle d'une civilisation » (AJC 282-83). Le roman *Ap. J.-C.* en particulier se construit sur l'historique des lieux.

---

[55] Dans la tradition orthodoxe, un hymne de louanges dédié à Marie que l'on chante debout à l'occasion du carême : « *Invincible patronne des armées, vers Toi s'élèvent les louanges de Ta ville, que tu as sauvée, ô Mère de Dieu, des périls qui la guettaient* » (AJC 166). En italique dans le texte.

[56] En plus des visites d'hétérotopies du savoir historique grec et des lectures faites par les narrateurs, il y a d'autres stratégies d'apprentissage historique. Nicolaïdis étudie de vieilles gravures qui lui donnent des informations sur l'histoire d'Athènes : « D'après les gravures du siècle dernier, Athènes n'était qu'un village en 1821, construit au pied de l'Acropole » (LM 113). De même, le narrateur du *Cœur de Marguerite* explore l'Antiquité grecque dans un de ses documentaires : « Un autre film m'a conduit sur les sites liés aux personnages mythiques de l'Antiquité. Je demandais aux habitants de ces lieux ce qu'ils savaient ou ce qu'ils pensaient des héros d'autrefois. J'ai interrogé les gens de Némée à propos d'Héraclès, et ceux qui habitaient près de l'ancienne Gortyne, en Crète, au sujet du Minotaure » (CM 49-50). Cet exemple montre aussi le désir d'étudier les ramifications que le passé historique peut avoir sur le présent. Il y a bien là une volonté de concilier ou confronter passé antique et présent grec.

L'évocation du mont Athos ou de Thessalonique semble presque constituer un prétexte à l'explication de l'historique du lieu :
« L'histoire de Thessalonique est un roman d'aventure. Elle a été con-
quise par les Sarrasins, les Normands, vendue aux Vénitiens » (224).
L'auteur matérialise le changement que l'apprentissage historique
opère chez le narrateur puisque ce dernier passe de l'ignorance à
l'érudition. Alexakis illustre aussi son propre désir de démontrer une
connaissance personnelle approfondie de l'histoire grecque. Ainsi, il
parvient à se défaire des évocations nostalgiques de son pays au profit
d'un point de vue historique et à progressivement se réapproprier son
identité grecque.

Tout comme les personnages alexakiens effectuent des actes
performatifs pour explorer la géographie grecque, ils démontrent aussi
une volonté de faire une expérience performative de l'histoire du pays.
Il y a en effet un lien entre l'accumulation de lieux et le désir affirmé
de faire un « rattrapage » historique. Une fois encore, les pensées de
Lutwack peuvent éclairer les pratiques spatiales et historiques dans la
prose. Ce dernier note en effet : « Ceux qui affichent le plus grand
besoin du lieu sont ceux qui n'ont pas réussi, pour une raison ou pour
une autre, à soutenir la cadence de l'histoire ou des évolutions de la
société qui les entoure »[57] (237). Le besoin de s'approprier des lieux,
d'y apposer sa propre marque, pourrait ainsi être une conséquence
d'une perte de repères historiques ou d'une coupure avec la société
d'origine. Il semblerait y avoir un lien direct entre le nomadisme des
narrateurs, leur pratique spatiale et leur besoin de renouer avec l'histoire grecque.

La volonté d'éprouver physiquement le passé s'incarne par
exemple dans une identification de Nicolaïdis à la pythie du temple
d'Apollon. Le narrateur s'imagine emprunter le même chemin que
cette dernière lorsqu'il quitte le site archéologique : « J'ai pensé que la
Pythie rentrait peut-être chez elle par le chemin que je suivais » (LM
335). Plus tard, il mange une feuille de laurier comme le faisait la
pythie avant de rendre son oracle (LM 376). Lorsqu'il visite le site
archéologique, et plus particulièrement l'adyton, la fosse où se trouvait la pythie, il fait une expérience oraculaire puisqu'il se rend
compte subitement qu'il doit « prendre congé de Delphes » (LM 347).

---

[57] « People who have the greatest need for place are those who have failed, for one
reason or the other, to keep pace with history or with the movement of society around
them »

L'emphase sur la mise en scène d'une expérience oraculaire performative se concrétise aussi quand Nicolaïdis se rend chez l'ancienne femme de ménage du musée de Delphes qui lui lit son avenir dans le marc de café. Le narrateur souligne que la pythie avait elle aussi des « origines humbles », ce qui renforce une fois encore l'identification à une pratique du passé antique (338).

Il y a donc bien un réel désir d'éprouver dans le moment présent le passé historique grec. La visite de Thessalonique par le narrateur d'*Ap. J.-C.* permet de mettre directement en parallèle la complémentarité des démarches d'exploration géographique et historique dans la prose :

> La poste grecque a pour emblème un dessin stylisé représentant Hermès coiffé de son casque ailé. C'est dire que les dieux ne m'ont pas quitté après mon départ du musée. J'ai songé à Arès devant un panneau de signalisation indiquant la direction du quartier général du IIIe corps d'armée, à Déméter en passant devant une boulangerie, à Apollon en apercevant un magasin d'instruments de musique. [...] Une boutique de prêt-à-porter m'a rappelé l'affection d'Athéna pour les tisserands et un garage les prouesses techniques accomplies par Héphaïstos. Poséidon, je le rencontrais à chaque carrefour car toutes les rues perpendiculaires donnaient sur la mer. Je crois que j'aurais oublié Zeus si mon chemin ne m'avait amené à traverser la place du tribunal. (232-33)

Ici, l'alliance de la déambulation urbaine aux considérations du narrateur sur les dieux grecs, matérialise à la fois le lien entre exploration géographique et historique, mais aussi, une fois encore, la volonté de laisser se manifester le passé dans le présent. Cette actualisation du passé historique grec permet bien d'en faire une expérience performative[58]. L'accumulation des diverses mises en scène de l'histoire grecque suggère un désir évident de gréciser l'œuvre. De plus, la création de personnages qui se réclament fréquemment de leur héritage historique grec et qui atteignent un haut niveau d'érudition sur la question,

---

[58] Un autre événement de *La Langue maternelle* met l'accent sur la volonté de faire une expérience performative du fait historique grec. En effet, quand la caissière du musée de Delphes informe Nicolaïdis que « conformément à une circulaire de Stathopoulou [ministre de la culture dont le portrait rappelle celui de Mélina Mercouri], l'entrée est gratuite pour les Grecs », ce dernier exige de payer un droit d'entrée (325). La volonté de payer, malgré la gratuité de l'entrée, manifeste une reconnaissance de l'importance historique du musée. Nicolaïdis estime en effet qu'il a bien un droit de passage à payer sur le chemin qui le mène vers la redécouverte du passé historique de son pays.

suggère une volonté chez l'auteur d'explorer et d'affirmer sa propre identité grecque.

Alexakis a lui-même expliqué récemment le caractère person-nel des explorations historiques et identitaires propres à *La_Langue maternelle* et à *Ap. J.-C.*. Il a affirmé que l'écriture d'*Ap. J.-C.* avait été motivée par le constat que le travail amorcé avec *La Langue maternelle* devait être poussé plus loin : « Je me suis rendu compte au fond que cela ne suffisait pas pour connaître la Grèce et que tout un pan de son histoire me restait inconnu [...] Je ne connaissais pas vrai-ment mon pays » (Six). L'écriture est donc bien basée sur un projet de réaffirmation identitaire par l'exploration historique[59]. Cette démarche peut être qualifiée de profondément grecque. En effet, Léontis sou-ligne que « le monde grec contemporain [...] continue de se démener pour contrôler les interprétations de son passé »[60] (*Topographies* 224). C'est exactement ce que fait l'auteur dans ses romans les plus récents. Il se réclame ainsi d'une démarche d'exploration identitaire que l'on peut qualifier de profondément grecque.

Alexakis a fait du chemin depuis la description nostalgique et idéalisée de la Grèce caractéristique de ses œuvres des années quatre-vingts. Les personnages font preuve de points de vue de plus en plus critiques sur la société grecque contemporaine. La capacité à critiquer le pays d'origine constitue peut-être l'ultime étape de cette réappropri-ation du territoire grec par l'auteur. Cette dose critique permet en effet d'éviter les dangers de fétichisation de la Grèce qui aurait pu être une conséquence de la démarche d'exploration historique analysée plus haut. En attribuant aux personnages un rôle de censeur de la société grecque, l'auteur matérialise son attachement au pays, revendique un point de vue à la fois autochtone et autre et démontre aussi qu'il veut s'inscrire dans le présent grec.

De nombreux commentaires visant à décrire la société grec-que contemporaine sont glissés dans la prose : « Je dois te dire que les enfants continuent de brailler, les mères de s'égosiller, les pères de

---

[59] Le travail de recherche précédant la rédaction d'*Ap. J.-C.* témoigne de cette volonté. Alexakis explique en effet : « j'ai mené une enquête auprès de soixante personnes environ : des historiens, des gens d'église, un avocat, un spécialiste de la peinture byzantine, des profs d'histoire antique… Et j'ai lu beaucoup aussi, bien sûr. J'aime bien apprendre en faisant un livre. » (Guichard « La Grèce en héritage » 23).
[60] « the contemporary Greek world [...] has been struggling to control interpretations of its past »

gueuler pour obtenir le silence, les automobilistes de vociférer, les contribuables de gémir, les hommes politiques de rugir » (JTO 88). On remarque aussi des tentatives de définition du pays : dans *Ap. J.-C.*, le narrateur, après avoir réfléchi à l'influence du nationalisme et de la religion sur la société grecque, affirme : « 'La Grèce est deux pays', ai-je conclu » (95). Cette démarche descriptive révèle une volonté auctoriale d'appréhension du pays. De plus, la récurrence du pronom « nous » dans les phrases visant à critiquer la Grèce contemporaine marque et souligne un point de vue interne à la société : « *Nous* sommes un vieux pays qui parle avec une voix d'enfant » (LM 118), « *Nous* exécrons les Américains comme *nous* l'avons toujours fait, mais *nous* les imitons plus que jamais » (JTO 241), « J'ignorais que *nous* recevions de telles sommes de l'Union européenne. Comment peut-elle faire confiance à des bons à rien tels que *nous* » (AJC 144)[61]. Ce pronom établit bien un sentiment communautaire affirmé en liant narrateurs et peuple grecs.

La critique alexakienne porte sur plusieurs aspects du quotidien grec. Loin de l'idéalisation d'Athènes propre à *Paris-Athènes*, où, rappelons-le, le narrateur refusait notamment d'admettre que la ville était polluée, les œuvres récentes montrent une inquiétude pour l'environnement grec. Les narrateurs soulignent par exemple que la capitale est une ville polluée, « bâtie à outrance », où l'on « construit partout le même immeuble disgracieux aux balcons étroits » (LM 68 et 10). Ils sont souvent préoccupés par les transformations subies par le pays à cause du développement du tourisme. Santorin est décrite comme « noire de monde en été », comme un lieu qui « ne peut pas contenir d'avantage de monde » et où « il ne fait plus jamais nuit » (JTO 184). Les mêmes regrets sont émis au sujet de Tinos qui s'est développée « de façon anarchique, aux dépens de sa beauté naturelle » (JTO 176). On remarque ici de nouveau le lien émotionnel fort qu'Alexakis crée entre ses personnages et les lieux, lien qui suggère un attachement profond à l'espace grec.

Le volet politique n'échappe pas à la critique. Les romans récents de l'auteur illustrent et dénoncent une sorte de paranoïa identitaire propre à la société grecque contemporaine. L'ancienne domination ottomane, la position géographique du pays, sa petite taille, son manque de poids au niveau international et l'intensification du phéno-

---

[61] Mon emphase.

mène d'immigration font que la Grèce contemporaine est décrite par l'auteur comme un pays inquiet et complexé. L'illustration de cette paranoïa est particulièrement présente dans *La Langue maternelle* où un personnage indique :

> Nous sommes menacés de tous les côtés... J'ai entendu à la télé que le gouvernement de Skopje compte revendiquer notre Macédoine... Nous étions un grand pays, autrefois... La Grèce s'étendait jusqu'au bout du monde... notre pays se rétrécit sans cesse, vous n'êtes pas de cet avis ? (LM 338-39)

Alexakis critique non seulement cette attitude fataliste face à la grandeur perdue du pays mais aussi les comportements ultranationalistes suggérant que « l'expansionnisme de la Turquie et le réveil des nationalismes dans les Balkans représentent une menace pour le pays » (LM 87). Il tourne cette peur et ce rejet de la Turquie en dérision lorsqu'il souligne ironiquement que, dans le nord de la Grèce, on modifie la toponymie pour effacer toute trace d'une quelconque influence turque sur le paysage grec : « le village Kavakia – du turc *kavak*, le saule – a été rebaptisé Les Rosiers » (LM 283).

Les derniers romans d'Alexakis mettent aussi en place une critique acerbe du pouvoir du clergé orthodoxe dans le pays. La religion semble participer à cette paranoïa identitaire, au sentiment d'infériorité et à l'isolationnisme grecs : « Ça déplaît à ces messieurs de l'Europe que nous soyons orthodoxes ! » (LM 222). Comme le souligne Louise Chevalier à propos d'*Ap. J.-C.*, l'auteur se montre sans pitié dans sa critique du poids de la religion orthodoxe en Grèce : « Alexakis ne se prive ni de portraits acérés ni de réflexions peu amènes sur une religion orthodoxe, qui, au fil des âges, n'a eu qu'un lien très lâche avec les idées de tolérance et de liberté ». En effet, il dénonce la collaboration du clergé avec les colonels au moment de la dictature et explique que les moines du mont Athos avaient demandé, avec succès, à « être placés sous [l]a protection et [l]a tutelle » d'Hitler pendant la guerre (AJC 347 et 101).

Ap. J.-C., par la critique des privilèges financiers et de l'influence politique dont jouissent les moines du mont Athos aujourd'hui, dénonce le fait qu'« il est difficile de gouverner la Grèce sans le consentement ou tout au moins l'accord tacite du clergé et des moines »

(128)[62]. Les points de vue des personnages montrent que l'auteur s'oppose aussi à l'idée d'une identité grecque définie par la religion. En effet, la violence et l'intolérance des propos du père d'un ami du narrateur, qui s'insurge contre une directive de l'Union européenne obligeant la Grèce depuis 2001 à ne plus faire mention de la religion sur les cartes d'identité, démontre bien la volonté de remettre en cause le principe religieux comme critère identitaire grec :

> Les monastères, de même que notre Église, ont besoin d'argent pour répondre à la propagande des Occidentaux qui, depuis mille ans, conspirent contre l'orthodoxie. Tu as vu de quelle manière ils ont humilié nos frères serbes ? L'Union européenne nous a d'ores et déjà imposé d'effacer de nos cartes d'identité le trait qui nous définit le mieux. Que nous restera-t-il, je te le demande, si nous abjurons notre foi orthodoxe ? (239)

Les écrits de l'auteur suggèrent que ces nationalismes et fanatismes religieux constituent un danger pour le futur de la Grèce. Alexakis produit donc, à travers ses écrits, un réquisitoire contre l'intolérance religieuse et culturelle grecque et fait le vœu d'une Grèce plus ouverte.

Il ne manque pas non plus de souligner à plusieurs reprises les difficultés auxquelles font face les immigrés en Grèce :

> La vie n'est pas du tout facile pour les immigrés d'Albanie, de Pologne et de Russie qui se sont réfugiés chez nous ces dernières années. Ils se font exploiter par les entreprises du bâtiment, qui les paient mal ou pas du tout. Ils n'ont aucun recours, la majorité d'entre eux sont entrés clandestinement en Grèce. Ils seraient cinq cent mille et représenteraient cinq pour cent de la population. (LM 232-33)

L'auteur décrit ainsi un nouvel aspect de la société grecque qui contraste avec le passé d'émigration propre au pays. Depuis la fin des années quatre-vingts et la chute du communisme en Europe de l'Est, le pays s'est vu transformé en terre d'immigration. Pour illustrer cette nouvelle tendance migratoire, l'auteur parsème ses écrits de références

---

[62] Les moines qu'Alexakis dépeint sont très impliqués dans la vie politique et économique du pays. L'auteur explique que leur claustration est toute relative. Il les décrit plus comme des hommes d'affaires soucieux de faire poids sur les décisions politiques du pays que comme des hommes de religion. Il dénonce aussi leur enrichissement personnel : « Ils possèdent d'innombrables immeubles à Athènes et à Thessalonique, ils possèdent des îles, ils possèdent même des lacs » (238).

aux conditions de vie difficiles des immigrés[63] et met en scène nombre
de personnages secondaires issus de l'immigration[64]. L'auteur regrette
que les Grecs aient oublié les difficultés qu'ils ont eux-mêmes connues en tant qu'immigrés à l'étranger :

> Les mères de familles en attente à l'arrêt de bus prennent un air dégoûté
> lorsqu'elles entendent parler albanais à côté d'elles […] Les Grecs qui ont
> vécu à l'étranger, en Australie, en Amérique du Nord ou en Europe, con-
> naissent bien cette moue pour l'avoir subie. À présent nous la faisons aussi.
> (JTO 198)

L'auteur se place bien en censeur de la société grecque contemporaine. Si son statut d'exilé et le manque du pays en découlant
l'avaient d'abord poussé à poser la Grèce sur un piédestal en l'idéali-
sant nostalgiquement dans sa fiction, on remarque aujourd'hui une
attitude plus contrastée et une mise en avant des démons de la société
grecque. Sa position d'exilé, grâce au recul qu'elle offre, lui permet en
fait finalement de poser un regard plus objectif sur son pays. Edward
Said souligne lui aussi l'originalité de regard que crée l'exil : « Il est
peut-être étrange de parler des plaisirs de l'exil, mais certaines choses
positives liées à l'exil sont à évoquer. Considérer 'le monde entier
comme un pays étranger' peut façonner une manière originale de voir
le monde »[65] (256). Bhabha souligne lui aussi le potentiel du statut
d'entre-deux et d'une position interstitielle : « Poser les questions de
solidarité et de communauté du point de vue interstitiel permet une
montée en puissance politique et l'élargissement de la cause multicul-

---

[63] On peut noter par exemple : « Nous avons traversé […] une autre place où étaient
rassemblés des centaines d'immigrés russes, désabusés et mal habillés » (LM 59), « Il
est albanais, dit le forgeron en riant. Il n'a pas de papiers. Il a peur des flics » (LM
269), « le gouvernement est décidé à reconduire à la frontière tous les Albanais clan-
destins […] Il [Albanais] menace de s'électrocuter si on ne lui donne pas un permis de
séjour » (LM 272), « Elle fait partie du flot de réfugiés qui sont venus des pays de
l'Est après l'ouverture de leurs frontières. Les hommes travaillent dans le bâtiment et
les femmes s'occupent des vieux » (CM 167) et « Malgré le fait que nous avons grand
besoin de ces immigrés, bon nombre de nos compatriotes se montrent hostiles à leur
égard » (JTO 197).
[64] De nombreux personnages ont une dame de compagnie originaire d'Europe de
l'Est. C'est par exemple le cas de tante Persi (CM 166), du père du narrateur (ME 22)
ou de Tante Polyta (JTO 197). De même, c'est une Albanaise qui garde les enfants de
Marguerite (CM 32).
[65] Traduit de l'anglais par Charlotte Woillez.

turelle »[66] (32). C'est bien ce que l'auteur fait dans ses œuvres les plus récentes. Alexakis confère d'ailleurs à un de ses personnages cette capacité, propre à l'exilé, à critiquer l'ordre établi, à s'opposer à la majorité et à proposer un regard autre sur la société d'origine. Nicolaïdis, qui, ne l'oublions pas, rentre d'un exil parisien prolongé, critique l'attitude de ses concitoyens face à la revendication du nom « Macédoine » par le gouvernement de Skopje :

> Nous nous sommes disputés une fois au sujet de la Macédoine. Elle [Vaguélio] comptait se rendre à une manifestation organisée par le gouvernement contre les macédoniens slaves, appelés 'gens de Skopje'. Athènes entendait faire obstacle à la reconnaissance de leur État sous le nom de Macédoine. Vaguélio prétendait que seule la Grèce avait le droit de l'utiliser, étant donné que la principale région au nord du pays le porte déjà. 'La Macédoine n'est que grecque' : tel était le slogan gouvernemental que les médias répétaient inlassablement plusieurs jours avant la manifestation. Tu ne peux pas comprendre parce que toi tu ne vis pas ici, m'a-t-elle dit. (LM 57)

L'évocation de ce débat qui a marqué la société grecque au début des années quatre-vingt-dix à travers le regard d'un exilé permet à l'auteur de critiquer une vision binaire de l'identité grecque, de dénoncer la frénésie nationaliste dont fait alors preuve la majorité de ses concitoyens et d'offrir un autre point de vue : « Je soutenais que nous devrions reconnaître Skopje sous le nom de Macédoine du Nord ou de Nouvelle-Macédoine » (58).

Cette attention particulière à la vie politique grecque montre bien une volonté auctoriale de s'inscrire dans le présent du pays natal et de décrypter ses contradictions. L'œuvre littéraire semble donc avoir permis une réappropriation du pays d'origine conciliant à la fois affection et critique, toutes deux sans bornes. Selon de Pizzol, Alexakis aurait en effet réussi « le tour de force de faire de l'exil le moyen unique d'un retour aux sources pouvant faire coexister nostalgie et critique dans le regard qu'il porte sur sa terre natale » (293).

---

[66] Traduit de l'anglais par Françoise Bouillot.

6. Des retours imaginaires pour un retour symbolique

Paris, la France et l'exil semblent aujourd'hui bien loin des considérations d'Alexakis. L'espace textuel dédié aux sujets français est, dans *Ap. J.-C.*, pratiquement nul. Ce roman met en scène un nouveau type de narrateur alexakien : il ne s'est jamais exilé, n'est pas déchiré entre deux pays, et il n'a d'ailleurs même jamais pris l'avion. Son portrait contraste grandement avec le type de narrateur auquel on s'était habitué : le personnage grec exilé à Paris qui vit à cheval sur les deux pays. Récemment, l'œuvre incarne une volonté d'illustrer un retour imaginaire vers le pays natal à travers l'écriture.

Si l'auteur continue de vivre entre les deux pays, on remarque que ses narrateurs effectuent eux un retour franc vers la Grèce. En effet, Nicolaïdis note par exemple : « C'est la première fois que je me trouve ici sans avoir de billet de retour » puis « Je ne sais pas si je retournerai en France. Il se peut que ma vie là-bas se soit achevée » (LM 65 et 163-64). À travers ses personnages, leurs pratiques d'enracinement géographiques dans le paysage grec, les explorations historiques qu'ils font et les critiques qu'ils émettent au sujet de la Grèce contemporaine, l'auteur a (re)cartographié la géographie et a (re)appréhendé l'histoire de son pays. Tel Ulysse après un périple qui a duré trois décennies, il a retrouvé son Ithaque et ainsi atteint une paix et une maturité qui annoncent très certainement un renouvellement créatif de l'écriture.

Ainsi, les œuvres récentes apparaissent bien comme un acte performatif de la grécité de l'auteur. On a montré qu'aujourd'hui Alexakis donne libre cours à une volonté d'exploration de la partie grecque de son identité. *Ap. J.-C.*, par son sujet (histoire grecque) mais aussi par la stratégie d'écriture (rédaction initiale en grec avec une première publication en France et en français), incarne bien l'acceptation et l'exploitation artistique décomplexée des différentes strates identitaires de l'auteur. En effectuant, dans un premier temps, ce retour thématique vers la Grèce sur la scène littéraire française, l'auteur démontre bien le désir d'embrasser et de célébrer la dualité identitaire, française et grecque, constitutive de sa personne.

Le déplacement géographique de l'auteur implique un questionnement identitaire qui se trouve reflété à travers le traitement de l'espace tel qu'il est produit dans l'œuvre. La coupure géographique induite par l'exil est l'un des facteurs qui expliquent à la fois l'hypersensibilité spatiale des personnages mais aussi l'extrême mobilité géographique propre à l'œuvre. La pratique alexakienne de l'espace suggère que l'auteur est ce que Kenneth White appelle un « nomade intellectuel » qui perçoit la « littérature comme cartographie, comme sismographie, comme cheminement intuitif, sensitif » (17 et 54). Il y a en effet un rapport original et exacerbé à l'espace et aux lieux dans les écrits. Les pérégrinations des personnages constituent autant de tentatives de résolution du malaise identitaire remontant à l'exil originel. La prédilection de l'auteur pour la mise en scène d'itinéraires spatiaux montre un désir de filer, au fur et à mesure des publications, une géographie personnelle visant à désamorcer ce malaise. La multiplication des schémas spatiaux de perte de repères, d'instabilité, de déplacement, d'isolement, de bipolarité, d'exploration ou de tentative d'appropriation mise en évidence plus haut illustre bien une sorte de panique spatiale demandant à être évacuée.

Il est d'ailleurs intéressant de souligner ici les parallèles existant entre les pratiques spatiales et linguistiques de l'auteur. Tout comme il avait choisi le français au début de sa carrière, il a implanté ses premiers romans en France. Il a ensuite pareillement fait l'expérience d'une traumatisante bipolarité linguistique et spatiale. Puis, pour désamorcer cet antagonisme, il a été attiré par d'autres pratiques linguistiques et par l'ailleurs. Enfin, tout comme il choisit actuellement d'écrire la première version de ses romans en grec, l'espace géographique grec a aussi sa préférence. Les stratégies littéraires spatiales et linguistiques sont donc similaires et participent toutes deux à la même exploration identitaire.

La conclusion principale à laquelle nous mène ce chapitre est qu'Alexakis a effectué récemment, par l'originalité de sa pratique scripturale, une reterritorialisation sur la Grèce. En effet, après avoir désamorcé la bipolarité géographique par une diversification des lieux et par la description de pratiques spatiales visant à affirmer une réimplantation en Grèce, l'auteur a réussi à mettre son exil entre parenthèses et à se réclamer de l'espace grec dans sa fiction. L'instabilité spatiale et le nomadisme des personnages ont paradoxalement permis un recentrement des œuvres en Grèce. L'auteur met peut-être en scène ces multiples déplacements de manière à finalement mieux se réimplanter au sein de la culture d'origine. Cette idée rejoint les pensées de Glissant qui souligne : « L'errance, c'est cela même qui nous permet de nous fixer » (63). Ainsi, les schémas d'errance et de déplacements

inhérents à la prose alexakienne seraient des outils d'exploration identitaires qui auraient facilité un processus de réappréhension de
l'espace d'origine par le travail d'écriture. Même si ce retour au bercail se joue dans l'espace imaginaire de la création littéraire, il suggère
que le malaise identitaire lié à l'exil est bien enrayé.

Pour répondre aux questions que l'on posait en début de chapitre, on ne peut plus dire aujourd'hui que l'auteur soit « déchiré »
entre deux pays et qu'il panse incessamment les plaies de son exil
dans sa prose. On ne peut pas non plus affirmer qu'Alexakis est apatride puisqu'il se réclame très clairement de son identité grecque
comme le suggère le traitement de l'espace dans ses œuvres récentes.
Par contre, ce que l'on peut maintenant mettre en avant, c'est que
l'auteur n'a plus la crainte de faire dans le folklorique ou l'exotique en
évoquant son pays. C'est d'ailleurs ce qu'ont souligné certains critiques au sujet d'*Ap. J.-C.* au moment de sa parution : « La Grèce est là,
volubile et magnifique, bavarde et gourmande » (Déon) et « il y a la
Grèce, son intangible beauté, son peuple bavard, infernal et délicieux,
qui au-delà des convulsions du temps porte dans ses gènes le goût de
tous les voyages et qui nous l'a transmis. C'est elle aussi que raconte
Vassilis Alexakis. Divinement bien » (Chevalier). Le projet littéraire
alexakien incarne donc aujourd'hui un désir affirmé de raconter la
Grèce, mais de le faire sur un mode qui matérialise toujours scriptu-
ralement le parcours identitaire de l'auteur grâce à une publication à la
fois en France et en Grèce, à quelques mois d'intervalle, qui lui donne
ainsi accès à son double lectorat grec et francophone.

Chapitre quatre

« Il faut utiliser l'imagination de la vie » : Entretien avec Vassilis Alexakis

MB : Est-ce que vous vous considérez comme un vétéran des entretiens littéraires ? Si c'était votre choix, par où aimeriez-vous commencer ?

VA : La question qu'on pose le plus souvent, qui touche le fond de la littérature, qui est importante mais qui est quand même une question bête, porte sur le caractère autobiographique des livres. C'est un peu ambigu. On a l'impression que le public aimerait être considéré comme adulte. Aux adultes on ne raconte pas des histoires comme aux enfants. Ils veulent avoir le sentiment qu'on leur dit la vérité. Or ils se trompent sur le mot « vérité». Effectivement, il y a une vérité dans le roman, mais une vérité qui n'est pas anecdotique, qui n'est pas liée aux faits. Simplement, la vérité du roman est, comme la vérité des contes pour enfants, d'un autre niveau, d'une autre intensité. Il s'agit d'une vérité, et non pas d'une simple narration du réel. Au fond, ce genre de questions prouve autre chose. Souvent, une partie du public ne se rend pas compte de l'importance de l'imaginaire. Or, c'est le moteur premier de chaque livre. Même si on veut raconter la chose la plus terre-à-terre, la plus réaliste, si l'on n'a pas d'imagination on ne peut pas la raconter. Quand on écrit, on quitte la réalité. On est dans un texte. Il n'y a pas de gens vivants, mais des mots. C'est un autre univers. Il est très possible que quelques fois, ou même souvent, on utilise des petites choses qu'on a pu observer. Mais on les utilise d'une certaine façon et par rapport aux besoins de cette nouvelle réalité que constitue le texte.

MB : On pourrait toutefois qualifier vos écrits d'intimes. Vous avez quand même exploité, sur le mode romanesque, des événements de votre vie, n'est-ce pas ?

VA : Oui, bien sûr, on peut le dire. Il y a des reflets de ma vie dans les livres. Mais ce sont comme les reflets des arbres dans un lac, ou ce ne sont pas des arbres du tout. C'est tout à fait autre chose, c'est de l'eau. *Paris-Athènes*, qui est un livre strictement autobiographique où je cite les gens par leur nom, mes enfants, mon ex-femme, mes amis et où je parle de moi-même en donnant des tas de détails, au fond, est un roman. Si ça n'avait pas été un roman, ça n'aurait eu strictement aucun intérêt. Même quand on s'attache à décrire une réalité, il faut une imagination romanesque. Tout dépend de la place de chaque élément, de ce qui précède, de ce qui suit, des interruptions de rythme, de la conduite du récit. La direction du récit est affaire d'imagination, affaire d'écrivain, donc c'est du roman. Dans des livres totalement imaginaires que j'ai écrits, certaines personnes ont vu des choses réelles. Quand on parle de scènes strictement imaginaires, on fait tellement attention à bien les raconter pour qu'elles ne paraissent pas inventées, qu'elles sont plus vraies que les scènes inspirées d'une certaine réalité.

MB : Le lien entre réel et imaginaire permet-il de parler d'auto-fiction ?

VA : Je supprimerai le mot « auto ». C'est de la fiction pour moi. L'objectif, ce n'est pas soi-même, mais construire une entité autonome, par rapport à moi, par rapport aux autres, qui puisse exister toute seule. Je suis comme un menuisier qui fabrique une table. Est-ce qu'on dirait qu'une table est une « auto-construction » ? Non ! On dirait : « C'est une table ». De la même manière, c'est un roman. Il y a un problème d'éducation, de pédagogie. Je trouve que l'école ne fait pas bien son travail. On décourage les jeunes à écrire de cette façon. Ils imaginent souvent qu'il faut qu'ils aient vécu des choses remarquables pour devenir écrivain. Or les grands livres n'ont pas de sujets remarquables, ce sont de tout petits sujets. Il n'y a pas de rapport entre sujet du livre et qualité.

MB : Mais quand vous donnez votre numéro de téléphone dans *Avant* et que vous parlez de votre dessin dans *La Langue maternelle* – le rond qui parle au carré – on peut voir ça comme un clin d'œil au lecteur assidu.

VA : Là, il y a un clin d'œil. Un roman, c'est très complexe. Il faut de tout. Donc, il peut y avoir des clins d'œil au lecteur, des plaisanteries, des allusions à telle personne... J'ai donné mon vrai numéro de téléphone en étant persuadé que personne ne penserait que c'était le vrai et que personne n'appellerait. Et personne n'a jamais appelé à ce numéro ! Il y a une autre contradiction. Je donne aussi le numéro de l'immeuble où j'habite à Paris, rue Juge, mais là je donne un faux numéro. Eh bien, plusieurs personnes sont allées me chercher au 27. Pour la rue je donne un faux numéro, et pour le téléphone, un vrai. Le téléphone, tout le monde l'a pris pour faux, tandis que l'adresse, tout le monde l'a prise pour vraie !

MB : Vous avez dit que c'est « difficile d'écrire, mais ça rend encore plus malheureux de ne pas le faire, ou de ne pas trouver les mots. Pour échapper à cela on écrit, et on subit la peine plus légère de l'écriture que le malheur du silence ou de l'échec » (Kantcheff 31). Je vois « difficile », « malheureux », « peine » et « échec ». L'écriture est-elle pour vous un vrai labeur ?

VA : Il y a des moments de satisfaction quand on écrit, quand on trouve quelque chose et qu'on sent que c'est bien, que c'est bien venu, que c'est une bonne idée. Mais ce sont deux ans d'angoisse, en même temps. Au début on peut ne pas être sûr du sujet. Plus tard on n'est pas sûr de pouvoir avancer. Rien ne garantit qu'on trouvera la fin. Pour ce livre que j'écris en ce moment, je travaille depuis deux ans. J'en suis à l'épilogue et c'est maintenant, juste avant d'arriver à cet endroit, que j'ai su comment le livre allait se terminer. Évidemment qu'il y a une angoisse permanente. Je me réveille la nuit parce que je me couche sur une difficulté. La nuit aussi je suis préoccupé. Il faut énormément d'heures, énormément de sacrifices. Pendant qu'on écrit, on doit vivre pour ça. Ce n'est pas une période où on tombe amoureux. Non, toute la vie passe dans le roman. D'ailleurs, pour revenir un peu à ce qu'on disait tout à l'heure, entre la vie et la littérature, la question qu'on peut se poser est : « Est-ce que pour un écrivain il y a une vie en dehors de la littérature ? ». C'est ça la vraie vie. Souvent on fait l'inverse, on dit que dans le roman, on fait de l'autobiographie. Non, dans la vie, on fait du roman. On joue des comédies tout le temps. Ce n'est que quand on écrit qu'on est plus sincère.

MB : De *La Langue maternelle*, vous avez dit que vous aviez été convaincu de faire un livre petit à petit, chapitre après chapitre, et toujours
en hésitant. Est-ce toujours le cas ?

VA : Oui, c'est toujours vrai. Par exemple, le livre que j'écris, sur le
premier mot, est un livre très compliqué, avec une multitude de sujets.
Il touche à la linguistique, à la paléontologie, au langage des sourds,
au silence, à pourquoi on parle, à pourquoi on a parlé, à comment on
peut retrouver les premiers mots… C'est d'une complexité inouïe.
J'avais une documentation énorme. J'ai dû voir au moins cinquante
professeurs, linguistes, biologistes, spécialistes du cerveau… J'avais
une foule de documents : une pile d'au moins cinquante centimètres,
sans parler des livres ! Tant de choses qu'on doit un tout petit peu
oublier pour se concentrer sur une histoire. Parce que c'est le roman
qui est important. On ne me lit pas pour savoir vraiment comment les
hommes ont parlé. On me lit pour lire un roman. Il faut se concentrer
sur le roman. On commence à inventer les personnages. Ma narratrice
ne connaît rien du tout, elle est comme moi. Quand on choisit ces personnages, on doit aussi les faire vivre. Ils n'ont pas seulement des con-
naissances dans un domaine, mais ils ont une femme qui les trompe.
Ils ont des malheurs. Ils sont d'une région. Ils rêvaient jeunes de devenir autre chose. Et là ça prend corps, petit à petit. Faire vivre les personnages engage d'autres histoires. Tout vient presque d'instinct. Il y
avait des milliers d'informations. Je voyais juste de quoi j'avais
besoin là, dans cette demie page. J'avais du mal à retrouver l'information dans le paquet, mais j'y arrivais. Tout le livre est écrit ainsi.
Maintenant que j'ai rédigé les neufs dixièmes, c'est un peu un miracle
pour moi. Comment se fait-il que tout ait trouvé sa place ? C'est ahu-
rissant ! La narratrice est une femme d'une soixantaine d'années qui a
perdu son frère. Pour lui raconter tout ça, elle mène une enquête. Juste
à la fin, un professeur de son frère, un vieux monsieur, lui parle de
Freud. J'avais ça, je le savais. Je me disais que ce serait bien de parler
de cet enfant qui joue à faire disparaître et réapparaître sa mère. Et
c'est venu parfaitement parce que, au fond, ce jeu dont je voulais parler dans le livre, me permet d'évoquer, juste à la fin du neuvième chapitre, la disparition du frère. Ce monsieur dit qu'on a parlé parce
qu'on a perdu quelqu'un. Ça rejoint le début du livre. La mort
déclenche tout le livre. Donc pourquoi la mort n'aurait-elle pas
déclenché le premier discours, le premier langage ? Ce n'était pas du

tout prévu. C'était fait très innocemment. Je me disais : « Est-ce que je pourrai citer Freud à un moment donné ? ». Tout le livre se termine, et juste à la fin, ça m'a résolu un problème.

MB : Votre mouvement créatif au début est-il plus thématique que linguistique ? Là, par exemple, vous vous êtes intéressé au premier mot.

VA : À partir d'un moment, j'étais un peu lassé d'écrire des livres relativement simples, un peu linéaires, un peu monocordes. J'ai voulu produire des choses plus complexes, plus difficiles, qui m'intéressent d'avantage. Et puis, surtout, je n'avais pas envie de me répéter. Une fois qu'on a publié un roman d'amour, deux romans d'amour, ça suffit. Je pense que le tournant date de *La Langue maternelle*. Dans le livre en cours d'écriture, j'ai voulu dire la mort de mon frère. Dans *La Langue maternelle*, il est question de la mort de ma mère. Je voulais en parler sans en parler. Et j'ai trouvé quelque chose qui m'a parut extraordinaire : le mystère de la lettre epsilon de Delphes. C'est une enquête sur une lettre disparue qui évoque la langue maternelle, la langue de la mère. Mais le livre a quand même deux axes : il y a l'axe des personnages, la famille, un drame, la mère, et de l'autre côté, il y a une enquête, un peu universitaire, mais qui est justifiée par la détresse du personnage. Ce n'est pas une enquête froide. Le livre que je viens d'écrire, c'est exactement la même chose. Il y a la détresse de cette sœur qui n'est pas particulièrement cultivée, mais enfin, qui fait partie de la bourgeoisie, à qui son frère dit juste avant de mourir : « J'aimerais mourir en sachant quel a été le premier mot ». Et il meurt sans l'avoir su. Donc, elle, elle va le trouver.

MB : Vos personnages font souvent des quêtes. Dans *Les Mots étrangers*, apprendre le sango n'est-ce pas aussi une quête linguistique ?

VA : Je pense qu'il y a là encore deux sujets : la mort et la langue. Tous ces livres où il est question des langues sont écrits à l'occasion d'une mort. *La Langue maternelle* raconte la mort de ma mère, *Les Mots étrangers*, celle de mon père et *Le Premier mot*, maintenant, la disparition de mon frère. *Le Cœur de Marguerite*, évidemment, est un peu différent. Mais, dans *Le Cœur de Marguerite* aussi on retrouve les deux axes. Un roman tel que je le conçois aujourd'hui ressemble à un tricot. Il faut deux aiguilles. Il y a l'aiguille de la mort et l'aiguille de la recherche, de l'invention. Dans *Le Cœur de Marguerite*, il y a aussi deux aiguilles. Il y a la passion amoureuse, d'une part, et, d'autre part, l'amour de la littérature, la passion pour un écrivain. Voilà un exemple de fausse autobiographie. Je donne le nom de cet écrivain allemand. Je cite son œuvre. Tout le monde était persuadé qu'il existait. Même mon frère, qui sait que je ne connais aucun écrivain allemand et que je n'ai pas beaucoup de rapports avec l'Allemagne, avait été sur internet ou dans une librairie chercher les livres de cet Eckermann. Je devais parler en Suisse, et comme je dis qu'il habite à Genève, au quartier du Bout-du-Monde, l'organisatrice de la réunion de l'Institut Français, m'a dit, toute contente, quand je suis arrivé : « Vous savez, on a prévenu Eckermann » ! Il y avait un Eckermann qui habitait là. Elle l'avait trouvé dans l'annuaire. Il n'est jamais venu à la conférence ! Mais ce fut la première fois où l'on m'a annoncé qu'un de mes personnages allait être présent dans la salle.

MB : Justement, en parlant des langues, je crois que le seul autre écrivain qui ait tout traduit d'une langue à l'autre est Beckett. Il me semble qu'il est vraiment le seul l'ayant fait, comme vous, de manière systématique. Quand je vois votre, ou vos, bibliographies, j'ai comme l'impression de deux lignes parallèles. Mais le mouvement créatif autotraductif donne l'impression qu'elles se rejoignent. Est-ce que vous pouvez parler un peu de l'influence d'une version sur l'autre ?

VA : J'ai appris récemment une chose qui jette un éclairage très particulier sur ce phénomène. J'ai vu le grand spécialiste français du cerveau, Jean-Pierre Changeux, qui est professeur au Collège de France, à Pasteur... une sommité mondiale. Il me disait qu'on apprend à parler sa langue maternelle du côté gauche du cerveau : l'aire de Broca. Mais il m'a expliqué que quand on apprend une langue étrangère, on l'assimile du côté de l'hémisphère droit, du côté où on perçoit la musique. Donc on apprend la langue étrangère un peu comme une musique nouvelle. Mais, quand beaucoup d'années passent, et qu'on utilise très souvent la langue étrangère, petit à petit elle se déplace, et elle vient rejoindre la langue maternelle. C'est extraordinaire !

MB : Donc c'est comme les lignes parallèles dont je parlais qui se rejoignent !

VA : Exactement. Apparemment, on ne peut pas le prouver. J'imagine que chez moi, ou chez Beckett, la langue étrangère s'est déplacée, qu'elle est du bon côté. Il est très possible que le français se soit installé juste à côté du grec. C'est la littérature qui est difficile, ce ne sont pas les langues. Les langues, tout le monde en apprend, tout le monde en connaît trois ou quatre, et cette tendance ira en se développant. Ce qui est difficile, c'est le fait d'écrire des romans. Aujourd'hui, je choisis la langue en fonction des personnages. Si mes personnages sont grecs, même s'ils vivent à Paris, si leur langue naturelle est le grec, j'écris en grec. Parce que sinon, je ne peux pas croire à ma propre histoire. Le personnage de la sœur dans ce roman est grec. Je ne pouvais donc pas le faire parler en français, lui faire écrire ça en français. Je traduis ses propos en français après. Dans la première version, j'ai besoin que les dialogues soient vrais. J'ai besoin de sentir le personnage et d'utiliser sa mémoire grecque. Puisqu'elle est grecque, elle a une mémoire grecque qui peut être utile au roman. Cela me permet aussi, puisque je parle du premier mot, de les faire parler, elle et son frère, de la langue grecque d'une façon naturelle, pas comme parlent les hellénistes français. Là, ce sont des Grecs, cultivés, évidemment, qui découvrent que beaucoup de mots en grec ne sont pas grecs, qu'ils sont d'origine étrangère. Ensuite, je traduis en français, mais là, j'ai les problèmes d'une traduction. Deuxième point très important : cette traduction intervient avant la publication de la version originale. Jamais je ne publie une version avant que les deux soient terminées. En faisant la deuxième version, française ou grecque, peu importe, je modifie le texte. Je vois des faiblesses. Le jugement du traducteur est sévère. Je me dis que les traducteurs sont des gens certainement très malheureux, des lecteurs très attentifs, plus attentifs peut être que l'auteur lui-même, qui voient des erreurs et des longueurs. Ils sont obligés de traduire tout Victor Hugo parce qu'on ne se permet pas de sauter dix pages de Victor Hugo alors qu'il le faudrait ! Moi, je peux supprimer des éléments, je peux les remplacer. En allant d'une langue à l'autre, je poursuis le travail d'écriture. La traduction dure au moins trois mois. Au cours de cette période, je peux avoir de meilleures idées que celles qui sont dans la version grecque que je vais noter et que je vais reporter ensuite dans la version originale. D'une certaine manière, on peut dire que la version originale est la traduction. C'est un paradoxe, mais c'est un peu une vérité.

MB : Aujourd'hui, après trois livres écrits d'abord en grec, est-ce que le grec s'impose en tant que langue première ?

VA : Les derniers, oui, c'est vrai, je les ai écrits en grec : celui-ci, *Ap. J.-C.* et *Je t'oublierai tous les jours*. Je n'ai pas écrit directement en français depuis *Les Mots étrangers*. Quelle est la tendance générale ? Comment dire si l'une ou l'autre des deux langues domine ? Les livres naissent, d'une certaine manière, du dialogue entre les deux langues. Maintenant, le français va venir dire au grec : « Mais, non, ce n'est pas très bien. C'est mon tour ! ». Donc c'est comme ces Africains qui ont deux femmes, et qui, quand ils vont à l'étranger, s'arrangent pour acheter le même cadeau pour les deux, pour qu'il n'y ait pas de réclamations. Elles savent très bien, toutes les deux, l'existence de l'autre, bien entendu. Mais, si jamais le mari apportait à l'une un cadeau cher et à l'autre un moins bien, elles se déchireraient. Au fond, c'est ce que je fais. Je donne le même livre à chaque langue. Parce qu'en fin de compte, à mes yeux, il n'y a aucune différence entre les deux versions. Et ça m'est égal que ce soit traduit du grec ou du français.

MB : Est-ce presque plus une réécriture qu'une traduction ?

VA : C'est une réécriture, oui, au sens technique, effectivement. Je réécris tout le livre. Mais il s'agit quand même du même livre. Si je dis que j'ai fini le grec, il y a sans doute des choses à reprendre. Mais c'est bien le livre que je veux faire. Il existe maintenant. Je ne suis pas en train de m'inspirer du texte grec pour écrire un texte français. Non, je traduis mot à mot. Je colle au plus près, sauf quand je découvre que ce n'est pas bon de coller et qu'il y a quelque chose de mieux à faire. J'attends, pour dire que j'ai vraiment fini, que la deuxième version soit achevée.

MB : Vous multipliez les versions d'un même livre. En plus des traductions, vous avez aussi réédité des textes un peu modifiés, n'est-ce pas ? Par exemple, pourquoi l'avertissement dans *Talgo* a-t-il disparu quand il a été réédité en France ?

VA : Je l'avais mis dans la première édition pour signaler au public français que je suis grec. Il ne le savait pas. Il croyait que j'étais d'origine grecque et ça commençait un peu à m'agacer ! C'était un manifeste en quelque sorte. Il avait un sens à l'époque, tout le monde s'est dit : « Mais il est grec ! ». Il fallait bien qu'ils voient un livre de moi, traduit par moi en français, pour que les choses soient claires. Il n'y avait plus de raison de garder l'avertissement dans la dernière édition. Même à l'Académie française, quand ils ont donné le prix à *Ap. J.-C.*, ils ont commencé en disant : « Monsieur Alexakis est grec ». Et ensuite ils ont continué.

MB : Dans l'avertissement vous expliquiez votre besoin d'écrire en grec. À présent, vous sentez-vous dégagé de cette dualité linguistique qui, comme vous l'avez écrit dans *Paris-Athènes*, vous a pesé à un moment ?

VA : Elle ne me pose plus de problèmes. Je ne sais pas si la vie aide beaucoup à l'écriture des livres, en tout cas, les livres aident beaucoup à mener sa vie. Pour le dire mieux : les livres rendent à la vie ce qu'ils lui ont pris. Le récit *Paris-Athènes* m'a énormément aidé à accepter les deux langues. J'ai rédigé ce livre en me disant qu'il fallait faire un bilan et essayer de comprendre si je n'étais pas devenu un monstre. À la fin du livre, je voulais prendre la décision de quitter une des deux langues et un des deux pays. Mais le livre m'a appris – c'est étonnant qu'un livre m'apprenne des choses que je ne connais pas, mais c'est comme ça – que c'est très bien d'avoir deux langues, que c'est un avantage et que c'est stupide de renoncer à l'une des deux. On ne devient pas plus sage en abandonnant une connaissance.

MB : Quand vous décriviez votre travail d'écrivain vous avez parlé de labeur et aussi de solitude, de la vie qui est un peu en suspens. Mais un de vos fils vous aide dans le travail de traduction. Est-ce que cette collaboration vous permet de casser cette solitude ?

VA : Un tout petit peu. Je suis très reconnaissant à mon fils aîné, Dimitris. Son cas est aussi un cas singulier : né à Paris, il a fait ses études à Paris, de la philo. Sa mère est française et il était tout à fait français. Il y a dix ans, il a décidé de venir en Grèce. Il est allé à l'université et a appris parfaitement le grec. Il a rédigé un dictionnaire grec-français. Bref, il a effectué le chemin inverse par rapport à moi. Il connaît les deux langues comme je les connais. Avoir une première traduction de mon livre écrit en grec – parce que lui ne traduit que vers le

français – faite par Dimitris m'aide beaucoup. Au moment où je passe
à la rédaction du texte français, j'ai sous les yeux non seulement mon
texte grec, mais déjà, à côté, la version donnée par mon fils. J'avance
trois fois plus vite. Il traduit très bien. Le problème c'est qu'il écrit
différemment le français que moi. Donc il faut tout réadapter à mon
français à moi, à ma façon d'écrire le français, qui est reconnaissable
aussi par le lecteur. On a travaillé au moins sur quatre livres ensemble.
Il est très prudent parce qu'il sait que je vais tout réécrire. Parfois, il
me suggère trois versions pour une phrase. C'est un travail de préparation très important. Alors qu'on s'engueule sur plein de sujets, quand
on fait ce travail-là, il y a une espèce d'entente parfaite. C'est extraordinaire ! Il aime beaucoup la littérature. Il a travaillé aux éditions du
Seuil. Il écrit lui-même du théâtre en ce moment. Alors que théorique-
ment c'est très difficile à effectuer, surtout avec son fils, je dirais qu'il
s'agit du domaine où on s'entend le mieux.

MB : Vous avez donc un lectorat double. Est-ce que vous vous sentez
perçu différemment en Grèce et en France ?

VA : Comment je suis perçu ? Difficile à dire. Je n'en sais rien. Je
peux dire simplement, à propos de l'accueil des livres, que certains
plaisent plus en France et d'autres plus en Grèce. *Avant*, par exemple,
est un roman, à mon avis, comique et en même temps sombre parce
que l'action se déroule sous un cimetière. En France, pays catholique,
tout ce qui touche à l'au-delà, à l'enfer, est perçu d'une manière très
grave, très sombre. Il y a des journalistes qui m'aimaient bien, qui
m'ont dit : « Non, moi je ne peux pas lire ce livre, c'est trop ». Ils
l'ont pris très au sérieux, sans aucun humour ! J'ai été très déçu parce
qu'à mon avis il s'agit d'un livre sur la vie, une parodie. Je trouve ça
drôle que les gens continuent de divorcer dans leur tombe. C'est plutôt
amusant.

MB : Et puis, symboliquement si c'est la France…

VA : C'est ça, la France est le cimetière où les étrangers sont mal
reçus. C'était l'occasion de rire ou de se moquer de certaines attitudes.
En Grèce, on n'a pas la même tradition. Il s'agit d'un pays chrétien,
évidemment, mais où la conception antique de la mort subsiste.
Hadès, l'endroit où se trouvent les morts, n'est pas un endroit infernal.

Dans la chanson populaire grecque on en parle souvent. L'au-delà est très présent dans la culture grecque, d'une manière plutôt détendue et pas spécialement sombre. Donc ce livre a eu plus de succès en Grèce.

MB : Est-ce que ce malentendu culturel vous a ennuyé ? Vous avez dit que vous aviez été déçu.

VA : Parfois, oui, il y a des petites déceptions. Pour prendre l'inverse, *La Langue maternelle*, qui est un livre si important pour moi, n'a pas eu le succès qu'il aurait dû avoir, à mon avis, en Grèce. Peut-être parce que je me moque un peu de l'antiquité et de l'éducation grecque. L'histoire de Delphes n'a pas passionné mes compatriotes. Mais en France ce fut un gros succès. Effectivement, il y a deux cultures mais, en même temps, ces cultures se connaissent. L'une est fondée sur l'autre : le français est fondé sur le latin, donc sur le grec. On peut citer des exemples sans fin des liens entre les deux langues. Au XVIe siècle, la France importait beaucoup de mots italiens, à tel point que les académiciens français et les professeurs ont été un peu choqués, comme ils le sont aujourd'hui par l'importation de mots anglais. Et ils ont donc protesté. Ils ont voulu dire que le français n'était quand même pas une langue inférieure à l'italien. Et quel argument ont-ils utilisé pour défendre le français ? Que cette langue comporte plus de mots grecs que l'italien ! Ils ont évoqué le grec pour prouver la supériorité du français sur l'italien. Il y a beaucoup de choses communes. Racine, Corneille, l'Assemblée Nationale, tout ça, évidemment, ce sont des renvois à la Grèce. En même temps, la Grèce a pu récupérer son propre héritage à travers l'Europe.

MB : Dans quelles autres langues êtes-vous traduit ? Je sais que *Les Mots étrangers* est traduit en anglais.

VA : C'est le seul, malheureusement, à avoir été traduit en anglais. Les autres langues sont l'italien, l'allemand, l'espagnol d'Argentine, le catalan, le turc, le serbe, le roumain, le croate, l'arménien, le polonais… On attend une traduction d'*Ap. J.-C.* en russe.

MB : Et laquelle vous a fait le plus plaisir, ou vous a le plus étonné ?

VA : Probablement la version américaine. J'ai trouvé ça très drôle que le seul de mes livres qui intéresse les Américains parle de l'Afrique. Ce sont des universitaires qui l'ont traduit et publié. Bien sûr ces traductions-là je ne peux pas les contrôler. *La Langue maternelle* a été traduit en arménien à partir du texte français. En italien, le roman a été traduit du grec. Mais la traduction est un très long chemin. Il ne s'agit pas de faire connaitre un seul livre. Il faut que plusieurs livres soient traduits pour trouver un public dans ce pays-là.

MB : J'ai parfois l'impression d'une toile qui se tisse entre les livres, avec l'autotraduction, bien sûr, mais il y a aussi des renvois intertextuels. Par exemple, le narrateur du *Cœur de Marguerite* croit voir sa mère morte dans un restaurant, un élément qu'on retrouvera dans *Je t'oublierai tous les jours*. Le narrateur des *Mots étrangers* indique que son roman, *Lettre à Marika*, se présentait sous la forme d'une lettre à sa mère défunte, ce que vous ferez dans *Je t'oublierai tous les jours*. Le narrateur de *La Tête du chat* tente d'imaginer ce que serait la vie des morts sous un cimetière parisien. Est-ce que ce sont comme des petites graines que vous plantez en amont ?

VA : Ce n'est pas conscient. Après coup je découvre que dans les livres précédents était présent l'élément d'où allait sortir le livre que je suis en train d'écrire. Je ne peux pas deviner où se trouve l'annonce de mon livre suivant. De toute façon, ce sont bien souvent les mêmes thèmes qui reviennent : les langues, la mort…

MB : Donc, la répétition, alors ?

VA : Proust disait qu'on ne fait jamais qu'un livre dans sa vie. Je pense que c'est un peu vrai. Est-ce qu'on peut considérer les livres comme les chapitres d'un unique roman ? Effectivement, là, on verrait mieux la parenté. J'essaye néanmoins d'éviter les répétitions. Voilà la raison pour laquelle, avec les rééditions, j'apporte des modifications si je peux. J'évite, quand j'aborde le même sujet, d'utiliser les mêmes mots. En écrivant *Avant* j'ai dû relire un passage de *La Tête du chat* pour être sûr d'éviter de me répéter.

MB : Je ne sais pas si vous pensez à votre œuvre comme à un tout. *Le Sandwich*, votre premier roman, était tout de même un peu loufoque, non ? Il semble qu'il y ait eu une tendance loufoque initiale dans les années soixante-dix mais que maintenant il y ait une plus grande maturité, des romans qui deviennent de plus en plus...

VA : ... amples. Il y a un trait, secondaire peut-être, de cette évolution, c'est la diminution des dialogues. *Le Sandwich* et *Les Girls du City-Boum-Boum* sont composés pour l'essentiel de dialogues. Le français que l'étranger, qui n'a pas été à l'école française, connaît le mieux, est le français oral, celui qu'il entend dans la rue, un français de dialogue. Il y a une évolution, oui, bien sûr. On ne se souvient pas très bien comment on était à d'autres périodes de la vie. On voit ce qu'on fait maintenant. Quand je compose un livre, je ne suis pas du tout préoccupé de savoir : « Est-ce que ça fait double emploi ? » ou « Est-ce que ça rappelle... » parce que de toute façon on n'a jamais deux fois la même idée. Le sujet importe peu en fin de compte. C'est l'écriture qui importe beaucoup. Tous les livres finissent par se ressembler quel que soit le sujet. Si je parlais des martiens, il y aurait une façon de dire les choses dans laquelle je pense que je serais reconnaissable. On dirait : « Ah ! Maintenant il fait un livre de science fiction ». Mais ce serait un livre quand même écrit par moi où au fond il y aurait un peu Paris, un peu Athènes, un peu de grec, une femme, un voyage à l'étranger... Voilà encore un élément qui a pris de l'ampleur.

MB : Le voyage ?

VA : Le troisième pays, disons. Il y a eu *Les Mots étrangers*, qui est centré sur le troisième pays. Mais, dans beaucoup de livres, je crois depuis *Contrôle d'identité*, il y a quelqu'un qui vient d'un autre pays, qui n'est ni la France, ni la Grèce. *Contrôle d'identité* c'était le Portugal. L'Australie dans *Le Cœur de Marguerite*. La République de Centre Afrique dans *Les Mots étrangers*. Dans *Je t'oublierai tous les jours* le narrateur parle à sa mère d'un voyage au Pérou.

MB : Oui. Et dans *Ap. J.-C.* il téléphone à une amie qui est à Baltimore.

VA : ... où j'ai été, évidemment. Les États-Unis reviennent aussi dans le roman en cours d'écriture. Dans *Paris-Athènes*, je parle du Canada et déjà des États-Unis. Dans celui que j'écris maintenant j'évoque l'Argentine où je me suis rendu également et où j'ai rencontré des linguistes. Il est donc question de l'espagnol. Ma narratrice est censée bien connaître cette langue. Donc ça tombait bien. C'est ainsi qu'on récupère des éléments et qu'on fabrique une histoire. Alors que, personnellement, l'espagnol, je ne le connais pas du tout.

MB : Vos personnages sont aussi presque tous de grands voyageurs. Ils prennent l'avion, le bus, le train, le métro… Ils voyagent beaucoup, en Grèce, en France, en Espagne, en Australie… Est-ce que vous pouvez nous parler justement de cette instabilité géographique ?

VA : Oui, c'est vrai depuis *Talgo* qui se passe en partie à Barcelone.

MB : Vos personnages ont la bougeotte mais les lieux aussi sont instables. Par exemple, vous parlez de Santorin, de cette île qui a changé de forme. Quand Éléni va à Barcelone, justement, elle a le plan de la ville en main et elle dit qu'elle veut s'assurer que les choses sont bien à leur place, comme s'il y avait une espèce de perte de contrôle sur le lieu.

VA : C'est un angle particulier que je n'ai jamais vu ! Peut-être qu'il indique un sentiment de surprise, d'irréalité, que j'ai dû avoir en arrivant à Santorin. Peut-être cela m'a poursuivi toute ma vie ! Je me disais que la réalité ne pouvait pas être telle. J'avais l'impression d'être à moitié entre la vie et un cauchemar. Mon regard a peut-être été brouillé d'une façon définitive. Je ne me sens pas, peut-être, charnellement lié à aucun lieu. Par exemple, je n'ai jamais regretté l'ancien quartier quand on a déménagé. Quand j'avais quatorze ans, on habitait Kallithéa à Athènes. On est allé déménager à un autre bout de la banlieue, Néa Philadelphia. Je n'ai pas le souvenir d'avoir regretté de partir. J'ai mis très longtemps à revenir, comme si l'attachement au lieu n'était pas profond. Je ne me reconnais peut-être pas dans les endroits où je vis ? En plus, je sais tout le temps que je vais partir. Est-ce que c'est une raison pour multiplier les voyages ? Je suis très curieux des gens et de comment ils pensent. Je suis très heureux quand je voyage. Les choses qui me font le plus plaisir, dans la vie réelle, mais qui toutes ont un rapport avec la littérature, sont les femmes, le football et les voyages. Cela a un rapport avec la littérature parce qu'il faut des lieux pour construire des histoires. Je sais que pour le roman on doit pouvoir décrire les lieux avec une certaine précision, sans exagérer, sans aller jusqu'à reconstruire tout, comme Victor Hugo qui fait l'histoire de l'architecture parisienne et des égouts. Il est très bien renseigné mais, franchement, pour le roman ce n'est pas très bon. Néanmoins, il faut une précision. Et, effectivement, moi aussi, j'ai besoin de connaître les choses. Par exemple, il y a eu un livre où je parle de ce qui traîne par terre dans une station de métro. Je suis parti de chez moi. J'ai été à la Motte-Picquet Grenelle pour voir ce qui traînait par terre à ce moment-là. J'ai noté. Même s'il y avait eu la chose la plus invraisemblable, je l'aurais mise. Voilà l'exemple d'un élément qui peut paraître superflu mais qui, pour moi, renforce ma conviction. Le fait de donner l'illusion d'être tellement précis, d'être vraiment sur place, permet de raconter la chose la plus invraisemblable juste après sans que personne ne doute que ce soit vrai.

MB : Le réel nourrit l'imaginaire, peut-on dire ça ? Vous avez souvent dit que quand vous étiez arrivé à Paris et que vous commenciez à écrire, vous enregistriez les conversations des gens dans les cafés.

VA : Il s'agit du début du *Sandwich*. Les conversations, c'est vrai ; simplement, je les ai mélangées parce qu'elles n'ont strictement aucun intérêt si l'imagination n'intervient pas. Les dialogues de café sont interminables et totalement inintéressants. Mais en faisant un montage plus rapide et plus délirant c'est comme si on écrivait. On donne un ton, tout de suite, on aime ou on n'aime pas, mais on se dit, il y a là un ton.

MB : Vous parlez de l'observation du réel... Vos personnages sont souvent en position d'observation, d'enquêteur. Ils regardent beaucoup.

VA : Il s'agit peut-être d'une réminiscence du film et du livre policier. Il y a quelqu'un qui observe. C'est le rôle de l'écrivain dans la vie. Je passe beaucoup de temps à observer parce qu'au fond la vie offre des choses qui sont tout à fait récupérables, tout à fait précieuses, parce que la vie aussi a de l'imagination. Il s'y passe des choses qui ne sont pas terre-à-terre, qui sont superbes, qui sont très drôles. Il faut utiliser l'imagination de la vie. On peut se comporter dans la vie comme un héros de roman. Les frontières ne sont pas nettes. Quand on fait un cauchemar, il fait partie de la vie réelle. Quand on le raconte il paraît complètement imaginaire mais il fait pourtant partie de la vie de la personne qu'il l'a fait.

MB : Vos personnages sont aussi souvent écrivains. Écrivains ou « écrivants », ils écrivent. Ils ne sont pas forcément professionnels mais, ils passent tous par l'écriture. Souvent ils se livrent à cette activité dans le train, dans le bus, dans l'avion. Il y a ce lien entre l'écriture et le voyage.

VA : Oui. Mais je n'ai pas envie de faire un livre où, comme XIXe siècle, on se demande : « Mais qui nous raconte ça ? Comment le sait-il ? Où est-il ? Comment sait-il ce que pensent les uns et les autres ? ». Je préfère avoir le problème tel que je le vis : il y a un narrateur. Ce n'est pas moi mais un personnage comme les autres, un personnage fabriqué, sauf que ce narrateur est censé écrire. Il n'y connaît rien mais il se pose la question de l'écriture comme dans *Le Cœur de Marguerite*. Dans *Avant*, le narrateur a un carnet pour écrire mais il ne voit pas ce qu'il écrit, à cause de l'obscurité. Il pense que c'est du vide, que c'est blanc. Dans *La Langue maternelle*, le narrateur est un dessinateur. Ce n'est pas un écrivain, pour une fois. Il prend des notes. Dans le livre en cours d'écriture, il s'agit d'une dame qui fabrique des petits bateaux décoratifs, mais qui se pose aussi des questions sur l'écriture. Un des grands thèmes, à part la mort et les langues, c'est l'écriture. La difficulté d'écrire revient tout le temps. Sur ce sujet, je suis intarissable ! Au fond, je parle de mon métier à travers quelqu'un qui n'exerce pas ce métier. Ainsi, il y a une dimension qui permet de mieux capter le lecteur parce qu'on le met dans la peau de quelqu'un qui n'est pas un écrivain mais qui essaye de raconter : un intermédiaire entre l'histoire et le lecteur.

MB : C'est comme un chemin qu'on parcourt avec le narrateur, parce qu'il découvre au fur et à mesure.

VA : Oui, j'entraîne le lecteur. Lui aussi, il va découvrir. On tâtonne avec lui. Ce n'est pas un explorateur. Mais les rencontres, la difficulté pour parler, les déceptions et le fait que je ne sois pas un professeur ou quelqu'un de savant, font que le livre garde une place très importante à la vie courante. Un professeur, comme le frère de la narratrice dans ce roman, serait trop érudit. Lui n'attacherait pas une grande importance, ou ne raconterait pas ses petites aventures. Moi, le choix du personnage me permet d'aborder tous les niveaux.

MB : Dans ce roman, celui que vous écrivez en ce moment, la narratrice est une femme. Depuis *Talgo* il n'y avait pas eu de narratrice femme, n'est-ce pas ?

VA : Non, jamais. La femme m'est utile, dans ce cas-là, parce qu'il fallait que je m'éloigne un peu de la mort de mon frère réel. Le fait de prendre une femme me libère un tout petit peu. Je ne m'identifie pas à elle. Enfin, je la comprends. Mais c'est quand même un pas en arrière, un petit éloignement. D'autre part, je peux, en faisant vivre son frère non pas en Grèce, où le mien a vécu, mais à Paris, créer un personnage qui a des éléments de mon frère, mais qui a aussi des éléments de moi. D'une certaine façon je raconte aussi ma propre mort à Paris. Donc, la femme est très utile. J'ai voulu qu'elle ait une soixantaine d'années parce que je n'avais pas envie qu'elle ait une histoire d'amour.

MB : Puisque vos personnages se lancent dans des projets, des quêtes, qui impliquent un déplacement géographique et linguistique, est-ce que cette citation de Glissant vous parle : « L'errance, c'est cela même qui nous permet de nous fixer » (63) ?

VA : Dans mon cas, il ne faut pas exagérer. J'ai passé quand même l'essentiel de ma vie entre Athènes et Paris, le reste est un tout petit peu anecdotique. Les étés de mon enfance, c'était Santorin. J'ai construit une maison à Tinos, effectivement, où je vais rarement alors que j'utilise beaucoup Tinos dans les livres. Mais je n'ai pas beaucoup de temps. Il y a aussi, évidemment, tous les autres voyages... La grande nouveauté, le grand pas vers l'au-delà, vers un autre monde, a été l'Afrique parce que là je suis retourné souvent. La République Centrafricaine est sans doute le pays où j'ai été le plus souvent, en dehors de la France et de la Grèce. Mais l'idée de l'écrivain qui est sur les routes... Non. Je fais des aller-retours.

MB : Mais les personnages sont errants, quand même ?

VA : Oui. Mais je n'ai jamais eu de personnage qui soit errant par définition. Ils viennent tous de quelque part. Avoir un personnage qui voyage et qui vient de quelque part, comme moi de Grèce, me ressemble plus que d'avoir un personnage qui ne serait que voyageur. Je trouve la citation de Glissant assez juste, dans la mesure où on ne se perd pas en voyageant. Au contraire, on se découvre. Je dirais la même chose pour ce qui est de l'apprentissage d'une langue étrangère. On redécouvre sa propre langue à travers la nouvelle. Par exemple, quand j'ai appris le sango, je me posais continuellement des questions sur le grec et le français. Par exemple, pourquoi met-on dans cette langue la négation à la fin alors qu'en grec et en français on la met au début d'une manière brutale ? On annonce que c'est non, que c'est négatif. Les Centrafricains expriment la négation beaucoup plus doucement et laissent le sujet en suspens, jusqu'à la fin de leur déclaration. Il y a une façon positive de présenter les choses. Ils ne disent pas : « je n'ai pas mon père et ma mère ». Ils disent : « j'ai mon père et ma mère pas ». L'absence du verbe « avoir » implique aussi une autre philosophie, une autre conception. Donc, fatalement, on réapprend sa propre langue puisqu'on se pose des questions dont on n'aurait pas eu conscience autrement. Comment est la vie sans le verbe « avoir » ? En apprenant le sango, on se pose la question.

MB : C'est un déplacement linguistique qui permet de revenir…

VA : … de revenir en arrière. Qu'on le veuille ou non, le voyage est une ouverture et une introspection permanente parce qu'on est confronté aussi à des situations difficiles. Le caractère de chacun, ce qu'il a au fond de lui est obligé de sortir. Glissant a raison. Et une dernière chose, dans la tradition grecque, nous sommes quand même un peuple de voyageurs. Déjà dans l'antiquité on allait voir la Pythie pour lui demander – c'était la question principale – « Est-ce que je dois m'expatrier ? Est-ce que c'est une bonne idée ? ». Partir vivre à l'étranger, ou ailleurs, faisait tout à fait partie de la vie grecque.

MB : Justement, au fil de vos écrits, vous élaborez une géographie personnelle qui commence avec une opposition entre Paris et Athènes, et puis l'introduction de l'autre espace, l'Australie. Mais récemment on a quand même un retour vers la Grèce avec des thématiques grecques, des explorations du territoire grec.

VA : Oui. Il y a eu *La Langue maternelle* qui est très grec. Il y a eu *Ap. J.-C.*, bien sûr. Je ne suis pas lecteur de mes livres. Non, je ne les connais pas très bien. Je me contente de les faire. Mais ce que vous dites là est assez vrai d'une certaine manière. Je voulais en finir avec la Grèce. On peut dire qu'*Avant* est un livre pour en finir avec Paris puisqu'il se passe dans le cimetière. D'une autre manière, *Ap. J.-C.* c'est une façon d'en finir avec la Grèce. Au cœur de *La Langue maternelle* il y a la langue grecque et la Grèce classique. *Ap. J.-C.* c'est la suite : la Grèce byzantine et la Grèce d'aujourd'hui. Il y a peut-être eu un retour vers la Grèce, mais en même temps, c'est une fin parce que le livre qui suit a une ouverture totale. Il est question de toutes les langues, de tous les pays et de toute l'histoire de l'humanité, depuis l'invention des premiers outils bifaces jusqu'à maintenant. Le fait de m'être un peu replié sur la Grèce m'a peut-être donné envie, non pas de revenir à Paris, mais d'aller un petit peu plus loin. Donc, il y a là un retour aux origines, qu'indique d'ailleurs le titre. Ce roman s'appellera *Le Premier mot*. Le premier mot dans l'histoire de l'humanité, il s'agit quand même d'un vaste sujet.

MB : Et le vide, alors ? J'ai l'impression qu'il y a une fascination pour le vide dans vos écrits.

VA : Évidemment, le vide, la mort, ce sont des éléments fondamentaux. L'absence, le silence, le vide… Pour la littérature il s'agit d'un sujet fondamental. Je pense même que le vide est l'essence de la littérature. Sans le vide, le silence et la mort, je ne suis pas sûr qu'on écrirait. Tout cela a un rapport avec la nuit. On a le plus besoin d'histoires à l'époque de son enfance. C'est assez naturel de raconter des histoires aux enfants dans le noir parce que c'est un genre de vide. La disparition des choses est quand même un peu inquiétante. Toutes les nuits créent du vide. Elles font la soustraction des objets. On les découvre brusquement en tombant sur une chaise la nuit. Alors l'absence des choses, ça signifie la présence de quoi ? Il y a un mystère là. C'est un peu angoissant. Je ne suis pas sûr qu'il y aurait de la littérature si la nuit ne venait jamais. Je pense que les lecteurs de romans, et les auteurs de romans, sont comme des grands enfants qui sont dans leur lit le soir, et qui se racontent des histoires.

MB : Journalisme, cinéma, radio, littérature… tout ça vous vous y êtes essayé. Aujourd'hui, est-ce que la littérature vous occupe totalement ?

VA : Totalement. Pour moi, le cinéma, le théâtre, sont des activités beaucoup plus légères que la littérature qui m'amusent, que je fais d'une façon plus détendue, comme le dessin. Le journalisme et le dessin m'ont permis de survivre à Paris pendant pas mal d'années. Il faut tenir compte aussi des situations matérielles. Je n'avais pas de parents qui pouvaient m'entretenir à Paris. J'ai toujours travaillé. J'ai même travaillé à Lille comme pion dans un lycée. J'ai fait la vaisselle à Lille. À Paris c'était plus difficile parce qu'il fallait absolument trouver un travail pour survivre. J'avais choisi les études de journalisme parce qu'elles se rapprochaient de la littérature. J'ai eu deux enfants assez jeune. J'étais préoccupé. Au fond, je crois avoir été bon journaliste. Même en faisant du journalisme j'avais tendance à tirer les choses vers la littérature. Au *Monde*, j'ai fait de la critique littéraire, essentiellement, et des chroniques d'humeur, qui sont quand même des textes littéraires. Par exemple, le passage dans *La Tête du chat* où je parle du choix du cimetière, c'était une chronique pour *Le Monde*. *Papa*, la nouvelle, a d'abord paru dans *Le Monde*, en dernière page. Il y a des choses publiées dans des articles que j'ai pu utiliser. J'ai beaucoup appris en faisant de la critique littéraire. J'ai rencontré des gens importants, dont le contact a été très précieux pour moi. Je pense à Ungaretti, le poète italien, ou à Roger Caillois. Le journalisme est une bonne école pour le roman. Moi qui étais jeune assez timide et égocentrique, grâce au journalisme, je me suis ouvert et j'ai pris plaisir à avoir des contacts. J'ai appris à faire parler les gens, à leur faire dire ce que je voulais qu'ils disent. Évidemment, c'est apparent dans les enquêtes que j'effectue maintenant pour le roman. Je sais qu'on doit être très patient. Il faut du temps pour parler et pour gagner la confiance des autres. Il faut les revoir, presque devenir amis. C'est vrai que pendant l'enquête que je viens d'effectuer ou pour l'enquête sur le Mont Athos, les gens n'avaient pas très envie de parler. La plupart des Grecs sont quand même croyants et n'ont pas envie qu'on touche au Mont Athos. J'ai dû voir énormément de gens pour avoir une information par chacun. Il y a une chose qu'il faudrait apprendre aux jeunes écrivains : c'est du travail, un travail de chien. Il faut être là, tout le temps prêt, se déplacer, aller vers les autres, téléphoner… Voilà ce que le journalisme m'a appris, et aussi à aimer les descriptions. Il s'agit de descriptions brèves dans un article. En parlant d'un événement qui s'est passé quelque part, on doit réussir à donner en très peu de mots l'ambiance, le lieu.

MB : Vous parliez justement d'écrivains que vous aviez rencontrés. Vous avez assez souvent évoqué les auteurs qui vous ont influencé, comme ceux que vous avez lus dans votre enfance : Dickens et Dumas. Alors est-ce qu'ils vous inspirent toujours ? Est-ce qu'il y a des écrivains contemporains qui vous marquent ?

VA : Je n'ai pas tellement le temps de lire de la littérature contemporaine. Je lis un peu pour oublier le roman, pour me sortir, comme une distraction. Je préfère lire les classiques. Je n'ai pas l'impression de pouvoir être perturbé par une problématique proche de la mienne. Je n'ai aucune envie de savoir ce qui se fait au moment où j'écris. Ça ne m'intéresse absolument pas. Le seul intérêt des livres de littérature est d'être un produit qui sort d'une personne, un produit original. J'ai peur que d'être au courant de toutes les modes littéraires, des écoles, du fait que cette année on va publier trois livres sur tel sujet, puisse perturber un auteur. Il a beaucoup plus intérêt à lire Flaubert, Stendhal, Dickens et même Dumas. Les grands auteurs sont des gens très gentils. Ils donnent de bons conseils. Pour un écrivain, le contact de livres de très grande qualité et d'une écriture d'une autre époque – n'ayant rien à voir avec ce qu'il fait, le problème qu'il se pose, ou sa façon d'écrire – sont de très bons conseils. Chaque ligne de Flaubert, de Stendhal ou de Dickens ne permet pas de se relâcher. Alexandre Dumas, qui n'écrivait ses livres qu'en partie, je l'adore parce qu'il me fait rire. C'est une distraction, comme voir un film. Dumas est un très grand écrivain. De temps en temps, il se met à écrire. On remarque bien les passages de dialogue, de bavardage, qui occupent la place. Soudain, il y a une description et on se dit : « Là, c'est lui qui écrit ». Je trouve ça drôle de découvrir dans Dumas, Dumas, de le retrouver.

MB : Alors que vous parlez d'autres écrivains, je me mets à penser à cette question sur le terme « francophonie » et à ce groupe d'auteurs qui a signé un manifeste pour « la littérature monde en français ». Ce débat vous est-il complètement étranger ou est-ce qu'il vous parle ?

VA : Je n'étais pas très bien au courant. Je n'ai pas signé, d'abord, parce qu'on ne me l'a pas demandé. La Francophonie fait partie du combat de la France, pour empêcher le recul du français. On a mis sur place toute une organisation, des pays sont représentés, même la Grèce est représentée, ce qui n'a aucun sens, ce n'est pas du tout un pays francophone, évidemment. Il s'agit d'un combat français qui me touche un peu dans la mesure où je pense qu'il est nécessaire de défendre toutes les langues : le français, le grec, le sango… Le drame résulte du fait qu'avec la France il s'agit d'un problème politique. L'état français défend le français, très bien, mais en même temps il écrase toutes les langues régionales, depuis un siècle ! Il empêche les gens de s'exprimer dans leur langue maternelle. Là, il y a une très grande ambigüité. Est-ce qu'on pense que le français est une meilleure langue que les autres ? C'est absolument faux. Il n'y a pas de langues simples. Il n'y a pas de langues primaires. Toutes les langues méritent d'être entendues. Il n'y a aucune priorité, ni pour le français, ni pour l'anglais, ni pour le grec. La France ne signe pas la convention européenne qui protège les langues régionales. L'attitude de la France est tout à fait déplorable. Dans cet esprit, le mot « francophonie », dans la mesure où l'on sous-entend ou bien une supériorité du français, ou un monopole du français en France, est un mot détestable. Maintenant, est-ce que les étiquettes ont de l'importance ? Je trouve complètement ridicule l'étiquette « littérature monde ». Je trouve ça nul. Personne n'a le droit de mettre des étiquettes sur les livres littéraires. Ce sont ou des livres littéraires ou pas. Quand je lis un texte, il est bon ou il n'est pas bon. La volonté d'apposer des étiquettes… pourquoi ? On va créer un syndicat d'écrivains écrivant en deux langues ? Défendre quoi, des intérêts ? Et qui sera dans ce syndicat ?

MB : Vous, Nancy Huston…

VA : On est trois ou quatre. Il faut quand même signaler une particularité qui est plus rare : pas le fait qu'on vienne d'un pays et qu'on change de langue – c'est banal – mais celui qu'on maintienne en vie deux langues, continuellement.

MB : Dans l'écriture ?

VA : En écriture, oui. Cette particularité est plus intéressante. Nous ne sommes vraiment pas nombreux.

MB : Et justement, alors, vous, qu'on vous appelle « francophone »...

VA : Moi, je préfère qu'on m'appelle « écrivain de langue française ».

MB : « Écrivain de langue française », mais aussi de langue grecque ?

VA : Et de langue grecque, bien sûr.

MB : Dans les articles qui vous sont consacrés, certains vous décrivent comme « apatride » ou « déchiré entre deux pays ».

VA : Ce sont tous les lieux communs qu'on a dits. J'étais coupé de la Grèce, je me suis éloigné. Si je me suis installé à Paris, si j'ai changé de langue, c'est en partie à cause de la dictature, évidemment. En partie... Je ne jurerais pas que je ne l'aurais pas fait sans la dictature, mais je me serais peut-être posé plus de questions. Là, je suis parti sans la moindre hésitation. Justement parce que j'avais envie d'écrire et que dans un pays comme la Grèce de l'époque c'était impossible. Ce n'est qu'une question de liberté. J'ai vécu un déchirement après : le manque du grec, l'éloignement, le besoin de revenir, le besoin de rattraper... Mais je ne suis nullement apatride. Je me suis toujours senti grec, uniquement grec. Voilà pourquoi je n'ai jamais demandé le passeport français. Un passeport me suffit. Je ne vois pas l'intérêt d'en avoir deux. Non, apatride, ça ne me ressemble pas. Ce n'est pas mon genre. Au fond, je préfère vivre de près les conflits entre les langues, entre les cultures, et tirer profit de ces conflits plutôt que de devenir un genre de dandy, de cosmopolite qui touche à tout. Je vis les choses d'une manière intense et assez éprouvante. Mes parents, les femmes que j'ai connues, mes enfants : tout cela me touche énormément. Ce va-et-vient entre les deux pays fait partie d'une aventure qui me touche. Je ne suis pas du tout indifférent. Je suis content de vivre ça parce que je vis la complexité du monde d'aujourd'hui. De plus en plus de gens sont dans ce genre de situation. J'ai forcément un autre regard sur les immigrés, où qu'ils soient. J'ai une sympathie pour eux. J'ai envie de les entendre. On vit dans un monde où tout le monde est immigré. Je pense que les Français en France sont des immigrés, que la vie est devenue totalement étrangère pour eux et qu'ils ont du mal à se remettre. On peut devenir immigré en changeant de pays, mais on peut aussi devenir immigré en restant dans le même. Le pays voyage, le pays change, et les gens ne comprennent plus. Le fond des choses n'est jamais national, il est humain. J'ai assez vécu dans deux pays, été à l'étranger, et je sais que les gens avec qui je m'entends, avec qui je peux avoir un échange, me sentir bien, n'appartiennent pas à un peuple. Ils appartiennent à tous les peuples. J'ai été dix jours en Argentine et je me sens très lié avec un linguiste là-bas. J'étais très heureux en Turquie, avec les Turcs. Ça brise un peu le mythe de la solidarité, du lien national. Il n'y a pas de lien national. Une foule de Grecs sont devenus aujourd'hui des barbares. Je suis écœuré, tout simplement. Ce n'est pas parce que j'ai un passeport grec que je vais approuver les escroqueries de l'église grecque ou des hôteliers grecs.

MB : On vous sent de plus en plus politique dans vos écrits par exemple quand vous dénoncez les privilèges des moines. Il y a même une certaine critique de la société française et de la façon dont elle traite les langues et les immigrés.

VA : Il ne faut pas une très grande sensibilité pour se rendre compte qu'il se passe des choses assez monstrueuses à tous les niveaux. Il suffit de lire le discours de Sarkozy en Afrique où il traite les Africains de grands enfants qui dansent bien mais qui sont en retard. Le discours de Sarkozy au Sénégal est une horreur. Il y a des petits détails qui montrent le cynisme de nos sociétés. Par exemple, avant, les clochards à Paris pouvaient aller se coucher dans le métro parce qu'il y avait des bancs. Pour les empêcher de dormir là, on a supprimé les bancs dans le métro. On a mis des sièges en forme de coquille d'œuf assez éloignés les uns des autres. Il est impossible de s'y reposer. Je trouve que événement montre, de la manière la plus forte, le cynisme et l'aspect terrifiant de nos sociétés. La suppression des bancs c'était, pour moi, presque un crime contre l'humanité, au moins contre l'humanité pauvre.

MB : Une dernière question. Alors l'exil, votre exil, il est moins présent, dans vos écrits présents, justement.

VA : C'est possible, oui. Il y a eu deux grandes étapes. Je pense que jusqu'à *Paris-Athènes* je vis les choses de manière plus dramatique : la langue, la trahison, l'exil. Encore que je ne me suis jamais senti vraiment exilé. C'est moi qui ai pris la décision de partir. Je suis un immigré banal. Et, après *Paris-Athènes*, il y a eu un tournant, pour deux raisons. D'abord parce que j'ai réussi à faire une espèce de bilan, d'analyse de moi-même, et à comprendre l'immense intérêt qui consiste à avoir deux langues, surtout pour un écrivain. Et, d'un autre coté, ce livre où je me suis expliqué a été le premier grand succès que j'ai eu en France. J'ai pu faire la paix avec moi-même, comme avec le Prix Médicis pour *La Langue maternelle* qui est un livre écrit en grec où il n'est question que de la langue grecque. Ça m'a permis de joindre les deux bouts d'une certaine manière. Je me souviens qu'en rentrant à Paris pour recevoir le prix – j'étais à Athènes – je me suis reconnu dans l'image de l'ombre de l'avion qui court à travers les champs et, peu à peu, l'avion rejoint son ombre, se pose dessus. Et rien ne bouge plus. Ça a été un peu ça, mon sentiment.

Athènes, 5 et 6 janvier 2010

Conclusion

Au terme de cette analyse des œuvres littéraires d'Alexakis, quel bilan peut-on faire ? Les pratiques scripturales de l'auteur donnent bien forme à une esthétique du déplacement grâce à de multiples figures qui se caractérisent par l'instabilité et nourrissent l'inspiration. L'illustration de cette tendance littéraire a permis de dégager les procédés originaux de l'écriture du moi chez l'auteur à travers l'analyse de la dimension autofictionnelle de ses œuvres. En déplaçant le vécu, en lui donnant la mission de servir l'imaginaire, et en rejouant au niveau fictionnel des événements de sa vie, Alexakis parvient à évacuer progressivement le bagage psychologique lié à l'exil d'origine, à son statut d'entre-deux ou d'« immigré banal », comme il se décrit maintenant lui-même (E 259).

Même si l'auteur, lors de l'entretien de janvier 2010, émet toujours quelques réserves quant à l'importance de la dimension autofictionnelle de ses écrits, il admet tout de même que sa démarche a parfois été cathartique, comme par exemple avec *Paris-Athènes*, écrit parce qu'il « fallait faire un bilan et essayer de comprendre s'[il] n'étai[t] pas devenu un monstre » (E 243). De même, le roman en cours d'écriture comportera un personnage « qui a des éléments de [son] frère, mais qui a aussi des éléments de [lui] » (E 251). Ainsi, l'auteur confirme la place de choix faite aux choses de la vie en général, et de sa vie en particulier, au sein d'une matrice créatrice où le vécu inspire l'imaginaire, où des personnages réceptacles sont investis de la personnalité de l'auteur, où, comme Alexakis le dit si bien lui-même, il « faut utiliser l'imagination de la vie » (E 249).

De plus, la pratique linguistique de l'auteur, par l'alternance des langues, l'autotraduction et la récurrence de thèmes où les langues sont décrites comme déplacées ou absentes, participe à cette même esthétique du déplacement. Elle incarne une variété de modes d'expression et une identité, à la fois littéraire et personnelle, multiple et consciemment négociée. En effet, la cohabitation des deux langues d'écriture de l'auteur, initialement difficile, est maintenant devenue positive et enrichissante puisque le mouvement entre le grec et le français, le dialogue qui s'instaure entre les deux langues lors de l'écriture, est aujourd'hui outil créatif privilégié, marque de fabrique d'Alexakis. Dans l'entretien, l'enthousiasme et l'émerveillement dont fait preuve l'auteur devant ce que lui raconte Jean-Pierre Changeux sur les cerveaux des personnes bilingues et la possibilité « que le français se soit installé juste à côté du grec », confirme l'importance des déplacements et du dialogue linguistiques chez Alexakis (E 241).

Enfin, l'étude de l'aspect géographique et spatial des œuvres a aussi démontré que l'espace physique et les personnages se caractérisent par le mouvement et par un déplacement constants se jouant au fil de plusieurs phases où différents pôles géographiques ont été mis en présence et explorés. Cette dimension de l'œuvre induit une réflexion sur les attaches identitaires, sur la difficulté de maintenir celles-ci intactes en situation d'exil et sur un mode d'appartenance identitaire caractérisé par la fluidité et l'évolution. Pourtant, Alexakis ne revendique pas une identité reniant attaches et appartenance pour ses personnages. Au contraire, selon lui, ils « viennent tous de quelque part » (E 252). S'ils sont parfois confrontés à des sentiments de non-appartenance et mis à l'épreuve de crises identitaires personnelles, d'un mal-être existentiel, puis du déplacement et du voyage, c'est bien souvent pour amorcer une réflexion introspective, pour mieux se retrouver et pour faire l'expérience d'un retour, réel ou identitairement symbolique. L'importance grandissante de l'espace géographique grec au sein de la prose fait écho à cette idée. Elle semble aussi viser à condamner tous « les lieux communs » dont l'auteur a longtemps fait les frais, perpétuellement réduit à l'image de l'exilé déchiré et apatride, image qui a été justifiée dans une certaine mesure, il est vrai, par certains détails de sa vie mais qui appartiennent aujourd'hui au passé : « Mais je ne suis nullement apatride. Je me suis toujours senti grec, uniquement grec » (E 257).

Ce à quoi l'analyse du traitement de l'espace a aussi abouti, c'est à la description d'un changement thématique relativement récent chez l'auteur. Il est clair qu'Alexakis se dégage en ce moment de la thématique de l'exil qui avait nourri sa créativité pendant des années. Il a réussi à relativiser les implications identitaires de son propre déplacement et à rendre plus serein son rapport à Paris et à Athènes ainsi qu'à ses deux langues d'écriture, ce qui annonce une certaine rupture au niveau des thématiques romanesques qui sera à coup sûr évidente dans les publications futures.

Cette évolution chez Alexakis, l'éloignement de Paris et le recentrement imaginaire récent, et décomplexé, sur la Grèce à travers la fiction, démontre bien que l'auteur a réussi, par sa pratique littéraire, à exorciser son exil. *Ap. J.-C.* est à ce titre tout à fait représentatif. Il y crée un personnage qui n'est pas tourmenté par un exil ou par un bilinguisme difficilement vécu. C'est aussi, de tous ses écrits, celui qui comporte le moins de références autofictionnelles. En effet, bien que l'on puisse en déceler quelques-unes et que l'auteur ait déclaré en 2007 : « je ne pense pas qu'on puisse écrire un roman sans placer le point de vue de l'écrivain », on ne sent plus poindre dans le texte les angoisses propres à la situation personnelle d'Alexakis (Guichard « La Grèce en héritage » 19). Ainsi, après avoir visité et revisité dans sa prose son déplacement géographique pendant une trentaine d'années, l'auteur montre clairement qu'il souhaite se détourner de cette problématique.

Mais, pourquoi la thématique de l'exil a-t-elle occupé une place si privilégiée dans l'œuvre pendant de si longues années ? Outre la dimension cathartique conférée à l'exploration de cette thématique, ce sujet s'est aussi trouvé être une source d'inspiration privilégiée. Dans cette optique, les propos de Huston sur sa propre pratique littéraire peuvent être mis en parallèle avec celle d'Alexakis. En effet, Huston indique que « l''exil' n'est que le *fantasme qui nous permet de fonctionner*, et notamment d'écrire »[1] (*Lettres* 109). L'exil, ou plutôt une version imaginée, voir « fantasmée », pour reprendre les propos de Huston, de l'exil a bien été le moteur de la créativité, la source du geste scriptural, pendant des années. L'utilisation du terme « fantasme » par Huston insiste sur le lien avec l'imaginaire et suggère que l'exil est désincarné en devenant presque une entité abstraite qui pousse créativement l'auteur, plutôt qu'une réalité. Aujourd'hui, on voit qu'Alexakis ne souhaite plus être perçu uniquement à travers ce prisme de l'exil. Même si ce sont ses propres textes qui ont induit cette interprétation, le tour que prend son écriture à l'heure actuelle indique bien un désir de la part de l'auteur de ne plus s'autodéfinir en termes de son statut d'exilé, d'entre-deux ou d'immigré. La page de l'exil, écrite, réécrite, remaniée, revisitée, est donc bel et bien tournée.

En prenant l'œuvre dans son ensemble et en s'interrogeant sur les évolutions de l'écriture alexakienne, on remarque aussi que la

---

[1] En italique dans le texte.

légèreté du ton a fait place à une maturité et à une certaine gravité. Thierry Guichard explique que l'« ironie qui fut longtemps sa marque de fabrique, sans s'effacer tout à fait, s'est transformée en gravité tendre » (« Athènes sur Seine » 15). Cette voix auctoriale plus assurée et plus sérieuse va de pair avec l'exploration relativement récente de thèmes historiques, politiques, scientifiques ou religieux complexes dans la prose. Aujourd'hui, Alexakis n'insiste plus autant sur des sujets légers tels que les déboires amoureux de ses personnages. Il avoue lui-même avoir « voulu produire des choses plus complexes, plus difficiles, qui [l]'intéressent d'avantage » (E 239). Et, bien que le ton reste profondément personnel, le projet d'écriture se base maintenant sur l'exploration historique et géographique de la Grèce ou sur d'autres thèmes que l'on pourrait qualifier de plus universels. En parlant du roman en cours d'écriture, où il tente de déterminer quel était le « premier mot dans l'histoire de l'humanité », Alexakis explique en effet qu'il « s'agit quand même d'un vaste sujet », confirmant ainsi une prise de distance par rapport aux thèmes jusqu'alors caractéristiques de son œuvre et une volonté de recherche, d'acquisition de savoir, sur des questions, religieuses (Mont Athos) ou scientifiques (le premier mot) par exemple, complexes (E 253).

De plus, le volet politique prend aussi de l'ampleur. L'auteur se pose en défenseur de la tolérance et d'une vision dynamique des identités. En 2007, il a publié un article intitulé « Qu'est-elle donc, cette identité menacée ? » dans *Le Monde* où il prend position contre l'établissement d'un Ministère de l'immigration, de l'intégration et de l'identité nationale en France. Cela illustre bien un regard que l'on sent de plus en plus politique, de plus en plus tourné vers des considérations humanistes. Aujourd'hui Alexakis donne l'impression que c'est l'homme en général, et non plus seulement l'exilé ou une démarche d'écriture personnelle, qu'il veut tenter de comprendre par le biais de l'écriture.

Pour ce qui est de la question des langues, Alexakis fait aussi preuve d'une nouvelle maturité. En effet, interrogé en 2007 sur ses pratiques littéraires linguistiques, celui-ci à simplement déclaré : « J'ai décidé de me reconnaître dans les deux langues, et cela veut dire qu'au fond, il n'y a jamais qu'une seule langue, celle de la littérature » (Guichard « La Grèce en héritage » 19). Par cette déclaration, Alexakis affiche une sérénité linguistique affirmée et repousse tout débat sur la question de la langue et de l'identité littéraire. À ses yeux, il importe maintenant peu que deux langues soient utilisées à la genèse de l'acte créatif et que son œuvre bilingue puisse le placer en marge des catégories littéraires. Ce qui compte, c'est l'écrit, l'acte créatif lui-même. Cette prise de conscience de l'existence d'une langue « celle de la littérature », plutôt que de deux rappelle les écrits de Moï :

> Elles [les langues] sont presque secondaires et certains auteurs, comme Samuel Beckett ou Nancy Huston, écrivent dans les deux langues. Ils sont écrivains avant d'être francophone ou anglophone. Aucune langue n'est parfaite ; l'essentiel est de créer, dans celle choisie, les pliures les plus adaptées aux silences et aux non-dits. Il reste ensuite à façonner celle qui se prête le mieux, selon des critères personnels et subjectifs, à l'invention d'un idiolecte. (15-16)

L'idiolecte auquel Alexakis a donné le jour et qu'il a peaufiné au fil des ans est d'utiliser deux langues et de s'autotraduire, d'écrire tout d'abord en grec quand le sujet est grec et en français quand le sujet est français, de manière à ce que les personnages s'expriment, dans un premier temps, dans leur langue propre avant d'élaborer la seconde version du texte dans l'autre langue.

Contrairement à ce que la disparition thématique de l'exil aurait pu suggérer, le déplacement inhérent à la prose alexakienne est encore bien présent. Il s'incarne toujours dans la pratique linguistique de l'auteur, dans l'instabilité spatiale, mais aussi au niveau de la temporalité. La dimension historique des écrits injecte maintenant dans la prose un mouvement de va-et-vient entre passé et présent. Dans *Ap. J.-C.*, Alexakis fait voyager son lecteur du temps des présocratiques à aujourd'hui en passant par l'époque de l'empire byzantin. Dans *La Langue maternelle* aussi, on passe sans cesse de l'Antiquité au moment présent. Le renouveau thématique de l'œuvre participe donc aussi à l'esthétique du déplacement mise en place par l'auteur. Il sera intéressant de déterminer, dans les années à venir, si cette tendance se confirme, si Alexakis continue de progressivement effacer les traces de son exil dans ses écrits, de s'éloigner de la thématique parisienne, d'explorer le passé historique de son pays, de se recentrer sur la Grèce et d'aborder des thèmes plus universels tout en préservant l'esthétique du déplacement propre à son écriture. L'évolution actuelle chez l'auteur suggère que les questions liées au temps et aux sciences se développeront tout en préservant sans doute des aspects presque immuables de l'écriture alexakienne : « ce serait un livre quand même écrit par moi où au fond il y aurait un peu Paris, un peu Athènes, un peu de grec, une femme, un voyage à l'étranger » (E 247).

Même si l'auteur rejette les étiquettes et les groupes, il est intéressant, en guise de conclusion, de s'interroger sur la possibilité de rapprocher la démarche littéraire alexakienne de celle d'autres écrivains translingues ou autotraducteurs ayant adopté une langue étrangère pour l'écriture. Chatzidimitriou considère en effet qu'il existe des thèmes et des pratiques communes à ces auteurs. Elle explique :

> les auteurs translingues éprouvent déjà la déterritorialisation géographique, culturelle ou linguistique dont ils transfèrent souvent certains aspects en littérature [...] Les œuvres des auteurs translingues sont en grande partie autobiographique et, parfois, semblent extrêmement intimes[2]. (« Situating Silence » 509-11)

L'originalité linguistique liée au statut de ces écrivains semble en effet conférer à leurs écrits quelques traits communs. Par exemple, il y a bien souvent une réflexion poussée sur la langue autre et les conséquences du choix de cette langue comme mode d'expression littéraire. Leurs écrits, aussi bien romanesques qu'autobiographiques ou autofictionnels, comportent, intrinsèquement, de par la spécificité de leur pratique linguistique, et thématiquement, un travail sur la langue et les phénomènes de bilinguisme ou d'autotraduction. Semprun décrit en détail le « travail d'appropriation d'une langue » (133), un travail de longue haleine, semé d'embûches et de frustration. De même, il est tout à fait frappant de remarquer qu'Alexakis et Kristof expriment la peur de la perte de la langue maternelle de manière tout à fait similaire. Cette dernière indique que le français « est en train de tuer [sa] langue maternelle », ce qui rappelle bien les propos qu'Alexakis a pu tenir à une certaine époque (24).

Au travail sur la langue française s'ajoute une réflexion poussée sur le concept d'identité et l'influence des situations d'exil sur toute notion d'appartenance. Les personnages décrits par ces auteurs sont scindés, ambivalents, et expriment une dualité identitaire qui est au cœur des préoccupations de ces auteurs. Ainsi, Huston, dans

---

[2] « translingual writers have already experienced and often literarily translated aspects of geographical, cultural, or linguistic deterritorialization [...] Translingual authors' works are largely autobiographical and, at times, appear intensely personal »

L'Empreinte de l'ange, indique que Saffie, le personnage principal du roman, « aime sa vie comme elle est : scindée en deux » (220). Makine, dans *Le Testament français*, parle d'un « dédoublement dans [les] vies » de ses personnages (32). Ya Ding, dans *Le Cercle du Petit Ciel*, décrit un « esprit sectionné » (115). Bianciotti, dans *Sans la miséricorde du Christ*, exprime « le sentiment de mener une double vie » (292). Ying Chen, dans *Les Lettres chinoises*, relate « un amour suspendu entre deux terres » (126). On voit donc bien que la dualité identitaire et une réflexion poussée sur l'appartenance sont des concepts clés de ces écrits, tout comme dans ceux d'Alexakis.

Pareillement à notre auteur qui propulse ses personnages vers des quêtes dont le but, souvent d'abord inavoué, est d'atteindre un mieux-être existentiel, le projet littéraire de ces auteurs s'apparente parfois à une recherche pour faire coïncider les différents « mois » des personnages. Ainsi, Makine décrit la quête de son héros pour avoir « le sentiment d'être enfin [lui]-même » (263). Le personnage principal de Bianciotti réfléchit au besoin qu'on a de « coïncider avec la conscience qu'on a de soi » (59). Les thèmes abordés par ces auteurs reflètent leur statut d'entre-deux et la difficulté de concilier différentes identités. À travers des personnages fictionnels ou leurs propres expériences, ces auteurs revendiquent le droit à une condition hybride entre la culture d'origine et la culture d'accueil. Les thèmes abordés reflètent une sorte d'inquiétude identitaire caractéristique des auteurs s'exprimant dans une langue autre qui est bien comparable à celle mise en évidence chez Alexakis dans le présent ouvrage.

Enfin, pour terminer, soulignons ici un dernier point fort intéressant. Ces auteurs se placent tous en observateur de la société française. Tout comme nous l'avons démontré avec Alexakis, leur statut d'étranger leur confère une position privilégiée qui leur permet de poser un regard original sur la France. La ville de Paris est au centre de beaucoup de leurs romans. Loin des images de la ville lumière rayonnant à travers le monde auxquelles on peut être habitué, Paris est généralement décrite comme une ville grise, triste, à l'horizon bouché. Par exemple, Semprun, dans *Adieu vive clarté*, décrit le « ciel gris de Paris, de l'exil, de la déréliction » (85). De même, Huston, dans *L'Empreinte de l'ange*, fait dire à un de ses personnages : « Il est sombre et triste Paris. Et sale. Très dégueulasse. Non ? » (178). Enfin, Ya Ding, dans *Le Cercle du Petit Ciel*, indique que « Paris vivait dans une torpeur sombre où les journées n'étaient que des lumières troubles, et les nuits des ténèbres sans profondeur » (9). Les descriptions de Paris sont fortement négatives et la stabilité apparente liée à l'image de la France, ou même par extension de la langue française, semblent, à travers cette remise en question du statut de Paris, ébranlée.

Dans ces descriptions en gris et noir de la ville lumière, on peut sans doute lire la revanche d'auteurs tantôt encensés par la critique, tantôt relégués à un statut d'« étranger » au sein de la littérature en français, sur un élitisme littéraire parisien paralysant ou sur une attitude critique prescriptive. Bien que chaque projet littéraire soit singulier et que l'objectif ne soit pas ici d'isoler ces auteurs en leur attribuant un projet commun et unique, cette ébauche de comparaison entre les thématiques d'auteurs espagnol, russe, canadien, argentin, chinois et grec met bien en évidence le fait qu'ils injectent tous un point de vue décalé non français, déstabilisent les stéréotypes et dynamisent les horizons thématiques au sein même de la littérature française, prouvant qu'ils s'y sont fait une place de choix au point de pouvoir utiliser la langue française pour ébranler le monolithisme en termes d'identités littéraires, monolithisme qu'Alexakis combat aussi en se réclamant aujourd'hui sereinement de ses deux identités d'écrivain de langue française et d'écrivain de langue grecque.

Bibliographie

Œuvres de Vassilis Alexakis

Romans

Le Sandwich. Paris : Julliard, 1974.
Les Girls du City-Boum-Boum. 1975. Éd. Paris : Seuil, 1992.
La Tête du chat. Paris : Seuil, 1978.
Talgo. Trad. du grec par l'auteur. Paris : Seuil, 1983.
Talgo. 1997. Éd. revue par l'auteur. Paris : Stock, 2003.
Contrôle d'identité. Paris : Seuil, 1985.
Contrôle d'identité. Éd. revue par l'auteur. Paris : Stock, 2000.
Avant. Paris : Seuil, 1992. (Prix Alexandre Vialatte 1992 et Prix Albert Camus 1993)
La Langue maternelle. Trad. du grec par l'auteur. Paris : Fayard, 1995. (Prix Médicis 1995 *ex aequo*)
Le Cœur de Marguerite. Trad. du grec par l'auteur. 1999. Éd. Paris : Livre de Poche, 2002.
Les Mots étrangers. 2002. Éd. Paris : Folio, 2003.
Je t'oublierai tous les jours. Trad. du grec par l'auteur. Paris : Stock, 2005.
Ap. J.-C. Trad. du grec par l'auteur. Paris : Stock, 2007. (Grand prix du roman de l'Académie française 2007)

Recueils de nouvelles

Papa. Paris : Fayard, 1997. (Prix de la nouvelle de l'Académie française 1997)
Le Colin d'Alaska. Ill. de Maxime Préaud. Tirage limité. Paris, 1999. [indisponible]

Récit autobiographique

Paris-Athènes. Paris : Seuil, 1989.

Paris-Athènes. Éd. revue par l'auteur. Paris : Fayard, 1997.

Autres

Mon amour !. Dessins. Italie : Città Armoniosa, 1978. [indisponible]
Les Grecs d'aujourd'hui. Essai. Paris : Balland, 1979.
Déshabille-toi.[*Γδύσου*] Dessins. Athènes : Exantas, 1982.
Je suis fatigué. Court-métrage. 1982. (Prix Henri Langlois du Festival
    du Film de Tours 1984) [indisponible]
L'Ombre de Léonidas. [*Η σκιά του Λεωνίδα*] Histoires dessinées.
    Athènes : Exantas, 1984.
Nestor Carmidès passe à l'attaque. Téléfilm. 1984. [indisponible]
Joyeux anniversaire. Pièce radiophonique. 1986. [indisponible]
Le Fils de King Kong. Aphorismes. Tirage limité. Suisse : Les Yeux
    ouverts, 1987.
L'Autre. Pièce radiophonique. 1988. [indisponible]
« Paris–Athènes. » Communication à la quatorzième rencontre
    québécoise internationale des écrivains tenue à Québec du 19
    au 22 avril 1986. *La Tentation autobiographique*. Dir. Pierre
    Morency. Montréal : L'Héxagone, 1988. 45-49.
« Préface : La Grèce probablement. » *Arrêts sur image. Nouvelles
    grecques*. Paris : Hatier, 1989. 9-11.
La Table. Téléfilm. 1989. [indisponible]
Les Athéniens. Long-métrage. 1991. (Grand prix du Jury du Festival
    du Film d'humour de Chamrousse 1991) [indisponible]
L'Invention du baiser. Aphorismes. Ill. de Thierry Bourquin. Tirage
    limité. Suisse : Nomades, 1997. [indisponible]
Pourquoi tu pleures ?. Album jeunesse. Ill. de Jean-Marie Antenen.
    Genève : QuiQuandQuoi, 2001.
« Le Grand Robert. » *Babel heureuse*. Paris : L'Esprit des Péninsules,
    2002. 17-22.
« Le Silence des mots. » *Histoires de dictionnaire*. Paris : Diction-
    naires le Robert, 2004. 5-7.
« Paris–Athènes. » Communication au colloque sur la francophonie,
    organisé par la Maison des cultures du monde en 1983, revue
    par l'auteur. *Cette langue qu'on appelle le français. L'apport
    des écrivains francophones à la langue française*. Arles :
    Actes Sud/Babel, 2006. 137-42.
L'Aveugle et le philosophe. Dessins. Genève : QuiQuandQuoi, 2006.

« Qu'est-elle donc, cette identité menacée ? » *Le Monde* 7 décembre 2007.

« Préface. » *Âtënë tî Bêafrîka. Paroles du cœur de l'Afrique*. Nouvelles en français et en sango présentées par Vassilis Alexakis. Ouvrage collectif. Clichy : Éditions du Jasmin, 2007.

Études sur Vassilis Alexakis

Antoniadou, Olympia G. « L'Exil de la langue maternelle à l'époque de la mondialisation. » *Mythe et mondialisation. L'Exil dans les littératures francophones*. Suceava : Editura Universității Suceava, 2006. 37-46.

---. « Mondialisation et identité : le cas de Vassilis Alexakis. » *Caietele Echinox* 11 (2006) : 217-35.

---. et Vassiliki Lalagianni. « Entre deux cultures : questions d'identité(s) chez Vassilis Alexakis, écrivain contemporain de la diaspora grecque. » *Trans : Internet-Zeitschrift für Kulturwissenschaften* 17 (2010).

Bessy, Marianne. « Vassilis Alexakis : Exorciser l'exil. Déplacements autofictionnels, linguistiques et spatiaux. » Thèse de doctorat. Université d'État de Louisiane, 2008.

---. « Vassilis Alexakis : bilinguisme littéraire et autotraduction. Parcours linguistique et itinéraire identitaire. » *Essays in French Literature and Culture* 45 (2008) : 69-88.

---. « Paris et l'exil comme lieux de mort dans *Avant* : une étape charnière dans l'évolution du traitement de l'espace chez Vassilis Alexakis. » *Francophilia Journal of Interdisciplinary Studies* (2010).

Chatzidimitriou, Ioanna. « Language(s) of Dispossession : Silent Geographies in Vassilis Alexakis's *Paris-Athènes*. » *Dalhousie French Studies* 76 (2006) : 113-19.

---. « 'I have no history' : Negotiating Language in Vassilis Alexakis's *The Mother Tongue*. » *The Comparatist* 30 (2006) : 101-12.

---. « Je t'oublierai tous les jours. » *French Review* 80 (2006) : 482-83.

---. « Situating Silence : Makine's *Le Testament français* and Alexakis's *La Langue maternelle*. » *Contemporary French and Francophone Studies* 11 (2007) : 509-17.

Côté, Paul Raymond. « La Langue maternelle. » *French Review* 70 (1996) : 137-38.

Fréris, Georges. « Vassilis Alexakis ou le jeu du refus et de l'assimilation de deux cultures. » *Nouvelles du Sud* 13 (1989) : 143-51.

---. « Le Dialogue interculturel de Vassilis Alexakis dans Paris-Athènes. » *Cahiers francophones d'Europe Centre-Orientale* 2 (1995) : 387-98.

Guichard, Thierry. « Athènes sur Seine. » *Le Matricule des anges* 85 (2007) : 14-17.

---. « La Grèce en héritage. » *Le Matricule des anges* 85 (2007) : 18-23.

Jouanny, Robert. « Le Vertige d'un romancier entre deux langues : le cas d'Alexakis. » *Bayreuther Frankophonie Studien* 2 (1998) : 55-66.

Kantcheff, Christophe. « La Langue maternelle. » *Le Matricule des anges* 14 (1995) : 31.

Kopp, Richard. « Paris-Athènes. » *French Review* 64 (1991) : 1067.

Mazauric, Catherine. « Fatigue d'être soi et mots étrangers : les Afriques de Vassilis Alexakis. » *Ethiopiques* 74 (2005).

---. « Traversées transculturelles : Vassilis Alexakis, Anna Moï. » *Écritures babéliennes*. Dir. Violaine Houdart-Merot. Bern : Peter Lang, 2006. 69-79.

Mermier, Guy R. « Le Cœur de Marguerite. » *World Literature Today* 74 (2000) : 837.

Merry, Bruce. « Vassilis Alexakis. » *Multilingual Writers since 1945 : An A-to-Z Guide*. Dir. Alba Amoia et Bettina L. Knapp. Wesport : Greenwood Press, 2004. 34-38.

Oktapoda-Lu, Efstratia. « Vassilis Alexakis ou la quête d'identité. » *Langue de l'autre ou la double identité de l'écriture*. Dir. Jean-Pierre Castellani, Maria-Rosa Chiapparo et Daniel Leuwers. Actes du colloque international de Tours (9-11 décembre 1999). *Littérature et nation* 24 (2001) : 281-95.

---. « Changement de langue et polyphonie romanesque : le cas de Vassilis Alexakis. » *Écrivains multilingues et écritures métisses : l'hospitalité des langues*. Dir. Axel Gasquet et Modesta

Suárez. Actes du colloque international de Clermont-Ferrand (2-4 décembre 2004). Clermont-Ferrand : Presses Universitaires Blaise Pascal, 2007. 323-38.

Orphanidou Fréris, Maria. « Vassilis Alexakis : Écrire et se traduire. » *Frankofoni* 10 (1998) : 117-27.

---. « L'Identité apatride de Vassilis Alexakis. » *Francofonía* 9 (2000) : 171-85.

---. « Vassilis Alexakis et l'écriture 'apatride'. » *Multiculturalisme et identité en littérature et en art*. Dir. Jean Bessière et Sylvie André. Paris : L'Harmattan, 2002. 213-22.

de Pizzol, Vanessa. « L'Identité déchirée de Vassilis Alexakis : *La Langue maternelle* et *Les Mots étrangers*. » *Écrivains multilingues et écritures métisses : l'hospitalité des langues*. Dir. Axel Gasquet et Modesta Suárez. Actes du colloque international de Clermont-Ferrand (2-4 décembre 2004). Clermont-Ferrand : Presses Universitaires Blaise Pascal, 2007. 293-301.

Stuart, Susan. « Linguistic Profit, Loss and Betrayal in *Paris-Athènes*. » *Francophone Post-Colonial Cultures. Critical Essays*. Dir. Kamel Salhi. Lanham : Lexington Books, 2003. 284-95.

Vassilis Alexakis, d'une langue à l'autre. Documentaire réalisé par Variety Moszynski, Francine Raymond et Jean-Michel Mariou. Films à Lou, 2001.

Sélection d'articles sur Vassilis Alexakis parus dans la presse

Agence France Presse. « Andreï Makine et Vassilis Alexakis, deux étrangers pour le Médicis. » Dépêche. 6 novembre 1995.

« Alexakis prend congé de sa mère. » *Le Temps* 3 septembre 2005.

Boillon, Colette. « Portrait. Tiraillé entre le grec et le français. » *La Croix* 25 juillet 1996.

---. « Vassilis Alexakis, un voyageur entre deux langues. » *La Croix* 16 novembre 2001.

Braniste, Lili. « Eh oui, l'amour fait souffrir. » *Lire* 1 juillet 2003.

Brehal, Nicolas. « Vassilis Alexakis : le mariage du tragique et du burlesque. » *Le Figaro* 26 juin 1997.

Casteran, Claude. « Vassilis Alexakis : d'Athènes à Bangui, via Paris. » *Agence France Presse* 30 octobre 2002.

Chevalier, Louise. « Alexakis sur la montagne magique. » *Le Point* 18 octobre 2007.

Delcroix, Olivier. « L'Adieu à Mamma Athena. » *Le Figaro* 3 novembre 2005.

---. « Vassilis Alexakis inaugure la saison des prix. » *Le Figaro* 26 octobre 2007.

Déon, Michel. « La Montagne sacrée. » *Le Figaro* 11 octobre 2007.

Douin, Jean-Luc. « Jeux d'amour et de mots. » *Le Monde* 10 septembre 1999.

---. « Vassilis Alexakis, d'une langue à l'autre. » *Le Monde* 12 novembre 2001.

d'Estienne d'Orves, Nicolas. « Vassilis Alexakis ; un jongleur de langue. » *Le Figaro* 24 octobre 2002.

Harang, Jean-Baptiste. « Le Dernier sango à Paris. » *Libération* 12 septembre 2002.

---. « Le Temps des amants. » *Libération* 6 juin 2003.

---. « La Langue maternelle ; littérature française. » *Libération* 22 septembre 2005.

« 'Il fait un temps de poème' : le charme de Vassilis Alexakis. » *Le Télégramme* 22 avril 2004.

Kantcheff, Christophe. « Vassilis Alexakis : croquis d'un grec. » Entretien. *Le Matricule des anges* 14 (1995) : 30-31.

« L'Académie française décerne le Grand prix du roman à Vassilis Alexakis pour son livre *Ap. J.-C.* » *Le Monde* 25 octobre 2007.

« La Langue partagée. » *Sud Ouest* 7 novembre 1995.

Leauthier, Alain. « Ambidextre du texte. » *Libération* 3 août 2004.

« Le Charme Alexakis. » *Le Point* 1 octobre 1999.

Leclère, Marie-Françoise. « Au pays des mots dormants. » *Le Point* 27 septembre 2002.

---. « La Magie Alexakis. » *Le Point* 1 septembre 2005.

« Le Grand prix du roman de l'Académie française à Vassilis Alexakis. » *Le Monde* 27 octobre 2007.

« L'Énigme de l'epsilon. » *Le Point* 2 septembre 1995.

« Les Mystères du sango. » *Le Temps* 5 octobre 2002.

Meunier, Jacques. « Alexakis profession étranger. » *Le Monde* 10 janvier 2000.

« Parlez-vous sango ? » *Les Échos* 4 novembre 2002.

Payot, Marianne. « Ton fils, Vassilis. » *L'Express* 20 octobre 2005.

---. « L'Habit ne fait pas le moine. » *L'Express* 30 août 2007.

Pradal, François et Françoise Ploquin. « Entretien avec Vassilis Alexakis : L'Imagination joue un rôle fondamental dans l'apprentissage des langues. » *Le Français dans le monde* janvier-février 2008.

« Récompense littéraire pour Vassilis Alexakis. » *Le Temps* 26 octobre 2007.

de Royer, Solenn. « Le 'livre de ma mère' de Vassilis Alexakis. » *La Croix* 1 septembre 2005.

Savigneau, Josyane. « Tendrement loufoque : questions absurdes, rencontres inattendues, et neuf histoires improbables signées Vassilis Alexakis. » *Le Monde* 27 juin 1997.

---. « L'Enfance africaine de Vassilis Alexakis. » *Le Monde* 20 septembre 2002.

---. « Alexakis la tendresse. » *Le Monde* 2 septembre 2005.

---. « Vassilis Alexakis et les mystères du mont Athos. » *Le Monde* 21 septembre 2007.

Six, Nathalie. « Entretien avec Vassilis Alexakis. » *FNAC* 20 août 2007.

« Vassilis Alexakis reçoit le Grand prix du roman de l'Académie. » *Le Nouvel Observateur* 26 octobre 2007.

« Vassilis Alexakis : Si tu veux faire mon bonheur… » *Le Temps* 25 septembre 1999.

Yadan, Thomas. « Après V.A. : interview de Vassilis Alexakis. » *Evene* novembre 2007.

Autres ouvrages

Abodehman, Ahmed, et al. *Babel heureuse*. Paris : L'Esprit des Péninsules (livre édité à l'occasion de la troisième édition du festival « Littératures métisses » organisé par l'association Musique métisses (Angoulême) et l'Office du Livre en Poitou-Charentes), 2002.

Aissaoui, Mohammed et Marine de Tilly. « Albert Cossery : 'J'inter-dirais l'anglais !'; Portraits : Ces écrivains qui ont adopté le français. » *Le Figaro* 18 mars 2004.

Albert, Christiane, dir. *Francophonie et identité culturelle.* Paris : Karthala, 1999.

Alphant, Marianne et Olivier Corpet, dir. *L'Espace de la langue : Bey-routh-Paris.* Actes des colloques de Beyrouth « L'Amour de la langue » et de Paris « Le Français à l'épreuve du cosmopo-litisme » (mars 1999). Paris : Éditions du Centre Pompidou / Éditions de l'Imec, 2000.

Amati Mehler, Jacqueline, Simona Argentieri et Jorge Canestri. *La Babel de l'inconscient : langue maternelle, langues étran-gères et psychanalyse.* Paris : PUF, 1994.

Amoia, Alba et Bettina L. Knapp, dir. *Multilingual Writers since 1945 : An A-to-Z Guide.* Wesport : Greenwood Press, 2004.

Antoniadou, Olympia G. « Méandres d'une identité plurielle au-delà des frontières : le cas de l'écrivain francophone grec Clément Lépidis. » *Littérature francophone contemporaine. Essais sur le dialogue et les frontières.* Dir. Samira Belyazid. Lewiston : Edwin Mellen Press, 2008. 128-42.

---. « Les visages de la ré-action intellectuelle contre les visages de la répression : le paradigme des auteurs francophones grecs con-tre la junte des colonels en Grèce (1967-1973). » [article non publié fourni par l'auteur]

Augé, Marc. *Non-Lieux. Introduction à une anthropologie de la sur-modernité.* Paris : Seuil, 1992.

Bachelard, Gaston. *La Poétique de l'espace.* 1957. Éd. Paris : Qua-drige/PUF, 2004.

Bacholle-Bošković, Michèle. *Linda Lê, l'écriture du manque.* Lewis-ton : Edwin Mellen Press, 2006.

Badr, Ibrahim H., dir. *La Francophonie. Esthétique et dynamique de libération.* New York : Peter Lang, 2007.

Balta, Venetia. *Problèmes d'identité dans la prose grecque contempo-raine de la migration.* Paris : L'Harmattan, 1998.

Bammer, Angelica, dir. *Displacement : Cultural Identities in Ques-tion.* Bloomington : Indiana UP, 1994.

Bancquart, Marie-Claire. *Paris dans la littérature française après 1945.* Paris : La Différence, 2006.

Barnes, Trevor J. et James S. Duncan. « Introduction : Writing Worlds. » *Writing Worlds : Discourse, Text, and Metaphor in the Representation of Landscape.* Dir. Trevor J. Barnes et James S. Duncan. Londres : Routledge, 1992. 1-17.

Bassnett, Susan. *Translation Studies.* Londres : Routledge, 1991.

Beaton, Roderick. *An Introduction to Modern Greek Literature.* Oxford : Clarendon, 1994.

Beaujour, Elizabeth Klosty. « Prolegomena to a Study of Russian Bilingual Writers. » *Slavic and East European Journal* 28 (1984) : 58-75.

---. *Alien Tongues : Bilingual Russian Writers of the « First » Immigration.* Ithaca : Cornell UP, 1989.

Beaujour, Michel. *Miroir d'encre : rhétorique de l'auto-portrait.* Paris : Seuil, 1980.

de Beaumarchais Jean-Pierre, Daniel Couty et Alain Rey. *Dictionnaire des écrivains de langue française.* Paris : Larousse, 2001.

Beckett, Samuel. *Molloy.* 1951. Éd. Paris : Éditons de Minuit, 1981.

---. *En Attendant Godot.* 1952. Éd. Paris : Éditions de Minuit, 1990.

Beniamino, Michel. *La Francophonie littéraire. Essai pour une théorie.* Paris : L'Harmattan, 1999.

---. et Lise Gauvin, dir. *Vocabulaire des études francophones. Les concepts de base.* Limoges : Presses Universitaires de Limoges, 2005.

Bennani, Jalil et al. *Du bilinguisme.* Colloque Université de Rabat 1981. Paris : Denoël, 1985.

Berque, Augustin. « Problématique. » *La Maîtrise de la ville. Urbanité française, urbanité nippone.* Dir. Augustin Berque. Paris : École des Hautes Études en Sciences Sociales, 1994. 13-17.

---. *Écoumène : Introduction à l'étude des milieux humains.* Paris : Belin, 2000.

Besmeres, Mary. *Translating One's Self : Language and Selfhood in Cross-Cultural Autobiography.* Oxford : Peter Lang, 2002.

Bhabha, Homi K. *Les Lieux de la culture.* Trad. Françoise Bouillot. Paris : Payot, 2007.

Bianciotti, Hector. *Sans la miséricorde du Christ.* Paris : Gallimard, 1985.

Blanckeman, Bruno. « À propos de Pascal Quignard. » *Écritures contemporaines 2. États du roman contemporain.* Dir. Jan Baetens et Dominique Viart. Paris-Caen : Minard, 1999. 83-97.

Blanton, Casey. *Travel Writing : The Self and the World.* 1995. Éd. New York : Routledge, 2002.

Blodgett, Edward Dickinson et Jacques Brault. *Transfigurations.* Saint Lambert/Toronto : Éditions du Noroît/Buschek Books, 1998.

Boyn, Svetlana. « Estrangement as a lifestyle : Shklovsky and Brodsky. » *Exile and Creativity : Signposts, Travelers, Outsiders, Backward Glances.* Dir. Susan Rubin Suleiman. Durham : Duke UP, 1998. 241-62.

Brady, Mary Pat. *Extinct Lands, Temporal Geographies : Chicana Literature and the Urgency of Space.* Durham : Duke UP, 2002.

Brah, Avtar. *Cartographies of Diaspora : Contesting Identities.* Londres : Routledge, 1997.

Brincourt, André. *Langue française terre d'accueil.* Paris : Éditions du Rocher, 1997.

Browning, Robert. « Greek Diglossia Yesterday and Today. » *International Journal of the Sociology of Language* 35 (1982) : 49-68.

Calvino, Italo. *Si par une nuit d'hiver un voyageur.* Paris : Seuil, 1995.

Castellani, Jean-Pierre, Maria-Rosa Chiapparo et Daniel Leuwers, dir. *Langue de l'autre ou la double identité de l'écriture.* Actes du colloque international de Tours (9-11 décembre 1999). *Littérature et nation* 24 (2001).

Centre de Recherches Inter-Langues d'Angers. *Métatextualités et métafiction. Théorie et analyses.* Rennes : Presses Universitaires de Rennes, 2002.

de Certeau, Michel. *L'Invention du quotidien. I. Arts de faire.* Paris : Gallimard, 1990.

Chamberlain, Lori. « 'The Same Old Stories' : Beckett's Poetics of Translation. » *Beckett Translating / Translating Beckett.* Dir. Alan Warren Friedman, Charles Rossman et Dina Sherzer. University Park : Pennsylvania State UP, 1987. 17-24.

Chatzidimitriou, Ioanna. « Self-Translation as Minorization Process : Nancy Huston's *Limbes*/Limbo. » *SubStance* 119 (2009) : 22-42.

Cioran. *Aveux et anathèmes*. Paris : Gallimard, 1987.

Clément, Bruno. « Serviteur de deux maîtres. » *Littérature* 121 (2001) : 3-13.

Collot, Michel. « L'Ouverture au(x) monde(s). » *Paysages et poésies francophones*. Dir. Michel Collot et Antonio Rodriguez. Paris : Presses Sorbonne Nouvelle, 2005. 43-61.

---. « Pour une poétique du paysage. » *Lieux propices. L'énonciation des lieux/Le lieu de l'énonciation dans les contextes francophones interculturels*. Dir. Adelaide Russo et Simon Harel. Sainte-Foy : Presses de l'Université Laval, 2005. 269-80.

---. *Paysage et poésie du romantisme à nos jours*. Paris : Corti, 2005.

Colonna, Vincent. *Autofictions & autres mythomanies littéraires*. Auch : Tristram, 2004.

Combe, Dominique. *Poétiques francophones*. Paris : Hachette, 1995.

---. « Paysages et identités francophones. » *Paysages et poésies francophones*. Dir. Michel Collot et Antonio Rodriguez. Paris : Presses Sorbonne Nouvelle, 2005. 13-27.

Conrad, Joseph. *Heart of Darkness*. 1902. Éd. Boston : Bedford Books, 1989.

de Courtivron, Isabelle, dir. *Lives in Translation : Bilingual Writers on Identity and Creativity*. New York : Macmillan, 2003.

Darrieussecq, Marie. « L'Autofiction, un genre pas sérieux. » *Poétique* 107 (1996) : 369-79.

Darwiche Jabbour, Zahida. « L'Écriture de soi dans la langue de l'autre. » *Langue de l'autre ou la double identité de l'écriture*. Dir. Jean-Pierre Castellani, Maria-Rosa Chiapparo et Daniel Leuwers. Actes du colloque international de Tours (9-11 décembre 1999). *Littérature et nation* 24 (2001) : 101-21.

Delbart, Anne-Rosine. « Être bilingue et écrivain français ; les motivations du choix d'une langue d'écriture. » *Bulletin suisse de linguistique appliquée* 76 (2002) : 161-78.

---. *Les Exilés du langage : Un siècle d'écrivains français venus d'ailleurs (1919-2000)*. Limoges : Presses Universitaires de Limoges, 2005.

Deleuze, Gilles et Félix Guattari. *Kafka. Pour une littérature mineure*. Paris : Éditions de Minuit, 1975.

---. *Mille Plateaux*. Paris : Éditions de Minuit, 1980.

---. *Qu'est-ce que la philosophie ?* Paris : Éditions de Minuit, 1991.

Derrida, Jacques. *Le Monolinguisme de l'autre ou la prothèse d'origine*. Paris : Galilée, 1996.

Desbiens, Patrice. *L'Homme invisible/The Invisible Man*. Sudbury : Prise de Parole, 1981.

Désy, Caroline, Sylvie Boyer et Simon Harel, dir. *La Mémoire inventée*. Montréal : Cahiers du CELAT–UQÀM, 2003.

Didier, Béatrice. *Le Journal intime*. Paris : PUF, 1976.

Dion, Robert, Hans-Jürgen Lüsebrink et János Riesz, dir. *Écrire en langue étrangère. Interférences de langues et de cultures dans le monde francophone*. Québec : Nota Bene, 2002.

Djebar, Assia. *Ces voix qui m'assiègent... en marge de ma francophonie*. Paris : Albin Michel, 1999.

Dorfman, Ariel. « Les Nomades du langage. » *Migrations et errances*. Dir. Françoise Barret-Ducrocq. Paris : Grasset, 2000. 249-55.

Doubrovsky, Serge. *Fils*. Paris : Galilée, 1977.

---. « Autobiographie/vérité/psychanalyse. » *Autobiographiques de Corneille à Sartre*. Paris : PUF, 1998. 61-79.

Dupuis, Gilles. « Littérature migrante. » *Vocabulaire des études francophones. Les concepts de base*. Dir. Michel Beniamino et Lise Gauvin. Limoges : Presses Universitaires de Limoges, 2005. 117-19.

Duras, Marguerite. *L'Amant*. Paris : Éditions de Minuit, 1984.

Esteban, Claude. *Le Partage des mots*. Paris : Gallimard, 1990.

Fakiolas, Rossetos et King Russell. « Emigration, Return, Immigration : A Review and Evaluation of Greece's Postwar Experience of International Migration. » *International Journal of Population Geography* 2 (1996) : 171-90.

Federman, Raymond. *The Voice in the Closet/La voix dans le cabinet de débarras*. Madison : Coda Press, 1979.

---. *Surfiction*. Trad. Nicole Mallet. Marseille : Le Mot et le Reste, 2006.

Fitch, Brian T. *Beckett and Babel : An Investigation into the Status of the Bilingual Work*. Toronto : University of Toronto Press, 1988.

Foucault, Michel. « Des Espaces autres. » *Dits et écrits*. Vol IV. Paris : Gallimard, 1994. 752-62.

Fréris, Georges. « La Francophonie grecque : un combat identitaire européen ? » *Le français dans le monde* juillet 2004 (numéro spécial). 116-26.

Friedman, Alan Warren, Charles Rossman et Dina Sherzer, dir. *Beckett Translating / Translating Beckett*. University Park : Pennsylvania State UP, 1987.

Garane, Jeanne. « Discursive Geographies : An Overview. » *Discursive Geographies : Writing Space and Place in French/Géographies discursives : l'écriture de l'espace et du lieu en français*. Dir. Jeanne Garane. Amsterdam : Rodopi, 2005. 9-24.

Garcia, Laure et Claire Julliard. « La littérature-monde en français : un bien commun en danger. » *Libération* 14 juillet 2007.

Gasparini, Philippe. *Est-il je ? Roman autobiographique et autofiction*. Paris : Seuil, 2004.

Gasquet, Axel et Modesta Suárez, dir. *Écrivains multilingues et écritures métisses : l'hospitalité des langues*. Actes du colloque international de Clermont-Ferrand (2-4 décembre 2004). Clermont-Ferrand : Presses Universitaires Blaise Pascal, 2007.

Gauvin, Lise. *L'Écrivain francophone à la croisée des langues. Entretiens*. Paris : Karthala, 1997.

---. « Écriture, surconscience et plurilinguisme : une poétique de l'errance. » *Francophonie et identités culturelles*. Dir. Christiane Albert. Paris : Karthala, 1999. 13-29.

Genette, Gérard. *Figures III*. Paris : Seuil, 1972.

Gide, André. *Les Faux-monnayeurs*. 1925. Éd. Paris : Gallimard, 1997.

Glissant, Édouard. *Traité du tout-monde*. Paris : Gallimard, 1997.

Grey, Tobias. « Le Mot Juste. Non-French Novelists Embrace the Language of Balzac. » *The Wall Street Journal* 17 avril 2009.

Grimal, Pierre. *The Dictionary of Classical Mythology*. Oxford : Blackwell, 1986.

Grutman, Rainier. « Bilinguisme. » *Vocabulaire des études francophones. Les concepts de base*. Dir. Michel Beniamino et Lise Gauvin. Limoges : Presses Universitaires de Limoges, 2005. 29.

Gusdorf, Georges. « Conditions et limites de l'autobiographie. » *Formen der Selbstdarstellung : Analekten zu einer Geschichte des literarischen Selbstportaits*. Dir. Günter Reichenkron et Erich Haase. Berlin : Duncker & Humblot, 1956. 105-23.

---. *Les Écritures du Moi*. Paris : Odile Jacob, 1990.

Harel, Simon. « Lieux trahis, déplacements entravés dans l'œuvre d'Antonio D'Alfonso. » *Lieux propices. L'énonciation des lieux/Le lieu de l'énonciation dans les contextes francophones interculturels.* Dir. Adelaide Russo et Simon Harel. Sainte-Foy : Presses de l'Université Laval, 2005. 48-61.

---. « L'Humain jetable. Architectures précaires du quotidien. » *Quel autre ? L'Altérité en question.* Dir. Pierre Ouellet et Simon Harel. Montréal : VLB éditeur, 2007. 351-78.

---. Alexandre Jacques et Stéphanie St-Amand, dir. *Le Cabinet d'auto-fictions.* Montréal : Cahiers du CELAT–UQÀM, 2003.

Hokenson, Jan Walsh et Marcella Munson. *The Bilingual Text. History and Theory of Literary Self-Translation.* Manchester : St. Jerome Publishing, 2007.

Hubier, Sébastien. *Littératures intimes. Les expressions du moi, de l'autobiographie à l'autofiction.* Paris : Armand Colin, 2003.

Huchon, Mireille. *Histoire de la langue française.* Paris : Livre de Poche, 2002.

Huston, Nancy. « Romain Gary : A Foreign Body in French Literature. » *Exile and Creativity : Signposts, Travelers, Outsiders, Backward Glances.* Dir. Susan Rubin Suleiman. Durham : Duke UP, 1998. 281-304.

---. *L'Empreinte de l'ange.* Paris : Acte Sud, 1998.

---. *Nord Perdu, suivi de Douze France.* Arles : Actes Sud, 1999.

---. et Leïla Sebbar. *Lettres parisiennes. Autopsie de l'exil.* 1986. Éd. Paris : J'ai lu, 2000.

Israel, Nico. *Outlandish : Writing Between Exile and Diaspora.* Stanford UP, 2000.

Jacques, Alexandre. « S'écrire aux éclats : le jaillissement d'une zone délaissée de la connaissance de l'être. » *Le Cabinet d'autofiction.* Dir. Simon Harel, Alexandre Jacques et Stéphanie St-Amand. Montréal : Cahiers du CELAT–UQÀM, 2003. 175-204.

Jouanny, Robert. « Écrire dans la langue de l'autre. » *L'Identité culturelle dans les littératures de langue française.* Dir. Árpád Vigh. Actes du colloque de Pécs (24-28 avril 1989). Pécs : Presses de l'Université de Pécs/ACCT, 1989. 291-98.

---. *Singularités francophones ou choisir d'écrire en français.* Paris : PUF, 2000.

Joubert, Jean-Louis. *Les Voleurs de langue. Traversée de la francophonie littéraire.* Paris : Philippe Rey, 2006.

Kaplan, Caren. *Questions of Travel : Postmodern Discourses of Displacement*. Durham : Duke UP, 1996.

Kellman, Steven G. *The Translingual Imagination*. Lincoln : U. of Nebraska Press, 2000.

---. dir. *Switching Languages : Translingual Writers Reflect on Their Craft*. Lincoln : U. of Nebraska Press, 2003.

Khatibi, Abdelkebir. *Amour bilingue*. Montpellier : Fata Morgana, 1983.

King, Russell, John Connell et Paul White, dir. *Writing Across Worlds : Literature and Migration*. Londres : Routledge, 1995.

Kirch, Joëlle. « Vivre entre deux langues. » *Écrire, entre deux langues. Schreiben, zwischen zwei sprachen*. Dir. Monique Viannay. Acte du Colloque de l'Institut Français de Munich (octobre 1989). *Sirene* 8 (1991) : 140-45.

Klein-Lataud, Christine. « Les Voix parallèles de Nancy Huston. » *TTR : Traduction, terminologie, rédaction* 9 (1996) : 211-31.

Kort, Wesley A. *Place and Space in Modern Fiction*. Gainesville : UP of Florida, 2004.

Kristeva, Julia. *Étrangers à nous-mêmes*. 1988. Éd. Paris : Folio, 1991.

---. « L'Autre langue ou traduire le sensible. » *French Studies* 52 (1998) : 385-96.

Kristof, Agota. *L'Analphabète. Récit autobiographique*. Genève : Editions Zoé, 2004.

Kroh, Aleksandra. *L'Aventure du bilinguisme*. Paris : L'Harmattan, 2000.

Lacan, Jacques. « Le Séminaire sur la lettre volée. » *Écrits*. Paris : Seuil, 1966. 11-64.

Laferrière, Dany. *J'écris comme je vis. Entretien avec Bernard Magnier*. Villeurbanne : Éditions la passe du vent, 2000.

Laronde, Michel, dir. *L'Écriture décentrée. La langue de l'Autre dans le roman contemporain*. Paris : L'Harmattan, 1996.

Lecarme, Jacques et Éliane Lecarme-Tabone. *L'Autobiographie*. 1997. Éd. Paris : Armand Colin, 1999.

Lefebvre, Henri. *La Production de l'espace*. 1974. Éd. Paris : Anthropos, 2000.

Lejeune, Philippe. *Le Pacte autobiographique*. Paris : Seuil, 1975.

---. *Moi Aussi*. Paris : Seuil, 1986.

Leontis, Artemis. *Topographies of Hellenism : Mapping the Homeland*. Ithaca : Cornell UP, 1995.

---. « Beyond Hellinicity : Can We Find Another Topos ? » *Journal of Modern Greek Studies* 15 (1997) : 217-31.

Lionnet, Françoise. *Autobiographical Voices : Race, Gender, Self-Portraiture*. Ithaca : Cornell UP, 1989.

Littell, Jonathan. *Les Bienveillantes*. Paris : Gallimard, 2006.

Lutwack, Leonard. *The Role of Place in Literature*. New York : Syracuse UP, 2000.

Makine, Andreï. *Le Testament français*. 1995. Éd. Paris : Folio, 1997.

de Man, Paul. « Autobiography as De-facement. » *Modern Language Notes* 94 (1979) : 919-30.

Marin La Meslée, Valérie, dir. « 2006 : année des francophonies. Défense et illustration des langues françaises. » *Le Magazine littéraire* 451 (2006) : 28-61.

Martin, Patrice et Christophe Drevet. *La Langue française vue d'ailleurs*. Casablanca : Tarik Éditions, 2001.

Mathieu, Martine, dir. *Littératures autobiographiques de la francophonie*. Paris : CELFA/L'Harmattan, 1996.

May, Georges. *L'Autobiographie*. Paris : PUF, 1979.

McMahon, Joseph H. « City for Expatriates. » *Yale French Studies. Paris in Literature*. 32 (1964) : 144-58.

Mehlman, Jeffrey. *A Structural Study of Autobiography : Proust, Leiris, Sartre, Lévis-Strauss*. Ithaca : Cornell UP, 1974.

Merry, Bruce. *Encyclopedia of Modern Greek Literature*. Wesport : Greenwood Press, 2004.

Millois, Jean-Christophe. « Péchés d'écriture. Claude Louis-Combet : *Blesse, Ronce noire*. » *Écritures contemporaines 1. Mémoires du récit*. Dir. Dominique Viart. Paris-Caen : Minard, 1998. 101-16.

Ministère des affaires étrangères, Grèce http://www.ypex.gov.gr/www.mfa.gr

Mitropoulos, Dimitri. « On the Outside Looking In : Greek Literature in the English-Speaking World. » *Journal of Modern Greek Studies* 15 (1997) : 187-96.

Moï, Anna. *Espéranto, déspéranto. La francophonie sans les Français*. Paris : Gallimard, 2006.

Morency, Pierre, dir. *La Tentation autobiographique*. Communications de la quatorzième rencontre québécoise internationale des écrivains tenue à Québec du 19 au 22 avril 1986. Montréal : L'Héxagone, 1988.

Mouralis, Bernard. « La Condition de l'écrivain francophone. » *Le Magazine littéraire* 451 (2006) : 38-40.

Nadeau, Jean-Benoît et Julie Barlow. *The Story of French.* New York : St. Martin's Press, 2006.

Nancy, Jean-Luc. « L'approche. » *Lieux propices. L'énonciation des lieux/Le lieu de l'énonciation dans les contextes francophones interculturels.* Dir. Adelaide Russo et Simon Harel. Sainte-Foy : Presses de l'Université Laval, 2005. 121-30.

Nazarova, Nina. *Andreï Makine : deux facettes de son œuvre.* Paris : L'Harmattan, 2005.

Noiville, Florence. « French : the Language of Freedom. » *The Guardian Weekly* 10 avril 2009.

Oktapoda-Lu, Efstratia. « Identité, altérité : frontières et mythes ou les écrivains grecs d'expression française. » *Dalhousie French Studies* 74-75 (2006) : 389-412.

---. « Les littératures francophones de l'Est méditerranéen. » *Caietele Echinox* 11 (2006) : 123-29.

---. et Vassiliki Lalagianni. « Le véritable exil est toujours intérieur : imaginaire et métissage chez les écrivains francophones grecs. » *French Forum* 30 (2005) : 111-39.

Olney, James, dir. *Autobiography : Essays Theoretical and Critical.* Princeton UP, 1980.

Ostrovsky, Erika. « Le Silence de Babel » *L'Herne. Samuel Beckett.* Dir. Tom Bishop et Raymond Ferderman. Paris : Éditions de l'Herne, 1997. 206-11.

Ouellet, Pierre et al, dir. *Identités narratives. Mémoire et perception.* Sainte-Foy : Presses de l'Université Laval, 2002.

---. dir. *Le Soi et l'autre. L'énonciation de l'identité dans les contextes interculturels.* Sainte-Foy : Presses de l'Université Laval, 2003.

---. « Le Principe d'altérité. » *Quel autre ? L'Altérité en question.* Dir. Pierre Ouellet et Simon Harel. Montréal : VLB éditeur, 2007. 7-43.

Ouellette-Michalska, Madeleine. *Autofiction et dévoilement de soi.* Montréal : XYZ éditeur, 2007.

Oustinoff, Michaël. *Bilinguisme d'écriture et auto-traduction : Julien Green, Samuel Beckett, Vladimir Nabokov*. Paris : L'Harmattan, 2001.

Perec, Georges. *Espèces d'espaces*. 1974. Éd. Paris : Galilée, 2000.

Pfitzner, Ina Alice. *Translating Exile in Panaït Istrati's Mes departs, Samuel Beckett's Fin de partie and Selected Poems by Paul Celan*. Thèse de doctorat. Université d'État de Louisiane, 2001.

Porra, Véronique. « *Langue française, langue d'adoption* ». *Discours et positionnements des romanciers d'expression française originaires d'espaces non francophones dans le champ littéraire français, 1945-2000*. Thèse de doctorat. Universität Bayreuth, 2000.

---. « Les 'convertis' de la francophonie. » *Langue de l'autre ou la double identité de l'écriture*. Dir. Jean-Pierre Castellani, Maria-Rosa Chiapparo et Daniel Leuwers. Actes du colloque international de Tours (9-11 décembre 1999). *Littérature et nation* 24 (2001) : 297-311.

Poulin, Sylvie. « Langue maternelle, langue d'adoption : Traduction et écriture (Vassilis Alexakis, Assia Djebar, Andreï Makine) » Mémoire de Maîtrise. Université de Montréal, 2000.

« Pourquoi ils écrivent en français. » *Le Monde des livres* 21 mars 2009.

« Pour une 'littérature-monde' en français. » *Le Monde* 16 mars 2007.

« Prix Édouard Glissant. 10 juin 2003. » Programme. Université Paris 8 Vincennes St-Denis.
        http://recherche.univ-paris8.fr/glis_pres.php?GLIAN=2003&1

Proust, Marcel. *À la recherche du temps perdu*. Paris : Gallimard, 1988.

Ricœur, Paul. *Temps et récit III*. Paris : Seuil, 1985.

---. *Soi-même comme un autre*. Paris : Seuil, 1990.

Riding, Alan. « Neocolonialists Seize French Language : An Invading Legion of Foreign Writers is Snapping up the Medals. » *New York Times* 8 octobre 1997.

---. « Is French Literature Burning ? » *New York Times* 18 novembre 2006.

---. « In Paris, Language Opens a New Front in a Culture War » *New York Times* 31 mars 2007.

Robbe-Grillet, Alain. *La Jalousie*. Paris : Éditions de Minuit, 1957.

Robin, Régine. « L'Impossible place identitaire de Joseph Roth. » *Ecriture de soi et psychanalyse.* Dir. Jean-François Chiantaretto. Paris : L'Harmattan, 1996. 23-49.

---. *Le Deuil de l'origine. Une langue en trop. La langue en moins.* Paris : Kimé, 2003.

Rubin, Paul C., dir. *Autobiographical Memory.* Cambridge UP, 1988.

Said, Edward. *Réflexions sur l'exil.* Trad. Charlotte Woillez. Arles : Actes Sud, 2000.

Secrétariat Général des Grecs à l'étranger. http://www.ggac.gr/gabroad/organosi.en.asp

Selao, Ching. « De l'exil à la parole exilée : l'impossible libération dans l'œuvre de Linda Lê. » *La Francophonie. Esthétique et dynamique de libération.* Dir. Ibrahim H. Badr. New York : Peter Lang, 2007.

Semprun, Jorge. *Adieu vive clarté...* 1998. Éd. Paris : Folio, 2003.

Sheringham, Michael. *French Autobiography Devices and Desires : Rousseau to Perec.* Oxford : Clarendon Press, 1993.

Sherzer, Dina. « Words about Words : Beckett and Language. » *Beckett Translating / Translating Beckett.* Dir. Alan Warren Friedman, Charles Rossman et Dina Sherzer. University Park : Pennsylvania State UP, 1987. 49-54.

Simon, Sherry. *Le Trafic des langues : traduction et culture dans la littérature québécoise.* Montréal : Boréal, 1994.

---. « La Traduction qui tourne mal : le texte hybride. » *Écrire en langue étrangère. Interférences de langues et de cultures dans le monde francophone.* Dir. Robert Dion, Hans-Jürgen Lüsebrink et János Riesz. Québec : Nota Bene, 2002. 305-15.

---. « L'Hybridité et après. Figures du traduire. » *Quel autre ? L'Altérité en question.* Dir. Pierre Ouellet et Simon Harel. Montréal : VLB éditeur, 2007. 315-49.

Simonet-Tenant, Françoise, dir. *Le Propre de l'écriture de soi.* Paris : Tétraèdre, 2007.

Siwka, Ryszarda. *Paris en France et ailleurs.* Kraków : Wydawnictwo Naukowe Akademii Pedagogicznez, 1999.

Stavrakas, Dimitris. *La Tête du chat.* Téléfilm. 1988.

Steiner, George. *Extra-territorial : Papers on Literature and the Language Revolution.* New York : Atheneum, 1971.

---. *Après Babel. Une poétique du dire et de la traduction.* 1975. Éd. Paris : Albin Michel, 1998.

Suleiman, Susan Rubin, dir. *Exile and Creativity : Signposts, Travelers, Outsiders, Backward Glances*. Durham : Duke UP, 1998.

Sultan, Nancy. *Exile and the Poetics of Loss in Greek Tradition*. Lanham : Rowan & Littlefield, 1999.

Sutton, David. « Listen to that Scent ! Travelling Tastes and Smells Among Greek Emigrants » *Detours* (2003).

Tindall, Gillian. *Countries of the Mind : The Meaning of Place to Writers*. Londres : Hogarth Press, 1991.

Todorov, Tzvetan. « Bilinguisme, dialogisme et schizophrénie. » *Du bilinguisme*. Jalil Bennani et al. Paris : Denoël, 1985. 11-38.

Toft, Lise et Lisbeth Verstraete-Hansen, dir. *Une francophonie plurielle. Langues, idées et cultures en mouvement*. Copenhague : Museum Tusculanum Press, 2009.

Triolet, Elsa. *La Mise en mots*. Genève : Albert Skira, 1969.

Tseberopoulos, Yorgos. *Xafnikos erotas*. Film [d'après *Talgo*], 1984.

Tuan, Yi-Fu. *Topophilia : a Study of Environmental Perception, Attitude, and Values*. Englewood Cliffs : Prentice-Hall, 1974.

Valantin, Christian, dir. *La Francophonie dans le monde. 2006-2007*. Paris : Nathan, 2007.

Van Acker, Isa. « L'Écrivain en nomade. Dynamiques spatiales et expériences du monde chez J. M. G. Le Clézio. » *GEO/GRAPHIES : Mapping the Imagination in French and Francophone Literature and Film*. Dir. Henry G. Freeman. Amsterdam : Rodopi, 2003. 111-20.

Viannay, Monique et Chantal Estran. « Écrire, entre deux langues. » *Écrire, entre deux langues. Schreiben, zwischen zwei Sprachen*. Dir. Monique Viannay. Acte du Colloque de l'Institut Français de Munich (octobre 1989). *Sirene* 8 (1991) : 10-31.

Viart, Dominique. « Mémoire du récit. Questions à la modernité. »*Écritures contemporaines 1. Mémoires du récit*. Dir. Dominique Viart. Paris-Caen : Minard, 1998. 3-27.

---. « Filiations littéraires. » *Écritures contemporaines 2. États du roman contemporain*. Dir. Jan Baetens et Dominique Viart. Paris-Caen : Minard, 1999. 115-39.

---. *La Littérature française au présent : héritage, modernité, mutations*. Paris : Bordas, 2008.

Waugh, Patricia. *Metafiction : The Theory and Practice of Self-Conscious Fiction*. Londres : Methuen, 1984.

White, Kenneth. *L'Esprit nomade*. Paris : Grasset, 1987.

White, Paul. « Geography, Literature and Migration. » *Writing Across Worlds : Literature and Migration*. Dir. Russell King, John Connell et Paul White. Londres : Routledge, 1995. 1-19.

Wolton, Dominique. *Demain la francophonie*. Paris : Flammarion, 2006.

Ya Ding. *Le Cercle du Petit Ciel*. 1992. Éd. Paris : Folio, 2003.

Ying Chen. *Les Lettres chinoises*. Montréal : Leméac, 1993.